上海文化遗产保护研究丛书

上海社会文物法律法规汇编

上海市文物保护研究中心　编

上海古籍出版社

图书在版编目(CIP)数据

上海社会文物法律法规汇编／上海市文物保护研究中心编.—上海：上海古籍出版社，2021.12
（上海文化遗产保护研究丛书）
ISBN 978-7-5732-0209-3

Ⅰ.①上… Ⅱ.①上… Ⅲ.①文物保护法—汇编—上海 Ⅳ.①D927.511.69

中国版本图书馆CIP数据核字(2021)第267338号

上海文化遗产保护研究丛书
上海社会文物法律法规汇编
上海市文物保护研究中心　编
上海古籍出版社出版发行
（上海市闵行区号景路159弄1-5号A座5F　邮政编码201101）
(1) 网址：www.guji.com.cn
(2) E-mail：guji1@guji.com.cn
(3) 易文网网址：www.ewen.co
苏州市越洋印刷有限公司印刷
开本787×1092　1/16　印张16.25　插页5　字数325,000
2021年12月第1版　2021年12月第1次印刷
ISBN 978-7-5732-0209-3
K·3121　定价：88.00元
如有质量问题，请与承印公司联系

本书编委会

主　任：褚晓波

副主任：祖　燕　瞿　杨

编　委：赵　苹　杨　子　孙景宇　葛　彦　沈　山

目 录

第一编 综合 ·········· 1

  中华人民共和国宪法（摘录） ·········· 3

  中华人民共和国刑法（摘录） ·········· 4

  中华人民共和国文物保护法 ·········· 6

  中华人民共和国海关法 ·········· 20

  中华人民共和国拍卖法 ·········· 34

  中华人民共和国文物保护法实施条例 ·········· 41

  中华人民共和国濒危野生动植物进出口管理条例 ·········· 50

  古生物化石保护条例 ·········· 54

  最高人民法院、最高人民检察院关于办理妨害文物管理等刑事案件适用法律若干问题的解释 ·········· 62

第二编 规章、规范性法律文件 ·········· 67

  文物进出境审核管理办法 ·········· 69

  中华人民共和国海关暂时进出境货物管理办法 ·········· 72

  文物进出境责任鉴定员管理办法 ·········· 78

  关于加强文物进出境审核工作的通知 ·········· 81

  关于进一步加强文物临时进境审核管理工作的通知 ·········· 83

  关于优化综合保税区文物进出境管理有关问题的通知 ·········· 86

  文物出境审核标准 ·········· 88

  关于加强古建筑物保护和禁止古建筑构件出境的通知 ·········· 95

  一九四九年后已故著名书画家作品限制出境的鉴定标准 ·········· 96

    附：一七九五年到一九四九年间著名书画家作品限制出境的鉴定标准 ·········· 97

  1949年后已故著名书画家作品限制出境鉴定标准（第二批） ·········· 100

关于被盗或非法出口文物有关问题的通知 …………………………………………… 101
关于做好文物进出境审核中被盗文物查验工作的通知 ………………………………… 102
依法没收、追缴文物的移交办法 ………………………………………………………… 103
古人类化石和古脊椎动物化石保护管理办法 …………………………………………… 105
国务院办公厅关于有序停止商业性加工销售象牙及制品活动的通知 ………………… 107
文物出境展览管理规定 …………………………………………………………………… 109
关于下放部分对外文化交流项目审批权限的通知 ……………………………………… 114
关于规范文物出入境展览审批工作的通知 ……………………………………………… 117
关于印发《文物进境展览备案表》等有关事项的通知 ………………………………… 119
首批禁止出国(境)展览文物目录 ……………………………………………………… 124
第二批禁止出境展览文物目录(书画类) ……………………………………………… 127
第三批禁止出境展览文物目录 …………………………………………………………… 129
文物拍卖管理办法 ………………………………………………………………………… 134
文物拍卖标的审核办法 …………………………………………………………………… 137
国有公益性收藏单位进口藏品免税暂行规定 …………………………………………… 141
关于实施《国有公益性收藏单位进口藏品免税暂行规定》的有关事宜 ……………… 144
省级以上国有公益性收藏单位名单(第一批) ………………………………………… 147
第二批国有公益性收藏单位名单 ………………………………………………………… 154
第三批国有公益性收藏单位名单 ………………………………………………………… 156
涉案文物鉴定评估管理办法 ……………………………………………………………… 159
上海市文物保护条例 ……………………………………………………………………… 170
上海市民间收藏文物经营管理办法 ……………………………………………………… 177
上海市民间收藏文物鉴定咨询推荐单位工作规程 ……………………………………… 184

第三编 国际公约 ……………………………………………………………………… 187

联合国教科文组织《关于禁止和防止非法进出口文化财产和非法转让其所有权的
　　方法的公约》 ………………………………………………………………………… 189
国际统一私法协会《关于被盗或者非法出口文物的公约》 …………………………… 196
濒危野生动植物种国际贸易公约 ………………………………………………………… 205
货物暂准进口公约(又称伊斯坦布尔公约) …………………………………………… 217
关于货物暂准进口的ATA单证册海关公约(简称ATA公约) ……………………… 227

关于在展览会、交易会、会议等事项中便利展出和需用物品进口的海关公约 ……… 235

联合国第五十六届会议第九十七号决议——文化财产送回或归还原主国 ………… 243

联合国第五十八届会议第十七号决议——文化财产送回或归还原主国 …………… 246

联合国第六十一届会议第五十二号决议——文化财产返还或归还原主国 ………… 249

后记 ……………………………………………………………………………………… 253

第一编 综 合

中华人民共和国宪法(摘录)

(根据2018年3月11日第十三届全国人民代表大会第一次会议通过的《中华人民共和国宪法修正案》修正)

第二十二条 国家发展为人民服务、为社会主义服务的文学艺术事业、新闻广播电视事业、出版发行事业、图书馆博物馆文化馆和其他文化事业,开展群众性的文化活动。

国家保护名胜古迹、珍贵文物和其他重要历史文化遗产。

中华人民共和国刑法(摘录)

(根据2020年12月26日第十三届全国人民代表大会常务委员会第二十四次会议通过的《中华人民共和国刑法修正案(十一)》修正)

第一百五十一条 走私武器、弹药、核材料或者伪造的货币的,处七年以上有期徒刑,并处罚金或者没收财产;情节特别严重的,处无期徒刑或者死刑,并处没收财产;情节较轻的,处三年以上七年以下有期徒刑,并处罚金。

走私国家禁止出口的文物、黄金、白银和其他贵重金属或者国家禁止进出口的珍贵动物及其制品的,处五年以上十年以下有期徒刑,并处罚金;情节特别严重的,处十年以上有期徒刑或者无期徒刑,并处没收财产;情节较轻的,处五年以下有期徒刑,并处罚金。

走私珍稀植物及其制品等国家禁止进出口的其他货物、物品的,处五年以下有期徒刑或者拘役,并处或者单处罚金;情节严重的,处五年以上有期徒刑,并处罚金。

单位犯本条规定之罪的,对单位判处罚金,并对其直接负责的主管人员和其他直接责任人员,依照本条各款的规定处罚。

第三百二十四条 故意损毁国家保护的珍贵文物或者被确定为全国重点文物保护单位、省级文物保护单位的文物的,处三年以下有期徒刑或者拘役,并处或者单处罚金;情节严重的,处三年以上十年以下有期徒刑,并处罚金。

故意损毁国家保护的名胜古迹,情节严重的,处五年以下有期徒刑或者拘役,并处或者单处罚金。

过失损毁国家保护的珍贵文物或者被确定为全国重点文物保护单位、省级文物保护单位的文物,造成严重后果的,处三年以下有期徒刑或者拘役。

第三百二十五条 违反文物保护法规,将收藏的国家禁止出口的珍贵文物私自出售或者私自赠送给外国人的,处五年以下有期徒刑或者拘役,可以并处罚金。

单位犯前款罪的,对单位判处罚金,并对其直接负责的主管人员和其他直接责任人员,依照前款的规定处罚。

第三百二十六条 以牟利为目的,倒卖国家禁止经营的文物,情节严重的,处五年以下有期徒刑或者拘役,并处罚金;情节特别严重的,处五年以上十年以下有期徒刑,并处罚金。

单位犯前款罪的,对单位判处罚金,并对其直接负责的主管人员和其他直接责任人员,依照前款的规定处罚。

第三百二十七条 违反文物保护法规,国有博物馆、图书馆等单位将国家保护的文物藏品出售或者私自送给非国有单位或者个人的,对单位判处罚金,并对其直接负责的主管人员和其他直接责任人员,处三年以下有期徒刑或者拘役。

第三百二十八条 盗掘具有历史、艺术、科学价值的古文化遗址、古墓葬的,处三年以上十年以下有期徒刑,并处罚金;情节较轻的,处三年以下有期徒刑、拘役或者管制,并处罚金;有下列情形之一的,处十年以上有期徒刑或者无期徒刑,并处罚金或者没收财产:

(一)盗掘确定为全国重点文物保护单位和省级文物保护单位的古文化遗址、古墓葬的;

(二)盗掘古文化遗址、古墓葬集团的首要分子;

(三)多次盗掘古文化遗址、古墓葬的;

(四)盗掘古文化遗址、古墓葬,并盗窃珍贵文物或者造成珍贵文物严重破坏的。

盗掘国家保护的具有科学价值的古人类化石和古脊椎动物化石的,依照前款的规定处罚。

第三百二十九条 抢夺、窃取国家所有的档案的,处五年以下有期徒刑或者拘役。

违反档案法的规定,擅自出卖、转让国家所有的档案,情节严重的,处三年以下有期徒刑或者拘役。

有前两款行为,同时又构成本法规定的其他犯罪的,依照处罚较重的规定定罪处罚。

第四百一十九条 国家机关工作人员严重不负责任,造成珍贵文物损毁或者流失,后果严重的,处三年以下有期徒刑或者拘役。

中华人民共和国文物保护法

(根据2017年11月4日第十二届全国人民代表大会常务委员会第三十次会议《关于修改〈中华人民共和国会计法〉等十一部法律的决定》第五次修正)

第一章 总 则

第一条 为了加强对文物的保护,继承中华民族优秀的历史文化遗产,促进科学研究工作,进行爱国主义和革命传统教育,建设社会主义精神文明和物质文明,根据宪法,制定本法。

第二条 在中华人民共和国境内,下列文物受国家保护:

(一)具有历史、艺术、科学价值的古文化遗址、古墓葬、古建筑、石窟寺和石刻、壁画;

(二)与重大历史事件、革命运动或者著名人物有关的以及具有重要纪念意义、教育意义或者史料价值的近代现代重要史迹、实物、代表性建筑;

(三)历史上各时代珍贵的艺术品、工艺美术品;

(四)历史上各时代重要的文献资料以及具有历史、艺术、科学价值的手稿和图书资料等;

(五)反映历史上各时代、各民族社会制度、社会生产、社会生活的代表性实物。

文物认定的标准和办法由国务院文物行政部门制定,并报国务院批准。

具有科学价值的古脊椎动物化石和古人类化石同文物一样受国家保护。

第三条 古文化遗址、古墓葬、古建筑、石窟寺、石刻、壁画、近代现代重要史迹和代表性建筑等不可移动文物,根据它们的历史、艺术、科学价值,可以分别确定为全国重点文物保护单位,省级文物保护单位,市、县级文物保护单位。

历史上各时代重要实物、艺术品、文献、手稿、图书资料、代表性实物等可移动文物,分为珍贵文物和一般文物;珍贵文物分为一级文物、二级文物、三级文物。

第四条 文物工作贯彻保护为主、抢救第一、合理利用、加强管理的方针。

第五条 中华人民共和国境内地下、内水和领海中遗存的一切文物,属于国家所有。

古文化遗址、古墓葬、石窟寺属于国家所有。国家指定保护的纪念建筑物、古建筑、石刻、壁画、近代现代代表性建筑等不可移动文物,除国家另有规定的以外,属于国家所有。

国有不可移动文物的所有权不因其所依附的土地所有权或者使用权的改变而改变。

下列可移动文物，属于国家所有：

（一）中国境内出土的文物，国家另有规定的除外；

（二）国有文物收藏单位以及其他国家机关、部队和国有企业、事业组织等收藏、保管的文物；

（三）国家征集、购买的文物；

（四）公民、法人和其他组织捐赠给国家的文物；

（五）法律规定属于国家所有的其他文物。

属于国家所有的可移动文物的所有权不因其保管、收藏单位的终止或者变更而改变。

国有文物所有权受法律保护，不容侵犯。

第六条 属于集体所有和私人所有的纪念建筑物、古建筑和祖传文物以及依法取得的其他文物，其所有权受法律保护。文物的所有者必须遵守国家有关文物保护的法律、法规的规定。

第七条 一切机关、组织和个人都有依法保护文物的义务。

第八条 国务院文物行政部门主管全国文物保护工作。

地方各级人民政府负责本行政区域内的文物保护工作。县级以上地方人民政府承担文物保护工作的部门对本行政区域内的文物保护实施监督管理。

县级以上人民政府有关行政部门在各自的职责范围内，负责有关的文物保护工作。

第九条 各级人民政府应当重视文物保护，正确处理经济建设、社会发展与文物保护的关系，确保文物安全。

基本建设、旅游发展必须遵守文物保护工作的方针，其活动不得对文物造成损害。

公安机关、工商行政管理部门、海关、城乡建设规划部门和其他有关国家机关，应当依法认真履行所承担的保护文物的职责，维护文物管理秩序。

第十条 国家发展文物保护事业。县级以上人民政府应当将文物保护事业纳入本级国民经济和社会发展规划，所需经费列入本级财政预算。

国家用于文物保护的财政拨款随着财政收入增长而增加。

国有博物馆、纪念馆、文物保护单位等的事业性收入，专门用于文物保护，任何单位或者个人不得侵占、挪用。

国家鼓励通过捐赠等方式设立文物保护社会基金，专门用于文物保护，任何单位或者个人不得侵占、挪用。

第十一条 文物是不可再生的文化资源。国家加强文物保护的宣传教育，增强全民文物保护的意识，鼓励文物保护的科学研究，提高文物保护的科学技术水平。

第十二条　有下列事迹的单位或者个人,由国家给予精神鼓励或者物质奖励:

(一)认真执行文物保护法律、法规,保护文物成绩显著的;

(二)为保护文物与违法犯罪行为作坚决斗争的;

(三)将个人收藏的重要文物捐献给国家或者为文物保护事业作出捐赠的;

(四)发现文物及时上报或者上交,使文物得到保护的;

(五)在考古发掘工作中作出重大贡献的;

(六)在文物保护科学技术方面有重要发明创造或者其他重要贡献的;

(七)在文物面临破坏危险时,抢救文物有功的;

(八)长期从事文物工作,作出显著成绩的。

第二章　不可移动文物

第十三条　国务院文物行政部门在省级、市、县级文物保护单位中,选择具有重大历史、艺术、科学价值的确定为全国重点文物保护单位,或者直接确定为全国重点文物保护单位,报国务院核定公布。

省级文物保护单位,由省、自治区、直辖市人民政府核定公布,并报国务院备案。

市级和县级文物保护单位,分别由设区的市、自治州和县级人民政府核定公布,并报省、自治区、直辖市人民政府备案。

尚未核定公布为文物保护单位的不可移动文物,由县级人民政府文物行政部门予以登记并公布。

第十四条　保存文物特别丰富并且具有重大历史价值或者革命纪念意义的城市,由国务院核定公布为历史文化名城。

保存文物特别丰富并且具有重大历史价值或者革命纪念意义的城镇、街道、村庄,由省、自治区、直辖市人民政府核定公布为历史文化街区、村镇,并报国务院备案。

历史文化名城和历史文化街区、村镇所在地的县级以上地方人民政府应当组织编制专门的历史文化名城和历史文化街区、村镇保护规划,并纳入城市总体规划。

历史文化名城和历史文化街区、村镇的保护办法,由国务院制定。

第十五条　各级文物保护单位,分别由省、自治区、直辖市人民政府和市、县级人民政府划定必要的保护范围,作出标志说明,建立记录档案,并区别情况分别设置专门机构或者专人负责管理。全国重点文物保护单位的保护范围和记录档案,由省、自治区、直辖市人民政府文物行政部门报国务院文物行政部门备案。

县级以上地方人民政府文物行政部门应当根据不同文物的保护需要,制定文物保护单位和未核定为文物保护单位的不可移动文物的具体保护措施,并公告施行。

第十六条　各级人民政府制定城乡建设规划,应当根据文物保护的需要,事先由城乡建设规划部门会同文物行政部门商定对本行政区域内各级文物保护单位的保护措施,并纳入规划。

第十七条　文物保护单位的保护范围内不得进行其他建设工程或者爆破、钻探、挖掘等作业。但是,因特殊情况需要在文物保护单位的保护范围内进行其他建设工程或者爆破、钻探、挖掘等作业的,必须保证文物保护单位的安全,并经核定公布该文物保护单位的人民政府批准,在批准前应当征得上一级人民政府文物行政部门同意;在全国重点文物保护单位的保护范围内进行其他建设工程或者爆破、钻探、挖掘等作业的,必须经省、自治区、直辖市人民政府批准,在批准前应当征得国务院文物行政部门同意。

第十八条　根据保护文物的实际需要,经省、自治区、直辖市人民政府批准,可以在文物保护单位的周围划出一定的建设控制地带,并予以公布。

在文物保护单位的建设控制地带内进行建设工程,不得破坏文物保护单位的历史风貌;工程设计方案应当根据文物保护单位的级别,经相应的文物行政部门同意后,报城乡建设规划部门批准。

第十九条　在文物保护单位的保护范围和建设控制地带内,不得建设污染文物保护单位及其环境的设施,不得进行可能影响文物保护单位安全及其环境的活动。对已有的污染文物保护单位及其环境的设施,应当限期治理。

第二十条　建设工程选址,应当尽可能避开不可移动文物;因特殊情况不能避开的,对文物保护单位应当尽可能实施原址保护。

实施原址保护的,建设单位应当事先确定保护措施,根据文物保护单位的级别报相应的文物行政部门批准;未经批准的,不得开工建设。

无法实施原址保护,必须迁移异地保护或者拆除的,应当报省、自治区、直辖市人民政府批准;迁移或者拆除省级文物保护单位的,批准前须征得国务院文物行政部门同意。全国重点文物保护单位不得拆除;需要迁移的,须由省、自治区、直辖市人民政府报国务院批准。

依照前款规定拆除的国有不可移动文物中具有收藏价值的壁画、雕塑、建筑构件等,由文物行政部门指定的文物收藏单位收藏。

本条规定的原址保护、迁移、拆除所需费用,由建设单位列入建设工程预算。

第二十一条　国有不可移动文物由使用人负责修缮、保养;非国有不可移动文物由所有人负责修缮、保养。非国有不可移动文物有损毁危险,所有人不具备修缮能力的,当地人民政府应当给予帮助;所有人具备修缮能力而拒不依法履行修缮义务的,县级以上人民政府可以给予抢救修缮,所需费用由所有人负担。

对文物保护单位进行修缮,应当根据文物保护单位的级别报相应的文物行政部门批准;对未核定为文物保护单位的不可移动文物进行修缮,应当报登记的县级人民政府文物行政部门批准。

文物保护单位的修缮、迁移、重建,由取得文物保护工程资质证书的单位承担。

对不可移动文物进行修缮、保养、迁移,必须遵守不改变文物原状的原则。

第二十二条 不可移动文物已经全部毁坏的,应当实施遗址保护,不得在原址重建。但是,因特殊情况需要在原址重建的,由省、自治区、直辖市人民政府文物行政部门报省、自治区、直辖市人民政府批准;全国重点文物保护单位需要在原址重建的,由省、自治区、直辖市人民政府报国务院批准。

第二十三条 核定为文物保护单位的属于国家所有的纪念建筑物或者古建筑,除可以建立博物馆、保管所或者辟为参观游览场所外,作其他用途的,市、县级文物保护单位应当经核定公布该文物保护单位的人民政府文物行政部门征得上一级文物行政部门同意后,报核定公布该文物保护单位的人民政府批准;省级文物保护单位应当经核定公布该文物保护单位的省级人民政府的文物行政部门审核同意后,报该省级人民政府批准;全国重点文物保护单位作其他用途的,应当由省、自治区、直辖市人民政府报国务院批准。国有未核定为文物保护单位的不可移动文物作其他用途的,应当报告县级人民政府文物行政部门。

第二十四条 国有不可移动文物不得转让、抵押。建立博物馆、保管所或者辟为参观游览场所的国有文物保护单位,不得作为企业资产经营。

第二十五条 非国有不可移动文物不得转让、抵押给外国人。

非国有不可移动文物转让、抵押或者改变用途的,应当根据其级别报相应的文物行政部门备案。

第二十六条 使用不可移动文物,必须遵守不改变文物原状的原则,负责保护建筑物及其附属文物的安全,不得损毁、改建、添建或者拆除不可移动文物。

对危害文物保护单位安全、破坏文物保护单位历史风貌的建筑物、构筑物,当地人民政府应当及时调查处理,必要时,对该建筑物、构筑物予以拆迁。

第三章 考 古 发 掘

第二十七条 一切考古发掘工作,必须履行报批手续;从事考古发掘的单位,应当经国务院文物行政部门批准。

地下埋藏的文物,任何单位或者个人都不得私自发掘。

第二十八条 从事考古发掘的单位,为了科学研究进行考古发掘,应当提出发掘计划,报国务院文物行政部门批准；对全国重点文物保护单位的考古发掘计划，应当经国务院文物行政部门审核后报国务院批准。国务院文物行政部门在批准或者审核前，应当征求社会科学研究机构及其他科研机构和有关专家的意见。

第二十九条　进行大型基本建设工程，建设单位应当事先报请省、自治区、直辖市人民政府文物行政部门组织从事考古发掘的单位在工程范围内有可能埋藏文物的地方进行考古调查、勘探。

考古调查、勘探中发现文物的，由省、自治区、直辖市人民政府文物行政部门根据文物保护的要求会同建设单位共同商定保护措施；遇有重要发现的，由省、自治区、直辖市人民政府文物行政部门及时报国务院文物行政部门处理。

第三十条　需要配合建设工程进行的考古发掘工作，应当由省、自治区、直辖市文物行政部门在勘探工作的基础上提出发掘计划，报国务院文物行政部门批准。国务院文物行政部门在批准前，应当征求社会科学研究机构及其他科研机构和有关专家的意见。

确因建设工期紧迫或者有自然破坏危险，对古文化遗址、古墓葬急需进行抢救发掘的，由省、自治区、直辖市人民政府文物行政部门组织发掘，并同时补办审批手续。

第三十一条　凡因进行基本建设和生产建设需要的考古调查、勘探、发掘，所需费用由建设单位列入建设工程预算。

第三十二条　在进行建设工程或者在农业生产中，任何单位或者个人发现文物，应当保护现场，立即报告当地文物行政部门，文物行政部门接到报告后，如无特殊情况，应当在二十四小时内赶赴现场，并在七日内提出处理意见。文物行政部门可以报请当地人民政府通知公安机关协助保护现场；发现重要文物的，应当立即上报国务院文物行政部门，国务院文物行政部门应当在接到报告后十五日内提出处理意见。

依照前款规定发现的文物属于国家所有，任何单位或者个人不得哄抢、私分、藏匿。

第三十三条　非经国务院文物行政部门报国务院特别许可，任何外国人或者外国团体不得在中华人民共和国境内进行考古调查、勘探、发掘。

第三十四条　考古调查、勘探、发掘的结果，应当报告国务院文物行政部门和省、自治区、直辖市人民政府文物行政部门。

考古发掘的文物，应当登记造册，妥善保管，按照国家有关规定移交给由省、自治区、直辖市人民政府文物行政部门或者国务院文物行政部门指定的国有博物馆、图书馆或者其他国有收藏文物的单位收藏。经省、自治区、直辖市人民政府文物行政部门批准，从事考古发掘的单位可以保留少量出土文物作为科研标本。

考古发掘的文物，任何单位或者个人不得侵占。

第三十五条　根据保证文物安全、进行科学研究和充分发挥文物作用的需要，省、自治区、直辖市人民政府文物行政部门经本级人民政府批准,可以调用本行政区域内的出土文物;国务院文物行政部门经国务院批准,可以调用全国的重要出土文物。

第四章　馆藏文物

第三十六条　博物馆、图书馆和其他文物收藏单位对收藏的文物,必须区分文物等级,设置藏品档案,建立严格的管理制度,并报主管的文物行政部门备案。

县级以上地方人民政府文物行政部门应当分别建立本行政区域内的馆藏文物档案;国务院文物行政部门应当建立国家一级文物藏品档案和其主管的国有文物收藏单位馆藏文物档案。

第三十七条　文物收藏单位可以通过下列方式取得文物:

(一)购买;

(二)接受捐赠;

(三)依法交换;

(四)法律、行政法规规定的其他方式。

国有文物收藏单位还可以通过文物行政部门指定保管或者调拨方式取得文物。

第三十八条　文物收藏单位应当根据馆藏文物的保护需要,按照国家有关规定建立、健全管理制度,并报主管的文物行政部门备案。未经批准,任何单位或者个人不得调取馆藏文物。

文物收藏单位的法定代表人对馆藏文物的安全负责。国有文物收藏单位的法定代表人离任时,应当按照馆藏文物档案办理馆藏文物移交手续。

第三十九条　国务院文物行政部门可以调拨全国的国有馆藏文物。省、自治区、直辖市人民政府文物行政部门可以调拨本行政区域内其主管的国有文物收藏单位馆藏文物;调拨国有馆藏一级文物,应当报国务院文物行政部门备案。

国有文物收藏单位可以申请调拨国有馆藏文物。

第四十条　文物收藏单位应当充分发挥馆藏文物的作用,通过举办展览、科学研究等活动,加强对中华民族优秀的历史文化和革命传统的宣传教育。

国有文物收藏单位之间因举办展览、科学研究等需借用馆藏文物的,应当报主管的文物行政部门备案;借用馆藏一级文物的,应当同时报国务院文物行政部门备案。

非国有文物收藏单位和其他单位举办展览需借用国有馆藏文物的,应当报主管的文物行政部门批准;借用国有馆藏一级文物,应当经国务院文物行政部门批准。

文物收藏单位之间借用文物的最长期限不得超过三年。

第四十一条 已经建立馆藏文物档案的国有文物收藏单位,经省、自治区、直辖市人民政府文物行政部门批准,并报国务院文物行政部门备案,其馆藏文物可以在国有文物收藏单位之间交换。

第四十二条 未建立馆藏文物档案的国有文物收藏单位,不得依照本法第四十条、第四十一条的规定处置其馆藏文物。

第四十三条 依法调拨、交换、借用国有馆藏文物,取得文物的文物收藏单位可以对提供文物的文物收藏单位给予合理补偿,具体管理办法由国务院文物行政部门制定。

国有文物收藏单位调拨、交换、出借文物所得的补偿费用,必须用于改善文物的收藏条件和收集新的文物,不得挪作他用;任何单位或者个人不得侵占。

调拨、交换、借用的文物必须严格保管,不得丢失、损毁。

第四十四条 禁止国有文物收藏单位将馆藏文物赠与、出租或者出售给其他单位、个人。

第四十五条 国有文物收藏单位不再收藏的文物的处置办法,由国务院另行制定。

第四十六条 修复馆藏文物,不得改变馆藏文物的原状;复制、拍摄、拓印馆藏文物,不得对馆藏文物造成损害。具体管理办法由国务院制定。

不可移动文物的单体文物的修复、复制、拍摄、拓印,适用前款规定。

第四十七条 博物馆、图书馆和其他收藏文物的单位应当按照国家有关规定配备防火、防盗、防自然损坏的设施,确保馆藏文物的安全。

第四十八条 馆藏一级文物损毁的,应当报国务院文物行政部门核查处理。其他馆藏文物损毁的,应当报省、自治区、直辖市人民政府文物行政部门核查处理;省、自治区、直辖市人民政府文物行政部门应当将核查处理结果报国务院文物行政部门备案。

馆藏文物被盗、被抢或者丢失的,文物收藏单位应当立即向公安机关报案,并同时向主管的文物行政部门报告。

第四十九条 文物行政部门和国有文物收藏单位的工作人员不得借用国有文物,不得非法侵占国有文物。

第五章 民间收藏文物

第五十条 文物收藏单位以外的公民、法人和其他组织可以收藏通过下列方式取得的文物:

(一) 依法继承或者接受赠与;

(二) 从文物商店购买;

(三) 从经营文物拍卖的拍卖企业购买;

（四）公民个人合法所有的文物相互交换或者依法转让；

（五）国家规定的其他合法方式。

文物收藏单位以外的公民、法人和其他组织收藏的前款文物可以依法流通。

第五十一条 公民、法人和其他组织不得买卖下列文物：

（一）国有文物，但是国家允许的除外；

（二）非国有馆藏珍贵文物；

（三）国有不可移动文物中的壁画、雕塑、建筑构件等，但是依法拆除的国有不可移动文物中的壁画、雕塑、建筑构件等不属于本法第二十条第四款规定的应由文物收藏单位收藏的除外；

（四）来源不符合本法第五十条规定的文物。

第五十二条 国家鼓励文物收藏单位以外的公民、法人和其他组织将其收藏的文物捐赠给国有文物收藏单位或者出借给文物收藏单位展览和研究。

国有文物收藏单位应当尊重并按照捐赠人的意愿，对捐赠的文物妥善收藏、保管和展示。

国家禁止出境的文物，不得转让、出租、质押给外国人。

第五十三条 文物商店应当由省、自治区、直辖市人民政府文物行政部门批准设立，依法进行管理。

文物商店不得从事文物拍卖经营活动，不得设立经营文物拍卖的拍卖企业。

第五十四条 依法设立的拍卖企业经营文物拍卖的，应当取得省、自治区、直辖市人民政府文物行政部门颁发的文物拍卖许可证。

经营文物拍卖的拍卖企业不得从事文物购销经营活动，不得设立文物商店。

第五十五条 文物行政部门的工作人员不得举办或者参与举办文物商店或者经营文物拍卖的拍卖企业。

文物收藏单位不得举办或者参与举办文物商店或者经营文物拍卖的拍卖企业。

禁止设立中外合资、中外合作和外商独资的文物商店或者经营文物拍卖的拍卖企业。

除经批准的文物商店、经营文物拍卖的拍卖企业外，其他单位或者个人不得从事文物的商业经营活动。

第五十六条 文物商店不得销售、拍卖企业不得拍卖本法第五十一条规定的文物。

拍卖企业拍卖的文物，在拍卖前应当经省、自治区、直辖市人民政府文物行政部门审核，并报国务院文物行政部门备案。

第五十七条 省、自治区、直辖市人民政府文物行政部门应当建立文物购销、拍卖信息与信用管理系统。文物商店购买、销售文物，拍卖企业拍卖文物，应当按照国家有关规定作出记录，并于销售、拍卖文物后三十日内报省、自治区、直辖市人民政府文物行政部门备案。

拍卖文物时,委托人、买受人要求对其身份保密的,文物行政部门应当为其保密;但是,法律、行政法规另有规定的除外。

第五十八条　文物行政部门在审核拟拍卖的文物时,可以指定国有文物收藏单位优先购买其中的珍贵文物。购买价格由文物收藏单位的代表与文物的委托人协商确定。

第五十九条　银行、冶炼厂、造纸厂以及废旧物资回收单位,应当与当地文物行政部门共同负责拣选掺杂在金银器和废旧物资中的文物。拣选文物除供银行研究所必需的历史货币可以由人民银行留用外,应当移交当地文物行政部门。移交拣选文物,应当给予合理补偿。

第六章　文物出境进境

第六十条　国有文物、非国有文物中的珍贵文物和国家规定禁止出境的其他文物,不得出境;但是依照本法规定出境展览或者因特殊需要经国务院批准出境的除外。

第六十一条　文物出境,应当经国务院文物行政部门指定的文物进出境审核机构审核。经审核允许出境的文物,由国务院文物行政部门发给文物出境许可证,从国务院文物行政部门指定的口岸出境。

任何单位或者个人运送、邮寄、携带文物出境,应当向海关申报;海关凭文物出境许可证放行。

第六十二条　文物出境展览,应当报国务院文物行政部门批准;一级文物超过国务院规定数量的,应当报国务院批准。

一级文物中的孤品和易损品,禁止出境展览。

出境展览的文物出境,由文物进出境审核机构审核、登记。海关凭国务院文物行政部门或者国务院的批准文件放行。出境展览的文物复进境,由原文物进出境审核机构审核查验。

第六十三条　文物临时进境,应当向海关申报,并报文物进出境审核机构审核、登记。

临时进境的文物复出境,必须经原审核、登记的文物进出境审核机构审核查验;经审核查验无误的,由国务院文物行政部门发给文物出境许可证,海关凭文物出境许可证放行。

第七章　法　律　责　任

第六十四条　违反本法规定,有下列行为之一,构成犯罪的,依法追究刑事责任:

(一) 盗掘古文化遗址、古墓葬的;

(二) 故意或者过失损毁国家保护的珍贵文物的;

(三) 擅自将国有馆藏文物出售或者私自送给非国有单位或者个人的;

（四）将国家禁止出境的珍贵文物私自出售或者送给外国人的；

（五）以牟利为目的倒卖国家禁止经营的文物的；

（六）走私文物的；

（七）盗窃、哄抢、私分或者非法侵占国有文物的；

（八）应当追究刑事责任的其他妨害文物管理行为。

第六十五条 违反本法规定，造成文物灭失、损毁的，依法承担民事责任。

违反本法规定，构成违反治安管理行为的，由公安机关依法给予治安管理处罚。

违反本法规定，构成走私行为，尚不构成犯罪的，由海关依照有关法律、行政法规的规定给予处罚。

第六十六条 有下列行为之一，尚不构成犯罪的，由县级以上人民政府文物主管部门责令改正，造成严重后果的，处五万元以上五十万元以下的罚款；情节严重的，由原发证机关吊销资质证书：

（一）擅自在文物保护单位的保护范围内进行建设工程或者爆破、钻探、挖掘等作业的；

（二）在文物保护单位的建设控制地带内进行建设工程，其工程设计方案未经文物行政部门同意、报城乡建设规划部门批准，对文物保护单位的历史风貌造成破坏的；

（三）擅自迁移、拆除不可移动文物的；

（四）擅自修缮不可移动文物，明显改变文物原状的；

（五）擅自在原址重建已全部毁坏的不可移动文物，造成文物破坏的；

（六）施工单位未取得文物保护工程资质证书，擅自从事文物修缮、迁移、重建的。

刻划、涂污或者损坏文物尚不严重的，或者损毁依照本法第十五条第一款规定设立的文物保护单位标志的，由公安机关或者文物所在单位给予警告，可以并处罚款。

第六十七条 在文物保护单位的保护范围内或者建设控制地带内建设污染文物保护单位及其环境的设施的，或者对已有的污染文物保护单位及其环境的设施未在规定的期限内完成治理的，由环境保护行政部门依照有关法律、法规的规定给予处罚。

第六十八条 有下列行为之一的，由县级以上人民政府文物主管部门责令改正，没收违法所得，违法所得一万元以上的，并处违法所得二倍以上五倍以下的罚款；违法所得不足一万元的，并处五千元以上二万元以下的罚款：

（一）转让或者抵押国有不可移动文物，或者将国有不可移动文物作为企业资产经营的；

（二）将非国有不可移动文物转让或者抵押给外国人的；

（三）擅自改变国有文物保护单位的用途的。

第六十九条 历史文化名城的布局、环境、历史风貌等遭到严重破坏的，由国务院撤销其历史文化名城称号；历史文化城镇、街道、村庄的布局、环境、历史风貌等遭到严重破坏的，由省、自治区、直辖市人民政府撤销其历史文化街区、村镇称号；对负有责任的主管人员和其他直接责任人员依法给予行政处分。

第七十条 有下列行为之一，尚不构成犯罪的，由县级以上人民政府文物主管部门责令改正，可以并处二万元以下的罚款，有违法所得的，没收违法所得：

（一）文物收藏单位未按照国家有关规定配备防火、防盗、防自然损坏的设施的；

（二）国有文物收藏单位法定代表人离任时未按照馆藏文物档案移交馆藏文物，或者所移交的馆藏文物与馆藏文物档案不符的；

（三）将国有馆藏文物赠与、出租或者出售给其他单位、个人的；

（四）违反本法第四十条、第四十一条、第四十五条规定处置国有馆藏文物的；

（五）违反本法第四十三条规定挪用或者侵占依法调拨、交换、出借文物所得补偿费用的。

第七十一条 买卖国家禁止买卖的文物或者将禁止出境的文物转让、出租、质押给外国人，尚不构成犯罪的，由县级以上人民政府文物主管部门责令改正，没收违法所得，违法经营额一万元以上的，并处违法经营额二倍以上五倍以下的罚款；违法经营额不足一万元的，并处五千元以上二万元以下的罚款。

文物商店、拍卖企业有前款规定的违法行为的，由县级以上人民政府文物主管部门没收违法所得、非法经营的文物，违法经营额五万元以上的，并处违法经营额一倍以上三倍以下的罚款；违法经营额不足五万元的，并处五千元以上五万元以下的罚款；情节严重的，由原发证机关吊销许可证书。

第七十二条 未经许可，擅自设立文物商店、经营文物拍卖的拍卖企业，或者擅自从事文物的商业经营活动，尚不构成犯罪的，由工商行政管理部门依法予以制止，没收违法所得、非法经营的文物，违法经营额五万元以上的，并处违法经营额二倍以上五倍以下的罚款；违法经营额不足五万元的，并处二万元以上十万元以下的罚款。

第七十三条 有下列情形之一的，由工商行政管理部门没收违法所得、非法经营的文物，违法经营额五万元以上的，并处违法经营额一倍以上三倍以下的罚款；违法经营额不足五万元的，并处五千元以上五万元以下的罚款；情节严重的，由原发证机关吊销许可证书：

（一）文物商店从事文物拍卖经营活动的；

（二）经营文物拍卖的拍卖企业从事文物购销经营活动的；

（三）拍卖企业拍卖的文物，未经审核的；

（四）文物收藏单位从事文物的商业经营活动的。

第七十四条 有下列行为之一，尚不构成犯罪的，由县级以上人民政府文物主管部门会同公安机关追缴文物；情节严重的，处五千元以上五万元以下的罚款：

（一）发现文物隐匿不报或者拒不上交的；

（二）未按照规定移交拣选文物的。

第七十五条 有下列行为之一的，由县级以上人民政府文物主管部门责令改正：

（一）改变国有未核定为文物保护单位的不可移动文物的用途，未依照本法规定报告的；

（二）转让、抵押非国有不可移动文物或者改变其用途，未依照本法规定备案的；

（三）国有不可移动文物的使用人拒不依法履行修缮义务的；

（四）考古发掘单位未经批准擅自进行考古发掘，或者不如实报告考古发掘结果的；

（五）文物收藏单位未按照国家有关规定建立馆藏文物档案、管理制度，或者未将馆藏文物档案、管理制度备案的；

（六）违反本法第三十八条规定，未经批准擅自调取馆藏文物的；

（七）馆藏文物损毁未报文物行政部门核查处理，或者馆藏文物被盗、被抢或者丢失，文物收藏单位未及时向公安机关或者文物行政部门报告的；

（八）文物商店销售文物或者拍卖企业拍卖文物，未按照国家有关规定作出记录或者未将所作记录报文物行政部门备案的。

第七十六条 文物行政部门、文物收藏单位、文物商店、经营文物拍卖的拍卖企业的工作人员，有下列行为之一的，依法给予行政处分，情节严重的，依法开除公职或者吊销其从业资格；构成犯罪的，依法追究刑事责任：

（一）文物行政部门的工作人员违反本法规定，滥用审批权限、不履行职责或者发现违法行为不予查处，造成严重后果的；

（二）文物行政部门和国有文物收藏单位的工作人员借用或者非法侵占国有文物的；

（三）文物行政部门的工作人员举办或者参与举办文物商店或者经营文物拍卖的拍卖企业的；

（四）因不负责任造成文物保护单位、珍贵文物损毁或者流失的；

（五）贪污、挪用文物保护经费的。

前款被开除公职或者被吊销从业资格的人员，自被开除公职或者被吊销从业资格之日起十年内不得担任文物管理人员或者从事文物经营活动。

第七十七条 有本法第六十六条、第六十八条、第七十条、第七十一条、第七十四条、第七十五条规定所列行为之一的，负有责任的主管人员和其他直接责任人员是国家工作人员的，依法给予行政处分。

第七十八条 公安机关、工商行政管理部门、海关、城乡建设规划部门和其他国家机关，违反本法规定滥用职权、玩忽职守、徇私舞弊，造成国家保护的珍贵文物损毁或者流失的，对负有责任的主管人员和其他直接责任人员依法给予行政处分；构成犯罪的，依法追究刑事责任。

第七十九条 人民法院、人民检察院、公安机关、海关和工商行政管理部门依法没收的文物应当登记造册，妥善保管，结案后无偿移交文物行政部门，由文物行政部门指定的国有文物收藏单位收藏。

第八章　附　　则

第八十条 本法自公布之日起施行。

中华人民共和国海关法

(根据 2021 年 4 月 29 日第十三届全国人民代表大会常务委员会第二十八次会议《关于修改〈中华人民共和国道路交通安全法〉等八部法律的决定》第六次修正)

第一章 总 则

第一条 为了维护国家的主权和利益,加强海关监督管理,促进对外经济贸易和科技文化交往,保障社会主义现代化建设,特制定本法。

第二条 中华人民共和国海关是国家的进出关境(以下简称进出境)监督管理机关。海关依照本法和其他有关法律、行政法规,监管进出境的运输工具、货物、行李物品、邮递物品和其他物品(以下简称进出境运输工具、货物、物品),征收关税和其他税、费,查缉走私,并编制海关统计和办理其他海关业务。

第三条 国务院设立海关总署,统一管理全国海关。

国家在对外开放的口岸和海关监管业务集中的地点设立海关。海关的隶属关系,不受行政区划的限制。

海关依法独立行使职权,向海关总署负责。

第四条 国家在海关总署设立专门侦查走私犯罪的公安机构,配备专职缉私警察,负责对其管辖的走私犯罪案件的侦查、拘留、执行逮捕、预审。

海关侦查走私犯罪公安机构履行侦查、拘留、执行逮捕、预审职责,应当按照《中华人民共和国刑事诉讼法》的规定办理。

海关侦查走私犯罪公安机构根据国家有关规定,可以设立分支机构。各分支机构办理其管辖的走私犯罪案件,应当依法向有管辖权的人民检察院移送起诉。

地方各级公安机关应当配合海关侦查走私犯罪公安机构依法履行职责。

第五条 国家实行联合缉私、统一处理、综合治理的缉私体制。海关负责组织、协调、管理查缉走私工作。有关规定由国务院另行制定。

各有关行政执法部门查获的走私案件,应当给予行政处罚的,移送海关依法处理;涉嫌犯罪的,应当移送海关侦查走私犯罪公安机构、地方公安机关依据案件管辖分工和法定程序办理。

第六条 海关可以行使下列权力:

(一)检查进出境运输工具,查验进出境货物、物品;对违反本法或者其他有关法律、行政法规的,可以扣留。

(二)查阅进出境人员的证件;查问违反本法或者其他有关法律、行政法规的嫌疑人,调查其违法行为。

(三)查阅、复制与进出境运输工具、货物、物品有关的合同、发票、帐册、单据、记录、文件、业务函电、录音录像制品和其他资料;对其中与违反本法或者其他有关法律、行政法规的进出境运输工具、货物、物品有牵连的,可以扣留。

(四)在海关监管区和海关附近沿海沿边规定地区,检查有走私嫌疑的运输工具和有藏匿走私货物、物品嫌疑的场所,检查走私嫌疑人的身体;对有走私嫌疑的运输工具、货物、物品和走私犯罪嫌疑人,经直属海关关长或者其授权的隶属海关关长批准,可以扣留;对走私犯罪嫌疑人,扣留时间不超过二十四小时,在特殊情况下可以延长至四十八小时。

在海关监管区和海关附近沿海沿边规定地区以外,海关在调查走私案件时,对有走私嫌疑的运输工具和除公民住处以外的有藏匿走私货物、物品嫌疑的场所,经直属海关关长或者其授权的隶属海关关长批准,可以进行检查,有关当事人应当到场;当事人未到场的,在有见证人在场的情况下,可以径行检查;对其中有证据证明有走私嫌疑的运输工具、货物、物品,可以扣留。

海关附近沿海沿边规定地区的范围,由海关总署和国务院公安部门会同有关省级人民政府确定。

(五)在调查走私案件时,经直属海关关长或者其授权的隶属海关关长批准,可以查询案件涉嫌单位和涉嫌人员在金融机构、邮政企业的存款、汇款。

(六)进出境运输工具或者个人违抗海关监管逃逸的,海关可以连续追至海关监管区和海关附近沿海沿边规定地区以外,将其带回处理。

(七)海关为履行职责,可以配备武器。海关工作人员佩带和使用武器的规则,由海关总署会同国务院公安部门制定,报国务院批准。

(八)法律、行政法规规定由海关行使的其他权力。

第七条 各地方、各部门应当支持海关依法行使职权,不得非法干预海关的执法活动。

第八条 进出境运输工具、货物、物品,必须通过设立海关的地点进境或者出境。在特殊情况下,需要经过未设立海关的地点临时进境或者出境的,必须经国务院或者国务院授权的机关批准,并依照本法规定办理海关手续。

第九条 进出口货物,除另有规定的外,可以由进出口货物收发货人自行办理报关纳税手续,也可以由进出口货物收发货人委托报关企业办理报关纳税手续。

进出境物品的所有人可以自行办理报关纳税手续,也可以委托他人办理报关纳税手续。

第十条 报关企业接受进出口货物收发货人的委托,以委托人的名义办理报关手续的,应当向海关提交由委托人签署的授权委托书,遵守本法对委托人的各项规定。

报关企业接受进出口货物收发货人的委托,以自己的名义办理报关手续的,应当承担与收发货人相同的法律责任。

委托人委托报关企业办理报关手续的,应当向报关企业提供所委托报关事项的真实情况;报关企业接受委托人的委托办理报关手续的,应当对委托人所提供情况的真实性进行合理审查。

第十一条 进出口货物收发货人、报关企业办理报关手续,应当依法向海关备案。

报关企业和报关人员不得非法代理他人报关。

第十二条 海关依法执行职务,有关单位和个人应当如实回答询问,并予以配合,任何单位和个人不得阻挠。

海关执行职务受到暴力抗拒时,执行有关任务的公安机关和人民武装警察部队应当予以协助。

第十三条 海关建立对违反本法规定逃避海关监管行为的举报制度。

任何单位和个人均有权对违反本法规定逃避海关监管的行为进行举报。

海关对举报或者协助查获违反本法案件的有功单位和个人,应当给予精神的或者物质的奖励。

海关应当为举报人保密。

第二章 进出境运输工具

第十四条 进出境运输工具到达或者驶离设立海关的地点时,运输工具负责人应当向海关如实申报,交验单证,并接受海关监管和检查。

停留在设立海关的地点的进出境运输工具,未经海关同意,不得擅自驶离。

进出境运输工具从一个设立海关的地点驶往另一个设立海关的地点的,应当符合海关监管要求,办理海关手续,未办结海关手续的,不得改驶境外。

第十五条 进境运输工具在进境以后向海关申报以前,出境运输工具在办结海关手续以后出境以前,应当按照交通主管机关规定的路线行进;交通主管机关没有规定的,由海关指定。

第十六条　进出境船舶、火车、航空器到达和驶离时间、停留地点、停留期间更换地点以及装卸货物、物品时间,运输工具负责人或者有关交通运输部门应当事先通知海关。

第十七条　运输工具装卸进出境货物、物品或者上下进出境旅客,应当接受海关监管。

货物、物品装卸完毕,运输工具负责人应当向海关递交反映实际装卸情况的交接单据和记录。

上下进出境运输工具的人员携带物品的,应当向海关如实申报,并接受海关检查。

第十八条　海关检查进出境运输工具时,运输工具负责人应当到场,并根据海关的要求开启舱室、房间、车门;有走私嫌疑的,并应当开拆可能藏匿走私货物、物品的部位,搬移货物、物料。

海关根据工作需要,可以派员随运输工具执行职务,运输工具负责人应当提供方便。

第十九条　进境的境外运输工具和出境的境内运输工具,未向海关办理手续并缴纳关税,不得转让或者移作他用。

第二十条　进出境船舶和航空器兼营境内客、货运输,应当符合海关监管要求。

进出境运输工具改营境内运输,需向海关办理手续。

第二十一条　沿海运输船舶、渔船和从事海上作业的特种船舶,未经海关同意,不得载运或者换取、买卖、转让进出境货物、物品。

第二十二条　进出境船舶和航空器,由于不可抗力的原因,被迫在未设立海关的地点停泊、降落或者抛掷、起卸货物、物品,运输工具负责人应当立即报告附近海关。

第三章　进出境货物

第二十三条　进口货物自进境起到办结海关手续止,出口货物自向海关申报起到出境止,过境、转运和通运货物自进境起到出境止,应当接受海关监管。

第二十四条　进口货物的收货人、出口货物的发货人应当向海关如实申报,交验进出口许可证件和有关单证。国家限制进出口的货物,没有进出口许可证件的,不予放行,具体处理办法由国务院规定。

进口货物的收货人应当自运输工具申报进境之日起十四日内,出口货物的发货人除海关特准的外应当在货物运抵海关监管区后、装货的二十四小时以前,向海关申报。

进口货物的收货人超过前款规定期限向海关申报的,由海关征收滞报金。

第二十五条　办理进出口货物的海关申报手续,应当采用纸质报关单和电子数据报关单的形式。

第二十六条　海关接受申报后,报关单证及其内容不得修改或者撤销,但符合海关规定情形的除外。

第二十七条 进口货物的收货人经海关同意,可以在申报前查看货物或者提取货样。需要依法检疫的货物,应当在检疫合格后提取货样。

第二十八条 进出口货物应当接受海关查验。海关查验货物时,进口货物的收货人、出口货物的发货人应当到场,并负责搬移货物,开拆和重封货物的包装。海关认为必要时,可以径行开验、复验或者提取货样。

海关在特殊情况下对进出口货物予以免验,具体办法由海关总署制定。

第二十九条 除海关特准的外,进出口货物在收发货人缴清税款或者提供担保后,由海关签印放行。

第三十条 进口货物的收货人自运输工具申报进境之日起超过三个月未向海关申报的,其进口货物由海关提取依法变卖处理,所得价款在扣除运输、装卸、储存等费用和税款后,尚有余款的,自货物依法变卖之日起一年内,经收货人申请,予以发还;其中属于国家对进口有限制性规定,应当提交许可证件而不能提供的,不予发还。逾期无人申请或者不予发还的,上缴国库。

确属误卸或者溢卸的进境货物,经海关审定,由原运输工具负责人或者货物的收发货人自该运输工具卸货之日起三个月内,办理退运或者进口手续;必要时,经海关批准,可以延期三个月。逾期未办手续的,由海关按前款规定处理。

前两款所列货物不宜长期保存的,海关可以根据实际情况提前处理。

收货人或者货物所有人声明放弃的进口货物,由海关提取依法变卖处理;所得价款在扣除运输、装卸、储存等费用后,上缴国库。

第三十一条 按照法律、行政法规、国务院或者海关总署规定暂时进口或者暂时出口的货物,应当在六个月内复运出境或者复运进境;需要延长复运出境或者复运进境期限的,应当根据海关总署的规定办理延期手续。

第三十二条 经营保税货物的储存、加工、装配、展示、运输、寄售业务和经营免税商店,应当符合海关监管要求,经海关批准,并办理注册手续。

保税货物的转让、转移以及进出保税场所,应当向海关办理有关手续,接受海关监管和查验。

第三十三条 企业从事加工贸易,应当按照海关总署的规定向海关备案。加工贸易制成品单位耗料量由海关按照有关规定核定。

加工贸易制成品应当在规定的期限内复出口。其中使用的进口料件,属于国家规定准予保税的,应当向海关办理核销手续;属于先征收税款的,依法向海关办理退税手续。

加工贸易保税进口料件或者制成品内销的,海关对保税的进口料件依法征税;属于国家对进口有限制性规定的,还应当向海关提交进口许可证件。

第三十四条 经国务院批准在中华人民共和国境内设立的保税区等海关特殊监管区域,由海关按照国家有关规定实施监管。

第三十五条 进口货物应当由收货人在货物的进境地海关办理海关手续,出口货物应当由发货人在货物的出境地海关办理海关手续。

经收发货人申请,海关同意,进口货物的收货人可以在设有海关的指运地、出口货物的发货人可以在设有海关的启运地办理海关手续。上述货物的转关运输,应当符合海关监管要求;必要时,海关可以派员押运。

经电缆、管道或者其他特殊方式输送进出境的货物,经营单位应当定期向指定的海关申报和办理海关手续。

第三十六条 过境、转运和通运货物,运输工具负责人应当向进境地海关如实申报,并应当在规定期限内运输出境。

海关认为必要时,可以查验过境、转运和通运货物。

第三十七条 海关监管货物,未经海关许可,不得开拆、提取、交付、发运、调换、改装、抵押、质押、留置、转让、更换标记、移作他用或者进行其他处置。

海关加施的封志,任何人不得擅自开启或者损毁。

人民法院判决、裁定或者有关行政执法部门决定处理海关监管货物的,应当责令当事人办结海关手续。

第三十八条 经营海关监管货物仓储业务的企业,应当经海关注册,并按照海关规定,办理收存、交付手续。

在海关监管区外存放海关监管货物,应当经海关同意,并接受海关监管。

违反前两款规定或者在保管海关监管货物期间造成海关监管货物损毁或者灭失的,除不可抗力外,对海关监管货物负有保管义务的人应当承担相应的纳税义务和法律责任。

第三十九条 进出境集装箱的监管办法、打捞进出境货物和沉船的监管办法、边境小额贸易进出口货物的监管办法,以及本法未具体列明的其他进出境货物的监管办法,由海关总署或者由海关总署会同国务院有关部门另行制定。

第四十条 国家对进出境货物、物品有禁止性或者限制性规定的,海关依据法律、行政法规、国务院的规定或者国务院有关部门依据法律、行政法规的授权作出的规定实施监管。具体监管办法由海关总署制定。

第四十一条 进出口货物的原产地按照国家有关原产地规则的规定确定。

第四十二条 进出口货物的商品归类按照国家有关商品归类的规定确定。

海关可以要求进出口货物的收发货人提供确定商品归类所需的有关资料;必要时,海关可以组织化验、检验,并将海关认定的化验、检验结果作为商品归类的依据。

第四十三条 海关可以根据对外贸易经营者提出的书面申请,对拟作进口或者出口的货物预先作出商品归类等行政裁定。

进口或者出口相同货物,应当适用相同的商品归类行政裁定。

海关对所作出的商品归类等行政裁定,应当予以公布。

第四十四条 海关依照法律、行政法规的规定,对与进出境货物有关的知识产权实施保护。

需要向海关申报知识产权状况的,进出口货物收发货人及其代理人应当按照国家规定向海关如实申报有关知识产权状况,并提交合法使用有关知识产权的证明文件。

第四十五条 自进出口货物放行之日起三年内或者在保税货物、减免税进口货物的海关监管期限内及其后的三年内,海关可以对与进出口货物直接有关的企业、单位的会计帐簿、会计凭证、报关单证以及其他有关资料和有关进出口货物实施稽查。具体办法由国务院规定。

第四章　进出境物品

第四十六条 个人携带进出境的行李物品、邮寄进出境的物品,应当以自用、合理数量为限,并接受海关监管。

第四十七条 进出境物品的所有人应当向海关如实申报,并接受海关查验。

海关加施的封志,任何人不得擅自开启或者损毁。

第四十八条 进出境邮袋的装卸、转运和过境,应当接受海关监管。邮政企业应当向海关递交邮件路单。

邮政企业应当将开拆及封发国际邮袋的时间事先通知海关,海关应当按时派员到场监管查验。

第四十九条 邮运进出境的物品,经海关查验放行后,有关经营单位方可投递或者交付。

第五十条 经海关登记准予暂时免税进境或者暂时免税出境的物品,应当由本人复带出境或者复带进境。

过境人员未经海关批准,不得将其所带物品留在境内。

第五十一条 进出境物品所有人声明放弃的物品、在海关规定期限内未办理海关手续或者无人认领的物品,以及无法投递又无法退回的进境邮递物品,由海关依照本法第三十条的规定处理。

第五十二条 享有外交特权和豁免的外国机构或者人员的公务用品或者自用物品进出

境,依照有关法律、行政法规的规定办理。

第五章　关　税

第五十三条　准许进出口的货物、进出境物品,由海关依法征收关税。

第五十四条　进口货物的收货人、出口货物的发货人、进出境物品的所有人,是关税的纳税义务人。

第五十五条　进出口货物的完税价格,由海关以该货物的成交价格为基础审查确定。成交价格不能确定时,完税价格由海关依法估定。

进口货物的完税价格包括货物的货价、货物运抵中华人民共和国境内输入地点起卸前的运输及其相关费用、保险费;出口货物的完税价格包括货物的货价、货物运至中华人民共和国境内输出地点装载前的运输及其相关费用、保险费,但是其中包含的出口关税税额,应当予以扣除。

进出境物品的完税价格,由海关依法确定。

第五十六条　下列进出口货物、进出境物品,减征或者免征关税:

(一)无商业价值的广告品和货样;

(二)外国政府、国际组织无偿赠送的物资;

(三)在海关放行前遭受损坏或者损失的货物;

(四)规定数额以内的物品;

(五)法律规定减征、免征关税的其他货物、物品;

(六)中华人民共和国缔结或者参加的国际条约规定减征、免征关税的货物、物品。

第五十七条　特定地区、特定企业或者有特定用途的进出口货物,可以减征或者免征关税。特定减税或者免税的范围和办法由国务院规定。

依照前款规定减征或者免征关税进口的货物,只能用于特定地区、特定企业或特定用途,未经海关核准并补缴关税,不得移作他用。

第五十八条　本法第五十六条、第五十七条第一款规定范围以外的临时减征或者免征关税,由国务院决定。

第五十九条　暂时进口或者暂时出口的货物,以及特准进口的保税货物,在货物收发货人向海关缴纳相当于税款的保证金或者提供担保后,准予暂时免纳关税。

第六十条　进出口货物的纳税义务人,应当自海关填发税款缴款书之日起十五日内缴纳税款;逾期缴纳的,由海关征收滞纳金。纳税义务人、担保人超过三个月仍未缴纳的,经直属海关关长或者其授权的隶属海关关长批准,海关可以采取下列强制措施:

（一）书面通知其开户银行或者其他金融机构从其存款中扣缴税款；

（二）将应税货物依法变卖，以变卖所得抵缴税款；

（三）扣留并依法变卖其价值相当于应纳税款的货物或者其他财产，以变卖所得抵缴税款。

海关采取强制措施时，对前款所列纳税义务人、担保人未缴纳的滞纳金同时强制执行。

进出境物品的纳税义务人，应当在物品放行前缴纳税款。

第六十一条　进出口货物的纳税义务人在规定的纳税期限内有明显的转移、藏匿其应税货物以及其他财产迹象的，海关可以责令纳税义务人提供担保；纳税义务人不能提供纳税担保的，经直属海关关长或者其授权的隶属海关关长批准，海关可以采取下列税收保全措施：

（一）书面通知纳税义务人开户银行或者其他金融机构暂停支付纳税义务人相当于应纳税款的存款；

（二）扣留纳税义务人价值相当于应纳税款的货物或者其他财产。

纳税义务人在规定的纳税期限内缴纳税款的，海关必须立即解除税收保全措施；期限届满仍未缴纳税款的，经直属海关关长或者其授权的隶属海关关长批准，海关可以书面通知纳税义务人开户银行或者其他金融机构从其暂停支付的存款中扣缴税款，或者依法变卖所扣留的货物或者其他财产，以变卖所得抵缴税款。

采取税收保全措施不当，或者纳税义务人在规定期限内已缴纳税款，海关未立即解除税收保全措施，致使纳税义务人的合法权益受到损失的，海关应当依法承担赔偿责任。

第六十二条　进出口货物、进出境物品放行后，海关发现少征或者漏征税款，应当自缴纳税款或者货物、物品放行之日起一年内，向纳税义务人补征。因纳税义务人违反规定而造成的少征或者漏征，海关在三年以内可以追征。

第六十三条　海关多征的税款，海关发现后应当立即退还；纳税义务人自缴纳税款之日起一年内，可以要求海关退还。

第六十四条　纳税义务人同海关发生纳税争议时，应当缴纳税款，并可以依法申请行政复议；对复议决定仍不服的，可以依法向人民法院提起诉讼。

第六十五条　进口环节海关代征税的征收管理，适用关税征收管理的规定。

第六章　海关事务担保

第六十六条　在确定货物的商品归类、估价和提供有效报关单证或者办结其他海关手续前，收发货人要求放行货物的，海关应当在其提供与其依法应当履行的法律义务相适应的担保后放行。法律、行政法规规定可以免除担保的除外。

法律、行政法规对履行海关义务的担保另有规定的,从其规定。

国家对进出境货物、物品有限制性规定,应当提供许可证件而不能提供的,以及法律、行政法规规定不得担保的其他情形,海关不得办理担保放行。

第六十七条 具有履行海关事务担保能力的法人、其他组织或者公民,可以成为担保人。法律规定不得为担保人的除外。

第六十八条 担保人可以以下列财产、权利提供担保:

(一)人民币、可自由兑换货币;

(二)汇票、本票、支票、债券、存单;

(三)银行或者非银行金融机构的保函;

(四)海关依法认可的其他财产、权利。

第六十九条 担保人应当在担保期限内承担担保责任。担保人履行担保责任的,不免除被担保人应当办理有关海关手续的义务。

第七十条 海关事务担保管理办法,由国务院规定。

第七章 执 法 监 督

第七十一条 海关履行职责,必须遵守法律,维护国家利益,依照法定职权和法定程序严格执法,接受监督。

第七十二条 海关工作人员必须秉公执法,廉洁自律,忠于职守,文明服务,不得有下列行为:

(一)包庇、纵容走私或者与他人串通进行走私;

(二)非法限制他人人身自由,非法检查他人身体、住所或者场所,非法检查、扣留进出境运输工具、货物、物品;

(三)利用职权为自己或者他人谋取私利;

(四)索取、收受贿赂;

(五)泄露国家秘密、商业秘密和海关工作秘密;

(六)滥用职权,故意刁难,拖延监管、查验;

(七)购买、私分、占用没收的走私货物、物品;

(八)参与或者变相参与营利性经营活动;

(九)违反法定程序或者超越权限执行职务;

(十)其他违法行为。

第七十三条 海关应当根据依法履行职责的需要,加强队伍建设,使海关工作人员具有良好的政治、业务素质。

海关专业人员应当具有法律和相关专业知识,符合海关规定的专业岗位任职要求。

海关招收工作人员应当按照国家规定,公开考试,严格考核,择优录用。

海关应当有计划地对其工作人员进行政治思想、法制、海关业务培训和考核。海关工作人员必须定期接受培训和考核,经考核不合格的,不得继续上岗执行职务。

第七十四条 海关总署应当实行海关关长定期交流制度。

海关关长定期向上一级海关述职,如实陈述其执行职务情况。海关总署应当定期对直属海关关长进行考核,直属海关应当定期对隶属海关关长进行考核。

第七十五条 海关及其工作人员的行政执法活动,依法接受监察机关的监督;缉私警察进行侦查活动,依法接受人民检察院的监督。

第七十六条 审计机关依法对海关的财政收支进行审计监督,对海关办理的与国家财政收支有关的事项,有权进行专项审计调查。

第七十七条 上级海关应当对下级海关的执法活动依法进行监督。上级海关认为下级海关作出的处理或者决定不适当的,可以依法予以变更或者撤销。

第七十八条 海关应当依照本法和其他有关法律、行政法规的规定,建立健全内部监督制度,对其工作人员执行法律、行政法规和遵守纪律的情况,进行监督检查。

第七十九条 海关内部负责审单、查验、放行、稽查和调查等主要岗位的职责权限应当明确,并相互分离、相互制约。

第八十条 任何单位和个人均有权对海关及其工作人员的违法、违纪行为进行控告、检举。收到控告、检举的机关有权处理的,应当依法按照职责分工及时查处。收到控告、检举的机关和负责查处的机关应当为控告人、检举人保密。

第八十一条 海关工作人员在调查处理违法案件时,遇有下列情形之一的,应当回避:

(一)是本案的当事人或者是当事人的近亲属;

(二)本人或者其近亲属与本案有利害关系;

(三)与本案当事人有其他关系,可能影响案件公正处理的。

第八章 法律责任

第八十二条 违反本法及有关法律、行政法规,逃避海关监管,偷逃应纳税款、逃避国家有关进出境的禁止性或者限制性管理,有下列情形之一的,是走私行为:

(一)运输、携带、邮寄国家禁止或者限制进出境货物、物品或者依法应当缴纳税款的货物、物品进出境的;

（二）未经海关许可并且未缴纳应纳税款、交验有关许可证件，擅自将保税货物、特定减免税货物以及其他海关监管货物、物品、进境的境外运输工具，在境内销售的；

（三）有逃避海关监管，构成走私的其他行为的。

有前款所列行为之一，尚不构成犯罪的，由海关没收走私货物、物品及违法所得，可以并处罚款；专门或者多次用于掩护走私的货物、物品，专门或者多次用于走私的运输工具，予以没收，藏匿走私货物、物品的特制设备，责令拆毁或者没收。

有第一款所列行为之一，构成犯罪的，依法追究刑事责任。

第八十三条　有下列行为之一的，按走私行为论处，依照本法第八十二条的规定处罚：

（一）直接向走私人非法收购走私进口的货物、物品的；

（二）在内海、领海、界河、界湖，船舶及所载人员运输、收购、贩卖国家禁止或者限制进出境的货物、物品，或者运输、收购、贩卖依法应当缴纳税款的货物，没有合法证明的。

第八十四条　伪造、变造、买卖海关单证，与走私人通谋为走私人提供贷款、资金、帐号、发票、证明、海关单证，与走私人通谋为走私人提供运输、保管、邮寄或者其他方便，构成犯罪的，依法追究刑事责任；尚不构成犯罪的，由海关没收违法所得，并处罚款。

第八十五条　个人携带、邮寄超过合理数量的自用物品进出境，未依法向海关申报的，责令补缴关税，可以处以罚款。

第八十六条　违反本法规定有下列行为之一的，可以处以罚款，有违法所得的，没收违法所得：

（一）运输工具不经设立海关的地点进出境的；

（二）不将进出境运输工具到达的时间、停留的地点或者更换的地点通知海关的；

（三）进出口货物、物品或者过境、转运、通运货物向海关申报不实的；

（四）不按照规定接受海关对进出境运输工具、货物、物品进行检查、查验的；

（五）进出境运输工具未经海关同意，擅自装卸进出境货物、物品或者上下进出境旅客的；

（六）在设立海关的地点停留的进出境运输工具未经海关同意，擅自驶离的；

（七）进出境运输工具从一个设立海关的地点驶往另一个设立海关的地点，尚未办结海关手续又未经海关批准，中途擅自改驶境外或者境内未设立海关的地点的；

（八）进出境运输工具，不符合海关监管要求或者未向海关办理手续，擅自兼营或者改营境内运输的；

（九）由于不可抗力的原因，进出境船舶和航空器被迫在未设立海关的地点停泊、降落或者在境内抛掷、起卸货物、物品，无正当理由，不向附近海关报告的；

（十）未经海关许可，擅自将海关监管货物开拆、提取、交付、发运、调换、改装、抵押、质押、留置、转让、更换标记、移作他用或者进行其他处置的；

（十一）擅自开启或者损毁海关封志的；

（十二）经营海关监管货物的运输、储存、加工等业务，有关货物灭失或者有关记录不真实，不能提供正当理由的；

（十三）有违反海关监管规定的其他行为的。

第八十七条 海关准予从事有关业务的企业，违反本法有关规定的，由海关责令改正，可以给予警告，暂停其从事有关业务，直至撤销注册。

第八十八条 未向海关备案从事报关业务的，海关可以处以罚款。

第八十九条 报关企业非法代理他人报关的，由海关责令改正，处以罚款；情节严重的，禁止其从事报关活动。

报关人员非法代理他人报关的，由海关责令改正，处以罚款。

第九十条 进出口货物收发货人、报关企业向海关工作人员行贿的，由海关禁止其从事报关活动，并处以罚款；构成犯罪的，依法追究刑事责任。

报关人员向海关工作人员行贿的，处以罚款；构成犯罪的，依法追究刑事责任。

第九十一条 违反本法规定进出口侵犯中华人民共和国法律、行政法规保护的知识产权的货物的，由海关依法没收侵权货物，并处以罚款；构成犯罪的，依法追究刑事责任。

第九十二条 海关依法扣留的货物、物品、运输工具，在人民法院判决或者海关处罚决定作出之前，不得处理。但是，危险品或者鲜活、易腐、易失效等不宜长期保存的货物、物品以及所有人申请先行变卖的货物、物品、运输工具，经直属海关关长或者其授权的隶属海关关长批准，可以先行依法变卖，变卖所得价款由海关保存，并通知其所有人。

人民法院判决没收或者海关决定没收的走私货物、物品、违法所得、走私运输工具、特制设备，由海关依法统一处理，所得价款和海关决定处以的罚款，全部上缴中央国库。

第九十三条 当事人逾期不履行海关的处罚决定又不申请复议或者向人民法院提起诉讼的，作出处罚决定的海关可以将其保证金抵缴或者将其被扣留的货物、物品、运输工具依法变价抵缴，也可以申请人民法院强制执行。

第九十四条 海关在查验进出境货物、物品时，损坏被查验的货物、物品的，应当赔偿实际损失。

第九十五条 海关违法扣留货物、物品、运输工具，致使当事人的合法权益受到损失的，应当依法承担赔偿责任。

第九十六条 海关工作人员有本法第七十二条所列行为之一的，依法给予行政处分；有违法所得的，依法没收违法所得；构成犯罪的，依法追究刑事责任。

第九十七条 海关的财政收支违反法律、行政法规规定的，由审计机关以及有关部门依照法律、行政法规的规定作出处理；对直接负责的主管人员和其他直接责任人员，依法给予行政处分;构成犯罪的,依法追究刑事责任。

第九十八条 未按照本法规定为控告人、检举人、举报人保密的,对直接负责的主管人员和其他直接责任人员,由所在单位或者有关单位依法给予行政处分。

第九十九条 海关工作人员在调查处理违法案件时,未按照本法规定进行回避的,对直接负责的主管人员和其他直接责任人员,依法给予行政处分。

第九章 附 则

第一百条 本法下列用语的含义:

直属海关,是指直接由海关总署领导,负责管理一定区域范围内的海关业务的海关;隶属海关,是指由直属海关领导,负责办理具体海关业务的海关。

进出境运输工具,是指用以载运人员、货物、物品进出境的各种船舶、车辆、航空器和驮畜。

过境、转运和通运货物,是指由境外启运、通过中国境内继续运往境外的货物。其中,通过境内陆路运输的,称过境货物;在境内设立海关的地点换装运输工具,而不通过境内陆路运输的,称转运货物;由船舶、航空器载运进境并由原装运输工具载运出境的,称通运货物。

海关监管货物,是指本法第二十三条所列的进出口货物,过境、转运、通运货物,特定减免税货物,以及暂时进出口货物、保税货物和其他尚未办结海关手续的进出境货物。

保税货物,是指经海关批准未办理纳税手续进境,在境内储存、加工、装配后复运出境的货物。

海关监管区,是指设立海关的港口、车站、机场、国界孔道、国际邮件互换局(交换站)和其他有海关监管业务的场所,以及虽未设立海关,但是经国务院批准的进出境地点。

第一百零一条 经济特区等特定地区同境内其他地区之间往来的运输工具、货物、物品的监管办法,由国务院另行规定。

第一百零二条 本法自1987年7月1日起施行。1951年4月18日中央人民政府公布的《中华人民共和国暂行海关法》同时废止。

中华人民共和国拍卖法

(根据 2015 年 4 月 24 日第十二届全国人民代表大会常务委员会第十四次会议《关于修改〈中华人民共和国电力法〉等六部法律的决定》第二次修正)

第一章 总 则

第一条 为了规范拍卖行为,维护拍卖秩序,保护拍卖活动各方当事人的合法权益,制定本法。

第二条 本法适用于中华人民共和国境内拍卖企业进行的拍卖活动。

第三条 拍卖是指以公开竞价的形式,将特定物品或者财产权利转让给最高应价者的买卖方式。

第四条 拍卖活动应当遵守有关法律、行政法规,遵循公开、公平、公正、诚实信用的原则。

第五条 国务院负责管理拍卖业的部门对全国拍卖业实施监督管理。

省、自治区、直辖市的人民政府和设区的市的人民政府负责管理拍卖业的部门对本行政区域内的拍卖业实施监督管理。

第二章 拍 卖 标 的

第六条 拍卖标的应当是委托人所有或者依法可以处分的物品或者财产权利。

第七条 法律、行政法规禁止买卖的物品或者财产权利,不得作为拍卖标的。

第八条 依照法律或者按照国务院规定需经审批才能转让的物品或者财产权利,在拍卖前,应当依法办理审批手续。

委托拍卖的文物,在拍卖前,应当经拍卖人住所地的文物行政管理部门依法鉴定、许可。

第九条 国家行政机关依法没收的物品,充抵税款、罚款的物品和其他物品,按照国务院规定应当委托拍卖的,由财产所在地的省、自治区、直辖市的人民政府和设区的市的人民政府指定的拍卖人进行拍卖。

拍卖由人民法院依法没收的物品,充抵罚金、罚款的物品以及无法返还的追回物品,适用前款规定。

第三章　拍卖当事人

第一节　拍 卖 人

第十条　拍卖人是指依照本法和《中华人民共和国公司法》设立的从事拍卖活动的企业法人。

第十一条　企业取得从事拍卖业务的许可必须经所在地的省、自治区、直辖市人民政府负责管理拍卖业的部门审核批准。拍卖企业可以在设区的市设立。

第十二条　企业申请取得从事拍卖业务的许可,应当具备下列条件:

(一)有一百万元人民币以上的注册资本;

(二)有自己的名称、组织机构、住所和章程;

(三)有与从事拍卖业务相适应的拍卖师和其他工作人员;

(四)有符合本法和其他有关法律规定的拍卖业务规则;

(五)符合国务院有关拍卖业发展的规定;

(六)法律、行政法规规定的其他条件。

第十三条　拍卖企业经营文物拍卖的,应当有一千万元人民币以上的注册资本,有具有文物拍卖专业知识的人员。

第十四条　拍卖活动应当由拍卖师主持。

第十五条　拍卖师应当具备下列条件:

(一)具有高等院校专科以上学历和拍卖专业知识;

(二)在拍卖企业工作两年以上;

(三)品行良好。

被开除公职或者吊销拍卖师资格证书未满五年的,或者因故意犯罪受过刑事处罚的,不得担任拍卖师。

第十六条　拍卖师资格考核,由拍卖行业协会统一组织。经考核合格的,由拍卖行业协会发给拍卖师资格证书。

第十七条　拍卖行业协会是依法成立的社会团体法人,是拍卖业的自律性组织。拍卖行业协会依照本法并根据章程,对拍卖企业和拍卖师进行监督。

第十八条　拍卖人有权要求委托人说明拍卖标的的来源和瑕疵。

拍卖人应当向竞买人说明拍卖标的的瑕疵。

第十九条　拍卖人对委托人交付拍卖的物品负有保管义务。

第二十条　拍卖人接受委托后,未经委托人同意,不得委托其他拍卖人拍卖。

第二十一条　委托人、买受人要求对其身份保密的,拍卖人应当为其保密。

第二十二条　拍卖人及其工作人员不得以竞买人的身份参与自己组织的拍卖活动,并不得委托他人代为竞买。

第二十三条　拍卖人不得在自己组织的拍卖活动中拍卖自己的物品或者财产权利。

第二十四条　拍卖成交后,拍卖人应当按照约定向委托人交付拍卖标的的价款,并按照约定将拍卖标的移交给买受人。

第二节　委　托　人

第二十五条　委托人是指委托拍卖人拍卖物品或者财产权利的公民、法人或者其他组织。

第二十六条　委托人可以自行办理委托拍卖手续,也可以由其代理人代为办理委托拍卖手续。

第二十七条　委托人应当向拍卖人说明拍卖标的的来源和瑕疵。

第二十八条　委托人有权确定拍卖标的的保留价并要求拍卖人保密。

拍卖国有资产,依照法律或者按照国务院规定需要评估的,应当经依法设立的评估机构评估,并根据评估结果确定拍卖标的的保留价。

第二十九条　委托人在拍卖开始前可以撤回拍卖标的。委托人撤回拍卖标的的,应当向拍卖人支付约定的费用;未作约定的,应当向拍卖人支付为拍卖支出的合理费用。

第三十条　委托人不得参与竞买,也不得委托他人代为竞买。

第三十一条　按照约定由委托人移交拍卖标的的,拍卖成交后,委托人应当将拍卖标的移交给买受人。

第三节　竞　买　人

第三十二条　竞买人是指参加竞购拍卖标的的公民、法人或者其他组织。

第三十三条　法律、行政法规对拍卖标的的买卖条件有规定的,竞买人应当具备规定的条件。

第三十四条　竞买人可以自行参加竞买,也可以委托其代理人参加竞买。

第三十五条　竞买人有权了解拍卖标的的瑕疵,有权查验拍卖标的和查阅有关拍卖资料。

第三十六条　竞买人一经应价,不得撤回,当其他竞买人有更高应价时,其应价即丧失约束力。

第三十七条　竞买人之间、竞买人与拍卖人之间不得恶意串通,损害他人利益。

第四节　买　受　人

第三十八条　买受人是指以最高应价购得拍卖标的的竞买人。

第三十九条　买受人应当按照约定支付拍卖标的的价款,未按照约定支付价款的,应当承担违约责任,或者由拍卖人征得委托人的同意,将拍卖标的再行拍卖。

拍卖标的再行拍卖的,原买受人应当支付第一次拍卖中本人及委托人应当支付的佣金。再行拍卖的价款低于原拍卖价款的,原买受人应当补足差额。

第四十条　买受人未能按照约定取得拍卖标的的,有权要求拍卖人或者委托人承担违约责任。

买受人未按照约定受领拍卖标的的,应当支付由此产生的保管费用。

第四章　拍　卖　程　序

第一节　拍　卖　委　托

第四十一条　委托人委托拍卖物品或者财产权利,应当提供身份证明和拍卖人要求提供的拍卖标的的所有权证明或者依法可以处分拍卖标的的证明及其他资料。

第四十二条　拍卖人应当对委托人提供的有关文件、资料进行核实。拍卖人接受委托的,应当与委托人签订书面委托拍卖合同。

第四十三条　拍卖人认为需要对拍卖标的进行鉴定的,可以进行鉴定。

鉴定结论与委托拍卖合同载明的拍卖标的状况不相符的,拍卖人有权要求变更或者解除合同。

第四十四条　委托拍卖合同应当载明以下事项:

(一) 委托人、拍卖人的姓名或者名称、住所;

(二) 拍卖标的的名称、规格、数量、质量;

(三) 委托人提出的保留价;

(四) 拍卖的时间、地点;

(五) 拍卖标的的交付或者转移的时间、方式;

(六) 佣金及其支付的方式、期限;

(七) 价款的支付方式、期限;

(八) 违约责任;

(九) 双方约定的其他事项。

第二节 拍卖公告与展示

第四十五条 拍卖人应当于拍卖日七日前发布拍卖公告。

第四十六条 拍卖公告应当载明下列事项：

（一）拍卖的时间、地点；

（二）拍卖标的；

（三）拍卖标的展示时间、地点；

（四）参与竞买应当办理的手续；

（五）需要公告的其他事项。

第四十七条 拍卖公告应当通过报纸或者其他新闻媒介发布。

第四十八条 拍卖人应当在拍卖前展示拍卖标的，并提供查看拍卖标的的条件及有关资料。拍卖标的的展示时间不得少于两日。

第三节 拍卖的实施

第四十九条 拍卖师应当于拍卖前宣布拍卖规则和注意事项。

第五十条 拍卖标的无保留价的，拍卖师应当在拍卖前予以说明。

拍卖标的有保留价的，竞买人的最高应价未达到保留价时，该应价不发生效力，拍卖师应当停止拍卖标的的拍卖。

第五十一条 竞买人的最高应价经拍卖师落槌或者以其他公开表示买定的方式确认后，拍卖成交。

第五十二条 拍卖成交后，买受人和拍卖人应当签署成交确认书。

第五十三条 拍卖人进行拍卖时，应当制作拍卖笔录。拍卖笔录应当由拍卖师、记录人签名；拍卖成交的，还应当由买受人签名。

第五十四条 拍卖人应当妥善保管有关业务经营活动的完整账簿、拍卖笔录和其他有关资料。

前款规定的账簿、拍卖笔录和其他有关资料的保管期限，自委托拍卖合同终止之日起计算，不得少于五年。

第五十五条 拍卖标的需要依法办理证照变更、产权过户手续的，委托人、买受人应当持拍卖人出具的成交证明和有关材料，向有关行政管理机关办理手续。

第四节 佣 金

第五十六条 委托人、买受人可以与拍卖人约定佣金的比例。

委托人、买受人与拍卖人对佣金比例未作约定,拍卖成交的,拍卖人可以向委托人、买受人各收取不超过拍卖成交价百分之五的佣金。收取佣金的比例按照同拍卖成交价成反比的原则确定。

拍卖未成交的,拍卖人可以向委托人收取约定的费用;未作约定的,可以向委托人收取为拍卖支出的合理费用。

第五十七条 拍卖本法第九条规定的物品成交的,拍卖人可以向买受人收取不超过拍卖成交价百分之五的佣金。收取佣金的比例按照同拍卖成交价成反比的原则确定。

拍卖未成交的,适用本法第五十六条第三款的规定。

第五章 法律责任

第五十八条 委托人违反本法第六条的规定,委托拍卖其没有所有权或者依法不得处分的物品或者财产权利的,应当依法承担责任。拍卖人明知委托人对拍卖的物品或者财产权利没有所有权或者依法不得处分的,应当承担连带责任。

第五十九条 国家机关违反本法第九条的规定,将应当委托财产所在地的省、自治区、直辖市的人民政府或者设区的市的人民政府指定的拍卖人拍卖的物品擅自处理的,对负有直接责任的主管人员和其他直接责任人员依法给予行政处分,给国家造成损失的,还应当承担赔偿责任。

第六十条 违反本法第十一条的规定,未经许可从事拍卖业务的,由工商行政管理部门予以取缔,没收违法所得,并可以处违法所得一倍以上五倍以下的罚款。

第六十一条 拍卖人、委托人违反本法第十八条第二款、第二十七条的规定,未说明拍卖标的的瑕疵,给买受人造成损害的,买受人有权向拍卖人要求赔偿;属于委托人责任的,拍卖人有权向委托人追偿。

拍卖人、委托人在拍卖前声明不能保证拍卖标的的真伪或者品质的,不承担瑕疵担保责任。

因拍卖标的存在瑕疵未声明的,请求赔偿的诉讼时效期间为一年,自当事人知道或者应当知道权利受到损害之日起计算。

因拍卖标的存在缺陷造成人身、财产损害请求赔偿的诉讼时效期间,适用《中华人民共和国产品质量法》和其他法律的有关规定。

第六十二条 拍卖人及其工作人员违反本法第二十二条的规定,参与竞买或者委托他人代为竞买的,由工商行政管理部门对拍卖人给予警告,可以处拍卖佣金一倍以上五倍以下的罚款;情节严重的,吊销营业执照。

第六十三条 违反本法第二十三条的规定,拍卖人在自己组织的拍卖活动中拍卖自己的物品或者财产权利的,由工商行政管理部门没收拍卖所得。

第六十四条 违反本法第三十条的规定,委托人参与竞买或者委托他人代为竞买的,工商行政管理部门可以对委托人处拍卖成交价百分之三十以下的罚款。

第六十五条 违反本法第三十七条的规定,竞买人之间、竞买人与拍卖人之间恶意串通,给他人造成损害的,拍卖无效,应当依法承担赔偿责任。由工商行政管理部门对参与恶意串通的竞买人处最高应价百分之十以上百分之三十以下的罚款;对参与恶意串通的拍卖人处最高应价百分之十以上百分之五十以下的罚款。

第六十六条 违反本法第四章第四节关于佣金比例的规定收取佣金的,拍卖人应当将超收部分返还委托人、买受人。物价管理部门可以对拍卖人处拍卖佣金一倍以上五倍以下的罚款。

第六章　附　　则

第六十七条 外国人、外国企业和组织在中华人民共和国境内委托拍卖或者参加竞买的,适用本法。

第六十八条 本法自1997年1月1日起施行。

中华人民共和国文物保护法实施条例

(根据 2017 年 10 月 7 日《国务院关于修改部分行政法规的决定》第四次修订)

第一章 总 则

第一条 根据《中华人民共和国文物保护法》(以下简称文物保护法),制定本实施条例。

第二条 国家重点文物保护专项补助经费和地方文物保护专项经费,由县级以上人民政府文物行政主管部门、投资主管部门、财政部门按照国家有关规定共同实施管理。任何单位或者个人不得侵占、挪用。

第三条 国有的博物馆、纪念馆、文物保护单位等的事业性收入,应当用于下列用途:

(一)文物的保管、陈列、修复、征集;

(二)国有的博物馆、纪念馆、文物保护单位的修缮和建设;

(三)文物的安全防范;

(四)考古调查、勘探、发掘;

(五)文物保护的科学研究、宣传教育。

第四条 文物行政主管部门和教育、科技、新闻出版、广播电视行政主管部门,应当做好文物保护的宣传教育工作。

第五条 国务院文物行政主管部门和省、自治区、直辖市人民政府文物行政主管部门,应当制定文物保护的科学技术研究规划,采取有效措施,促进文物保护科技成果的推广和应用,提高文物保护的科学技术水平。

第六条 有文物保护法第十二条所列事迹之一的单位或者个人,由人民政府及其文物行政主管部门、有关部门给予精神鼓励或者物质奖励。

第二章 不可移动文物

第七条 历史文化名城,由国务院建设行政主管部门会同国务院文物行政主管部门报国务院核定公布。

历史文化街区、村镇，由省、自治区、直辖市人民政府城乡规划行政主管部门会同文物行政主管部门报本级人民政府核定公布。

县级以上地方人民政府组织编制的历史文化名城和历史文化街区、村镇的保护规划，应当符合文物保护的要求。

第八条 全国重点文物保护单位和省级文物保护单位自核定公布之日起1年内，由省、自治区、直辖市人民政府划定必要的保护范围，作出标志说明，建立记录档案，设置专门机构或者指定专人负责管理。

设区的市、自治州级和县级文物保护单位自核定公布之日起1年内，由核定公布该文物保护单位的人民政府划定保护范围，作出标志说明，建立记录档案，设置专门机构或者指定专人负责管理。

第九条 文物保护单位的保护范围，是指对文物保护单位本体及周围一定范围实施重点保护的区域。

文物保护单位的保护范围，应当根据文物保护单位的类别、规模、内容以及周围环境的历史和现实情况合理划定，并在文物保护单位本体之外保持一定的安全距离，确保文物保护单位的真实性和完整性。

第十条 文物保护单位的标志说明，应当包括文物保护单位的级别、名称、公布机关、公布日期、立标机关、立标日期等内容。民族自治地区的文物保护单位的标志说明，应当同时用规范汉字和当地通用的少数民族文字书写。

第十一条 文物保护单位的记录档案，应当包括文物保护单位本体记录等科学技术资料和有关文献记载、行政管理等内容。

文物保护单位的记录档案，应当充分利用文字、音像制品、图画、拓片、摹本、电子文本等形式，有效表现其所载内容。

第十二条 古文化遗址、古墓葬、石窟寺和属于国家所有的纪念建筑物、古建筑，被核定公布为文物保护单位的，由县级以上地方人民政府设置专门机构或者指定机构负责管理。其他文物保护单位，由县级以上地方人民政府设置专门机构或者指定机构、专人负责管理；指定专人负责管理的，可以采取聘请文物保护员的形式。

文物保护单位有使用单位的，使用单位应当设立群众性文物保护组织；没有使用单位的，文物保护单位所在地的村民委员会或者居民委员会可以设立群众性文物保护组织。文物行政主管部门应当对群众性文物保护组织的活动给予指导和支持。

负责管理文物保护单位的机构，应当建立健全规章制度，采取安全防范措施；其安全保卫人员，可以依法配备防卫器械。

第十三条 文物保护单位的建设控制地带,是指在文物保护单位的保护范围外,为保护文物保护单位的安全、环境、历史风貌对建设项目加以限制的区域。

文物保护单位的建设控制地带,应当根据文物保护单位的类别、规模、内容以及周围环境的历史和现实情况合理划定。

第十四条 全国重点文物保护单位的建设控制地带,经省、自治区、直辖市人民政府批准,由省、自治区、直辖市人民政府的文物行政主管部门会同城乡规划行政主管部门划定并公布。

省级、设区的市、自治州级和县级文物保护单位的建设控制地带,经省、自治区、直辖市人民政府批准,由核定公布该文物保护单位的人民政府的文物行政主管部门会同城乡规划行政主管部门划定并公布。

第十五条 承担文物保护单位的修缮、迁移、重建工程的单位,应当同时取得文物行政主管部门发给的相应等级的文物保护工程资质证书和建设行政主管部门发给的相应等级的资质证书。其中,不涉及建筑活动的文物保护单位的修缮、迁移、重建,应当由取得文物行政主管部门发给的相应等级的文物保护工程资质证书的单位承担。

第十六条 申领文物保护工程资质证书,应当具备下列条件:

(一)有取得文物博物专业技术职务的人员;

(二)有从事文物保护工程所需的技术设备;

(三)法律、行政法规规定的其他条件。

第十七条 申领文物保护工程资质证书,应当向省、自治区、直辖市人民政府文物行政主管部门或者国务院文物行政主管部门提出申请。省、自治区、直辖市人民政府文物行政主管部门或者国务院文物行政主管部门应当自收到申请之日起30个工作日内作出批准或者不批准的决定。决定批准的,发给相应等级的文物保护工程资质证书;决定不批准的,应当书面通知当事人并说明理由。文物保护工程资质等级的分级标准和审批办法,由国务院文物行政主管部门制定。

第十八条 文物行政主管部门在审批文物保护单位的修缮计划和工程设计方案前,应当征求上一级人民政府文物行政主管部门的意见。

第十九条 危害全国重点文物保护单位安全或者破坏其历史风貌的建筑物、构筑物,由省、自治区、直辖市人民政府负责调查处理。

危害省级、设区的市、自治州级、县级文物保护单位安全或者破坏其历史风貌的建筑物、构筑物,由核定公布该文物保护单位的人民政府负责调查处理。

危害尚未核定公布为文物保护单位的不可移动文物安全的建筑物、构筑物,由县级人民政府负责调查处理。

第三章　考古发掘

第二十条　申请从事考古发掘的单位,取得考古发掘资质证书,应当具备下列条件:
(一)有 4 名以上接受过考古专业训练且主持过考古发掘项目的人员;
(二)有取得文物博物专业技术职务的人员;
(三)有从事文物安全保卫的专业人员;
(四)有从事考古发掘所需的技术设备;
(五)有保障文物安全的设施和场所;
(六)法律、行政法规规定的其他条件。

第二十一条　申领考古发掘资质证书,应当向国务院文物行政主管部门提出申请。国务院文物行政主管部门应当自收到申请之日起 30 个工作日内作出批准或者不批准的决定。决定批准的,发给考古发掘资质证书;决定不批准的,应当书面通知当事人并说明理由。

第二十二条　考古发掘项目实行项目负责人负责制度。

第二十三条　配合建设工程进行的考古调查、勘探、发掘,由省、自治区、直辖市人民政府文物行政主管部门组织实施。跨省、自治区、直辖市的建设工程范围内的考古调查、勘探、发掘,由建设工程所在地的有关省、自治区、直辖市人民政府文物行政主管部门联合组织实施;其中,特别重要的建设工程范围内的考古调查、勘探、发掘,由国务院文物行政主管部门组织实施。

建设单位对配合建设工程进行的考古调查、勘探、发掘,应当予以协助,不得妨碍考古调查、勘探、发掘。

第二十四条　国务院文物行政主管部门应当自收到文物保护法第三十条第一款规定的发掘计划之日起 30 个工作日内作出批准或者不批准决定。决定批准的,发给批准文件;决定不批准的,应当书面通知当事人并说明理由。

文物保护法第三十条第二款规定的抢救性发掘,省、自治区、直辖市人民政府文物行政主管部门应当自开工之日起 10 个工作日内向国务院文物行政主管部门补办审批手续。

第二十五条　考古调查、勘探、发掘所需经费的范围和标准,按照国家有关规定执行。

第二十六条　从事考古发掘的单位应当在考古发掘完成之日起 30 个工作日内向省、自治区、直辖市人民政府文物行政主管部门和国务院文物行政主管部门提交结项报告,并于提交结项报告之日起 3 年内向省、自治区、直辖市人民政府文物行政主管部门和国务院文物行政主管部门提交考古发掘报告。

第二十七条　从事考古发掘的单位提交考古发掘报告后,经省、自治区、直辖市人民政府文物行政主管部门批准,可以保留少量出土文物作为科研标本,并应当于提交发掘报告之日起 6 个月内将其他出土文物移交给由省、自治区、直辖市人民政府文物行政主管部门指定的国有的博物馆、图书馆或者其他国有文物收藏单位收藏。

第四章 馆 藏 文 物

第二十八条 文物收藏单位应当建立馆藏文物的接收、鉴定、登记、编目和档案制度,库房管理制度,出入库、注销和统计制度,保养、修复和复制制度。

第二十九条 县级人民政府文物行政主管部门应当将本行政区域内的馆藏文物档案,按照行政隶属关系报设区的市、自治州级人民政府文物行政主管部门或者省、自治区、直辖市人民政府文物行政主管部门备案;设区的市、自治州级人民政府文物行政主管部门应当将本行政区域内的馆藏文物档案,报省、自治区、直辖市人民政府文物行政主管部门备案;省、自治区、直辖市人民政府文物行政主管部门应当将本行政区域内的一级文物藏品档案,报国务院文物行政主管部门备案。

第三十条 文物收藏单位之间借用馆藏文物,借用人应当对借用的馆藏文物采取必要的保护措施,确保文物的安全。

借用的馆藏文物的灭失、损坏风险,除当事人另有约定外,由借用该馆藏文物的文物收藏单位承担。

第三十一条 国有文物收藏单位未依照文物保护法第三十六条的规定建立馆藏文物档案并将馆藏文物档案报主管的文物行政主管部门备案的,不得交换、借用馆藏文物。

第三十二条 修复、复制、拓印馆藏二级文物和馆藏三级文物的,应当报省、自治区、直辖市人民政府文物行政主管部门批准;修复、复制、拓印馆藏一级文物的,应当报国务院文物行政主管部门批准。

第三十三条 从事馆藏文物修复、复制、拓印的单位,应当具备下列条件:

(一)有取得中级以上文物博物专业技术职务的人员;

(二)有从事馆藏文物修复、复制、拓印所需的场所和技术设备;

(三)法律、行政法规规定的其他条件。

第三十四条 从事馆藏文物修复、复制、拓印,应当向省、自治区、直辖市人民政府文物行政主管部门提出申请。省、自治区、直辖市人民政府文物行政主管部门应当自收到申请之日起 30 个工作日内作出批准或者不批准的决定。决定批准的,发给相应等级的资质证书;决定不批准的,应当书面通知当事人并说明理由。

第三十五条 为制作出版物、音像制品等拍摄馆藏文物的,应当征得文物收藏单位同意,并签署拍摄协议,明确文物保护措施和责任。文物收藏单位应当自拍摄工作完成后 10 个工作日内,将拍摄情况向文物行政主管部门报告。

第三十六条　馆藏文物被盗、被抢或者丢失的,文物收藏单位应当立即向公安机关报案,并同时向主管的文物行政主管部门报告;主管的文物行政主管部门应当在接到文物收藏单位的报告后 24 小时内,将有关情况报告国务院文物行政主管部门。

第三十七条　国家机关和国有的企业、事业组织等收藏、保管国有文物的,应当履行下列义务:

(一) 建立文物藏品档案制度,并将文物藏品档案报所在地省、自治区、直辖市人民政府文物行政主管部门备案;

(二) 建立、健全文物藏品的保养、修复等管理制度,确保文物安全;

(三) 文物藏品被盗、被抢或者丢失的,应当立即向公安机关报案,并同时向所在地省、自治区、直辖市人民政府文物行政主管部门报告。

第五章　民间收藏文物

第三十八条　文物收藏单位以外的公民、法人和其他组织,可以依法收藏文物,其依法收藏的文物的所有权受法律保护。

公民、法人和其他组织依法收藏文物的,可以要求文物行政主管部门对其收藏的文物提供鉴定、修复、保管等方面的咨询。

第三十九条　设立文物商店,应当具备下列条件:

(一) 有 200 万元人民币以上的注册资本;

(二) 有 5 名以上取得中级以上文物博物专业技术职务的人员;

(三) 有保管文物的场所、设施和技术条件;

(四) 法律、行政法规规定的其他条件。

第四十条　设立文物商店,应当向省、自治区、直辖市人民政府文物行政主管部门提出申请。省、自治区、直辖市人民政府文物行政主管部门应当自收到申请之日起 30 个工作日内作出批准或者不批准的决定。决定批准的,发给批准文件;决定不批准的,应当书面通知当事人并说明理由。

第四十一条　依法设立的拍卖企业,从事文物拍卖经营活动的,应当有 5 名以上取得高级文物博物专业技术职务的文物拍卖专业人员,并取得省、自治区、直辖市人民政府文物行政主管部门发给的文物拍卖许可证。

第四十二条　依法设立的拍卖企业申领文物拍卖许可证,应当向省、自治区、直辖市人民政府文物行政主管部门提出申请。省、自治区、直辖市人民政府文物行政主管部门应当自收到申请之日起30个工作日内作出批准或者不批准的决定。决定批准的,发给文物拍卖许可证;决定不批准的,应当书面通知当事人并说明理由。

第四十三条 文物商店购买、销售文物,经营文物拍卖的拍卖企业拍卖文物,应当记录文物的名称、图录、来源、文物的出卖人、委托人和买受人的姓名或者名称、住所、有效身份证件号码或者有效证照号码以及成交价格,并报省、自治区、直辖市人民政府文物行政主管部门备案。接受备案的文物行政主管部门应当依法为其保密,并将该记录保存75年。

文物行政主管部门应当加强对文物商店和经营文物拍卖的拍卖企业的监督检查。

第六章 文物出境进境

第四十四条 国务院文物行政主管部门指定的文物进出境审核机构,应当有5名以上取得中级以上文物博物专业技术职务的文物进出境责任鉴定人员。

第四十五条 运送、邮寄、携带文物出境,应当在文物出境前依法报文物进出境审核机构审核。文物进出境审核机构应当自收到申请之日起15个工作日内作出是否允许出境的决定。

文物进出境审核机构审核文物,应当有3名以上文物博物专业技术人员参加;其中,应当有2名以上文物进出境责任鉴定人员。

文物出境审核意见,由文物进出境责任鉴定人员共同签署;对经审核,文物进出境责任鉴定人员一致同意允许出境的文物,文物进出境审核机构方可作出允许出境的决定。

文物出境审核标准,由国务院文物行政主管部门制定。

第四十六条 文物进出境审核机构应当对所审核进出境文物的名称、质地、尺寸、级别,当事人的姓名或者名称、住所、有效身份证件号码或者有效证照号码,以及进出境口岸、文物去向和审核日期等内容进行登记。

第四十七条 经审核允许出境的文物,由国务院文物行政主管部门发给文物出境许可证,并由文物进出境审核机构标明文物出境标识。经审核允许出境的文物,应当从国务院文物行政主管部门指定的口岸出境。海关查验文物出境标识后,凭文物出境许可证放行。

经审核不允许出境的文物,由文物进出境审核机构发还当事人。

第四十八条 文物出境展览的承办单位,应当在举办展览前6个月向国务院文物行政主管部门提出申请。国务院文物行政主管部门应当自收到申请之日起30个工作日内作出批准或者不批准的决定。决定批准的,发给批准文件;决定不批准的,应当书面通知当事人并说明理由。

一级文物展品超过120件(套)的,或者一级文物展品超过展品总数的20%的,应当报国务院批准。

第四十九条 一级文物中的孤品和易损品,禁止出境展览。禁止出境展览文物的目录,由国务院文物行政主管部门定期公布。

未曾在国内正式展出的文物,不得出境展览。

第五十条 文物出境展览的期限不得超过1年。因特殊需要,经原审批机关批准可以延期;但是,延期最长不得超过1年。

第五十一条 文物出境展览期间,出现可能危及展览文物安全情形的,原审批机关可以决定中止或者撤销展览。

第五十二条 临时进境的文物,经海关将文物加封后,交由当事人报文物进出境审核机构审核、登记。文物进出境审核机构查验海关封志完好无损后,对每件临时进境文物标明文物临时进境标识,并登记拍照。

临时进境文物复出境时,应当由原审核、登记的文物进出境审核机构核对入境登记拍照记录,查验文物临时进境标识无误后标明文物出境标识,并由国务院文物行政主管部门发给文物出境许可证。

未履行本条第一款规定的手续临时进境的文物复出境的,依照本章关于文物出境的规定办理。

第五十三条 任何单位或者个人不得擅自剥除、更换、挪用或者损毁文物出境标识、文物临时进境标识。

第七章 法 律 责 任

第五十四条 公安机关、工商行政管理、文物、海关、城乡规划、建设等有关部门及其工作人员,违反本条例规定,滥用审批权限、不履行职责或者发现违法行为不予查处的,对负有责任的主管人员和其他直接责任人员依法给予行政处分;构成犯罪的,依法追究刑事责任。

第五十五条 违反本条例规定,未取得相应等级的文物保护工程资质证书,擅自承担文物保护单位的修缮、迁移、重建工程的,由文物行政主管部门责令限期改正;逾期不改正,或者造成严重后果的,处5万元以上50万元以下的罚款;构成犯罪的,依法追究刑事责任。

违反本条例规定,未取得建设行政主管部门发给的相应等级的资质证书,擅自承担含有建筑活动的文物保护单位的修缮、迁移、重建工程的,由建设行政主管部门依照有关法律、行政法规的规定予以处罚。

第五十六条 违反本条例规定,未取得资质证书,擅自从事馆藏文物的修复、复制、拓印活动的,由文物行政主管部门责令停止违法活动;没收违法所得和从事违法活动的专用工具、设备;造成严重后果的,并处1万元以上10万元以下的罚款;构成犯罪的,依法追究刑事责任。

第五十七条 文物保护法第六十六条第二款规定的罚款,数额为200元以下。

第五十八条 违反本条例规定,未经批准擅自修复、复制、拓印馆藏珍贵文物的,由文物行政主管部门给予警告;造成严重后果的,处2000元以上2万元以下的罚款;对负有责任的主管人员和其他直接责任人员依法给予行政处分。

文物收藏单位违反本条例规定,未在规定期限内将文物拍摄情况向文物行政主管部门报告的,由文物行政主管部门责令限期改正;逾期不改正的,对负有责任的主管人员和其他直接责任人员依法给予行政处分。

第五十九条 考古发掘单位违反本条例规定,未在规定期限内提交结项报告或者考古发掘报告的,由省、自治区、直辖市人民政府文物行政主管部门或者国务院文物行政主管部门责令限期改正;逾期不改正的,对负有责任的主管人员和其他直接责任人员依法给予行政处分。

第六十条 考古发掘单位违反本条例规定,未在规定期限内移交文物的,由省、自治区、直辖市人民政府文物行政主管部门或者国务院文物行政主管部门责令限期改正;逾期不改正,或者造成严重后果的,对负有责任的主管人员和其他直接责任人员依法给予行政处分。

第六十一条 违反本条例规定,文物出境展览超过展览期限的,由国务院文物行政主管部门责令限期改正;对负有责任的主管人员和其他直接责任人员依法给予行政处分。

第六十二条 依照文物保护法第六十六条、第七十三条的规定,单位被处以吊销许可证行政处罚的,应当依法到工商行政管理部门办理变更登记或者注销登记;逾期未办理的,由工商行政管理部门吊销营业执照。

第六十三条 违反本条例规定,改变国有的博物馆、纪念馆、文物保护单位等的事业性收入的用途的,对负有责任的主管人员和其他直接责任人员依法给予行政处分;构成犯罪的,依法追究刑事责任。

第八章 附 则

第六十四条 本条例自2003年7月1日起施行。

中华人民共和国濒危野生动植物
进出口管理条例

（根据2019年3月2日《国务院关于修改部分
行政法规的决定》第二次修订）

第一条 为了加强对濒危野生动植物及其产品的进出口管理，保护和合理利用野生动植物资源，履行《濒危野生动植物种国际贸易公约》（以下简称公约），制定本条例。

第二条 进口或者出口公约限制进出口的濒危野生动植物及其产品，应当遵守本条例。

出口国家重点保护的野生动植物及其产品，依照本条例有关出口濒危野生动植物及其产品的规定办理。

第三条 国务院林业、农业（渔业）主管部门（以下称国务院野生动植物主管部门），按照职责分工主管全国濒危野生动植物及其产品的进出口管理工作，并做好与履行公约有关的工作。

国务院其他有关部门依照有关法律、行政法规的规定，在各自的职责范围内负责做好相关工作。

第四条 国家濒危物种进出口管理机构代表中国政府履行公约，依照本条例的规定对经国务院野生动植物主管部门批准出口的国家重点保护的野生动植物及其产品、批准进口或者出口的公约限制进出口的濒危野生动植物及其产品，核发允许进出口证明书。

第五条 国家濒危物种进出口科学机构依照本条例，组织陆生野生动物、水生野生动物和野生植物等方面的专家，从事有关濒危野生动植物及其产品进出口的科学咨询工作。

第六条 禁止进口或者出口公约禁止以商业贸易为目的进出口的濒危野生动植物及其产品，因科学研究、驯养繁殖、人工培育、文化交流等特殊情况，需要进口或者出口的，应当经国务院野生动植物主管部门批准；按照有关规定由国务院批准的，应当报经国务院批准。

禁止出口未定名的或者新发现并有重要价值的野生动植物及其产品以及国务院或者国务院野生动植物主管部门禁止出口的濒危野生动植物及其产品。

第七条 进口或者出口公约限制进出口的濒危野生动植物及其产品，出口国务院或者国务院野生动植物主管部门限制出口的野生动植物及其产品，应当经国务院野生动植物主管部门批准。

第八条 进口濒危野生动植物及其产品的,必须具备下列条件:

(一)对濒危野生动植物及其产品的使用符合国家有关规定;

(二)具有有效控制措施并符合生态安全要求;

(三)申请人提供的材料真实有效;

(四)国务院野生动植物主管部门公示的其他条件。

第九条 出口濒危野生动植物及其产品的,必须具备下列条件:

(一)符合生态安全要求和公共利益;

(二)来源合法;

(三)申请人提供的材料真实有效;

(四)不属于国务院或者国务院野生动植物主管部门禁止出口的;

(五)国务院野生动植物主管部门公示的其他条件。

第十条 进口或者出口濒危野生动植物及其产品的,申请人应当按照管理权限,向其所在地的省、自治区、直辖市人民政府农业(渔业)主管部门提出申请,或者向国务院林业主管部门提出申请,并提交下列材料:

(一)进口或者出口合同;

(二)濒危野生动植物及其产品的名称、种类、数量和用途;

(三)活体濒危野生动物装运设施的说明资料;

(四)国务院野生动植物主管部门公示的其他应当提交的材料。

省、自治区、直辖市人民政府农业(渔业)主管部门应当自收到申请之日起 10 个工作日内签署意见,并将全部申请材料转报国务院农业(渔业)主管部门。

第十一条 国务院野生动植物主管部门应当自收到申请之日起 20 个工作日内,作出批准或者不予批准的决定,并书面通知申请人。在 20 个工作日内不能作出决定的,经本行政机关负责人批准,可以延长 10 个工作日,延长的期限和理由应当通知申请人。

第十二条 申请人取得国务院野生动植物主管部门的进出口批准文件后,应当在批准文件规定的有效期内,向国家濒危物种进出口管理机构申请核发允许进出口证明书。

申请核发允许进出口证明书时应当提交下列材料:

(一)允许进出口证明书申请表;

(二)进出口批准文件;

(三)进口或者出口合同。

进口公约限制进出口的濒危野生动植物及其产品的,申请人还应当提交出口国(地区)濒危物种进出口管理机构核发的允许出口证明材料;出口公约禁止以商业贸易为目的进出口的濒危野生动植物及其产品的,申请人还应当提交进口国(地区)濒危物种进出口管理机构核发的允许进口证明材料;进口的濒危野生动植物及其产品再出口时,申请人还应当提交海关进口货物报关单和海关签注的允许进口证明书。

第十三条 国家濒危物种进出口管理机构应当自收到申请之日起 20 个工作日内,作出审核决定。对申请材料齐全、符合本条例规定和公约要求的,应当核发允许进出口证明书;对不予核发允许进出口证明书的,应当书面通知申请人和国务院野生动植物主管部门并说明理由。在 20 个工作日内不能作出决定的,经本机构负责人批准,可以延长 10 个工作日,延长的期限和理由应当通知申请人。

国家濒危物种进出口管理机构在审核时,对申请材料不符合要求的,应当在 5 个工作日内一次性通知申请人需要补正的全部内容。

第十四条 国家濒危物种进出口管理机构在核发允许进出口证明书时,需要咨询国家濒危物种进出口科学机构的意见,或者需要向境外相关机构核实允许进出口证明材料等有关内容的,应当自收到申请之日起 5 个工作日内,将有关材料送国家濒危物种进出口科学机构咨询意见或者向境外相关机构核实有关内容。咨询意见、核实内容所需时间不计入核发允许进出口证明书工作日之内。

第十五条 国务院野生动植物主管部门和省、自治区、直辖市人民政府野生动植物主管部门以及国家濒危物种进出口管理机构,在审批濒危野生动植物及其产品进出口时,除收取国家规定的费用外,不得收取其他费用。

第十六条 因进口或者出口濒危野生动植物及其产品对野生动植物资源、生态安全造成或者可能造成严重危害和影响的,由国务院野生动植物主管部门提出临时禁止或者限制濒危野生动植物及其产品进出口的措施,报国务院批准后执行。

第十七条 从不属于任何国家管辖的海域获得的濒危野生动植物及其产品,进入中国领域的,参照本条例有关进口的规定管理。

第十八条 进口濒危野生动植物及其产品涉及外来物种管理的,出口濒危野生动植物及其产品涉及种质资源管理的,应当遵守国家有关规定。

第十九条 进口或者出口濒危野生动植物及其产品的,应当在国务院野生动植物主管部门会同海关总署并经国务院批准的口岸进行。

第二十条 进口或者出口濒危野生动植物及其产品的,应当按照允许进出口证明书规定的种类、数量、口岸、期限完成进出口活动。

第二十一条 进口或者出口濒危野生动植物及其产品的,应当向海关提交允许进出口证明书,接受海关监管,并自海关放行之日起 30 日内,将海关验讫的允许进出口证明书副本交国家濒危物种进出口管理机构备案。

过境、转运和通运的濒危野生动植物及其产品,自入境起至出境前由海关监管。

进出保税区、出口加工区等海关特定监管区域和保税场所的濒危野生动植物及其产品,应当接受海关监管,并按照海关总署和国家濒危物种进出口管理机构的规定办理进出口手续。

进口或者出口濒危野生动植物及其产品的,应当凭允许进出口证明书向海关报检,并接受检验检疫。

第二十二条 国家濒危物种进出口管理机构应当将核发允许进出口证明书的有关资料和濒危野生动植物及其产品年度进出口情况,及时抄送国务院野生动植物主管部门及其他有关主管部门。

第二十三条 进出口批准文件由国务院野生动植物主管部门组织统一印制;允许进出口证明书及申请表由国家濒危物种进出口管理机构组织统一印制。

第二十四条 野生动植物主管部门、国家濒危物种进出口管理机构的工作人员,利用职务上的便利收取他人财物或者谋取其他利益,不依照本条例的规定批准进出口、核发允许进出口证明书,情节严重,构成犯罪的,依法追究刑事责任;尚不构成犯罪的,依法给予处分。

第二十五条 国家濒危物种进出口科学机构的工作人员,利用职务上的便利收取他人财物或者谋取其他利益,出具虚假意见,情节严重,构成犯罪的,依法追究刑事责任;尚不构成犯罪的,依法给予处分。

第二十六条 非法进口、出口或者以其他方式走私濒危野生动植物及其产品的,由海关依照海关法的有关规定予以处罚;情节严重,构成犯罪的,依法追究刑事责任。

罚没的实物移交野生动植物主管部门依法处理;罚没的实物依法需要实施检疫的,经检疫合格后,予以处理。罚没的实物需要返还原出口国(地区)的,应当由野生动植物主管部门移交国家濒危物种进出口管理机构依照公约规定处理。

第二十七条 伪造、倒卖或者转让进出口批准文件或者允许进出口证明书的,由野生动植物主管部门或者市场监督管理部门按照职责分工依法予以处罚;情节严重,构成犯罪的,依法追究刑事责任。

第二十八条 本条例自 2006 年 9 月 1 日起施行。

古生物化石保护条例

(根据 2019 年 3 月 2 日《国务院关于修改部分行政法规的决定》修订)

第一章 总 则

第一条 为了加强对古生物化石的保护,促进古生物化石的科学研究和合理利用,制定本条例。

第二条 在中华人民共和国领域和中华人民共和国管辖的其他海域从事古生物化石发掘、收藏等活动以及古生物化石进出境,应当遵守本条例。

本条例所称古生物化石,是指地质历史时期形成并赋存于地层中的动物和植物的实体化石及其遗迹化石。

古猿、古人类化石以及与人类活动有关的第四纪古脊椎动物化石的保护依照国家文物保护的有关规定执行。

第三条 中华人民共和国领域和中华人民共和国管辖的其他海域遗存的古生物化石属于国家所有。

国有的博物馆、科学研究单位、高等院校和其他收藏单位收藏的古生物化石,以及单位和个人捐赠给国家的古生物化石属于国家所有,不因其收藏单位的终止或者变更而改变其所有权。

第四条 国家对古生物化石实行分类管理、重点保护、科研优先、合理利用的原则。

第五条 国务院自然资源主管部门主管全国古生物化石保护工作。县级以上地方人民政府自然资源主管部门主管本行政区域古生物化石保护工作。

县级以上人民政府公安、市场监督管理等部门按照各自的职责负责古生物化石保护的有关工作。

第六条 国务院自然资源主管部门负责组织成立国家古生物化石专家委员会。国家古生物化石专家委员会由国务院有关部门和中国古生物学会推荐的专家组成,承担重点保护古生物化石名录的拟定、国家级古生物化石自然保护区建立的咨询、古生物化石发掘申请的评审、重点保护古生物化石进出境的鉴定等工作,具体办法由国务院自然资源主管部门制定。

第七条 按照在生物进化以及生物分类上的重要程度,将古生物化石划分为重点保护古生物化石和一般保护古生物化石。

具有重要科学研究价值或者数量稀少的下列古生物化石,应当列为重点保护古生物化石:

(一)已经命名的古生物化石种属的模式标本;

(二)保存完整或者较完整的古脊椎动物实体化石;

(三)大型的或者集中分布的高等植物化石、无脊椎动物化石和古脊椎动物的足迹等遗迹化石;

(四)国务院自然资源主管部门确定的其他需要重点保护的古生物化石。

重点保护古生物化石名录由国家古生物化石专家委员会拟定,由国务院自然资源主管部门批准并公布。

第八条 重点保护古生物化石集中的区域,应当建立国家级古生物化石自然保护区;一般保护古生物化石集中的区域,同时该区域已经发现重点保护古生物化石的,应当建立地方级古生物化石自然保护区。建立古生物化石自然保护区的程序,依照《中华人民共和国自然保护区条例》的规定执行。

建立国家级古生物化石自然保护区,应当征求国家古生物化石专家委员会的意见。

第九条 县级以上人民政府应当加强对古生物化石保护工作的领导,将古生物化石保护工作所需经费列入本级财政预算。

县级以上人民政府应当组织有关部门开展古生物化石保护知识的宣传教育,增强公众保护古生物化石的意识,并按照国家有关规定对在古生物化石保护工作中做出突出成绩的单位和个人给予奖励。

第二章 古生物化石发掘

第十条 因科学研究、教学、科学普及或者对古生物化石进行抢救性保护等需要,方可发掘古生物化石。发掘古生物化石的,应当符合本条例第十一条第二款规定的条件,并依照本条例的规定取得批准。

本条例所称发掘,是指有一定工作面,使用机械或者其他动力工具挖掘古生物化石的活动。

第十一条 在国家级古生物化石自然保护区内发掘古生物化石,或者在其他区域发掘重点保护古生物化石的,应当向国务院自然资源主管部门提出申请并取得批准;在国家级古生物化石自然保护区外发掘一般保护古生物化石的,应当向古生物化石所在地省、自治区、直辖市人民政府自然资源主管部门提出申请并取得批准。

申请发掘古生物化石的单位应当符合下列条件，并在提出申请时提交其符合下列条件的证明材料以及发掘项目概况、发掘方案、发掘标本保存方案和发掘区自然生态条件恢复方案：

（一）有 3 名以上拥有古生物专业或者相关专业技术职称，并有 3 年以上古生物化石发掘经历的技术人员（其中至少有 1 名技术人员具有古生物专业高级职称并作为发掘活动的领队）；

（二）有符合古生物化石发掘需要的设施、设备；

（三）有与古生物化石保护相适应的处理技术和工艺；

（四）有符合古生物化石保管需要的设施、设备和场所。

第十二条 国务院自然资源主管部门应当自受理申请之日起 3 个工作日内将申请材料送国家古生物化石专家委员会。国家古生物化石专家委员会应当自收到申请材料之日起 10 个工作日内出具书面评审意见。评审意见应当作为是否批准古生物化石发掘的重要依据。

国务院自然资源主管部门应当自受理申请之日起 30 个工作日内完成审查，对申请单位符合本条例第十一条第二款规定条件，同时古生物化石发掘方案、发掘标本保存方案和发掘区自然生态条件恢复方案切实可行的，予以批准；对不符合条件的，书面通知申请单位并说明理由。

国务院自然资源主管部门批准古生物化石发掘申请前，应当征求古生物化石所在地省、自治区、直辖市人民政府自然资源主管部门的意见；批准发掘申请后，应当将批准发掘古生物化石的情况通报古生物化石所在地省、自治区、直辖市人民政府自然资源主管部门。

第十三条 省、自治区、直辖市人民政府自然资源主管部门受理古生物化石发掘申请的，应当依照本条例第十二条第二款规定的期限和要求进行审查、批准，并听取古生物专家的意见。

第十四条 发掘古生物化石的单位，应当按照批准的发掘方案进行发掘；确需改变发掘方案的，应当报原批准发掘的自然资源主管部门批准。

第十五条 发掘古生物化石的单位，应当自发掘或者科学研究、教学等活动结束之日起 30 日内，对发掘的古生物化石登记造册，作出相应的描述与标注，并移交给批准发掘的自然资源主管部门指定的符合条件的收藏单位收藏。

第十六条 进行区域地质调查或者科学研究机构、高等院校等因科学研究、教学需要零星采集古生物化石标本的，不需要申请批准，但是，应当在采集活动开始前将采集时间、采集地点、采集数量等情况书面告知古生物化石所在地的省、自治区、直辖市人民政府自然资源主管部门。采集的古生物化石的收藏应当遵守本条例的规定。

本条例所称零星采集,是指使用手持非机械工具在地表挖掘极少量古生物化石,同时不对地表和其他资源造成影响的活动。

第十七条 外国人、外国组织因中外合作进行科学研究需要,方可在中华人民共和国领域和中华人民共和国管辖的其他海域发掘古生物化石。发掘古生物化石的,应当经国务院自然资源主管部门批准,采取与符合本条例第十一条第二款规定条件的中方单位合作的方式进行,并遵守本条例有关古生物化石发掘、收藏、进出境的规定。

第十八条 单位和个人在生产、建设等活动中发现古生物化石的,应当保护好现场,并立即报告所在地县级以上地方人民政府自然资源主管部门。

县级以上地方人民政府自然资源主管部门接到报告后,应当在24小时内赶赴现场,并在7日内提出处理意见。确有必要的,可以报请当地人民政府通知公安机关协助保护现场。发现重点保护古生物化石的,应当逐级上报至国务院自然资源主管部门,由国务院自然资源主管部门提出处理意见。

生产、建设等活动中发现的古生物化石需要进行抢救性发掘的,由提出处理意见的自然资源主管部门组织符合本条例第十一条第二款规定条件的单位发掘。

第十九条 县级以上人民政府自然资源主管部门应当加强对古生物化石发掘活动的监督检查,发现未经依法批准擅自发掘古生物化石,或者不按照批准的发掘方案发掘古生物化石的,应当依法予以处理。

第三章 古生物化石收藏

第二十条 古生物化石的收藏单位,应当符合下列条件:
(一)有固定的馆址、专用展室、相应面积的藏品保管场所;
(二)有相应数量的拥有相关研究成果的古生物专业或者相关专业的技术人员;
(三)有防止古生物化石自然损毁的技术、工艺和设备;
(四)有完备的防火、防盗等设施、设备和完善的安全保卫等管理制度;
(五)有维持正常运转所需的经费。

县级以上人民政府自然资源主管部门应当加强对古生物化石收藏单位的管理和监督检查。

第二十一条 国务院自然资源主管部门负责建立全国的重点保护古生物化石档案和数据库。县级以上地方人民政府自然资源主管部门负责建立本行政区域的重点保护古生物化石档案和数据库。

收藏单位应当建立本单位收藏的古生物化石档案,并如实对收藏的古生物化石作出描述与标注。

第二十二条 国家鼓励单位和个人将其收藏的重点保护古生物化石捐赠给符合条件的收藏单位收藏。

除收藏单位之间转让、交换、赠与其收藏的重点保护古生物化石外,其他任何单位和个人不得买卖重点保护古生物化石。买卖一般保护古生物化石的,应当在县级以上地方人民政府指定的场所进行。具体办法由省、自治区、直辖市人民政府制定。

第二十三条 国有收藏单位不得将其收藏的重点保护古生物化石转让、交换、赠与给非国有收藏单位或者个人。

任何单位和个人不得将其收藏的重点保护古生物化石转让、交换、赠与、质押给外国人或者外国组织。

第二十四条 收藏单位之间转让、交换、赠与其收藏的重点保护古生物化石的,应当在事后向国务院自然资源主管部门备案。具体办法由国务院自然资源主管部门制定。

第二十五条 公安、市场监督管理、海关等部门应当对依法没收的古生物化石登记造册、妥善保管,并在结案后 30 个工作日内移交给同级自然资源主管部门。接受移交的自然资源主管部门应当出具接收凭证,并将接收的古生物化石交符合条件的收藏单位收藏。

国有收藏单位不再收藏的一般保护古生物化石,应当按照国务院自然资源主管部门的规定处理。

第四章　古生物化石进出境

第二十六条 未命名的古生物化石不得出境。

重点保护古生物化石符合下列条件之一,经国务院自然资源主管部门批准,方可出境:

(一)因科学研究需要与国外有关研究机构进行合作的;

(二)因科学、文化交流需要在境外进行展览的。

一般保护古生物化石经所在地省、自治区、直辖市人民政府自然资源主管部门批准,方可出境。

第二十七条 申请古生物化石出境的,应当向国务院自然资源主管部门或者省、自治区、直辖市人民政府自然资源主管部门提出出境申请,并提交出境古生物化石的清单和照片。出境申请应当包括申请人的基本情况和古生物化石的出境地点、出境目的、出境时间等内容。

申请重点保护古生物化石出境的,申请人还应当提供外方合作单位的基本情况和合作科学研究合同或者展览合同,以及古生物化石的应急保护预案、保护措施、保险证明等材料。

第二十八条 申请重点保护古生物化石出境的,国务院自然资源主管部门应当自受理申请之日起3个工作日内将申请材料送国家古生物化石专家委员会。国家古生物化石专家委员会应当自收到申请材料之日起10个工作日内对申请出境的重点保护古生物化石进行鉴定,确认古生物化石的种属、数量和完好程度,并出具书面鉴定意见。鉴定意见应当作为是否批准重点保护古生物化石出境的重要依据。

国务院自然资源主管部门应当自受理申请之日起20个工作日内完成审查,符合规定条件的,作出批准出境的决定;不符合规定条件的,书面通知申请人并说明理由。

第二十九条 申请一般保护古生物化石出境的,省、自治区、直辖市人民政府自然资源主管部门应当自受理申请之日起20个工作日内完成审查,同意出境的,作出批准出境的决定;不同意出境的,书面通知申请人并说明理由。

第三十条 古生物化石出境批准文件的有效期为90日;超过有效期出境的,应当重新提出出境申请。

重点古生物化石在境外停留的期限一般不超过6个月;因特殊情况确需延长境外停留时间的,应当在境外停留期限届满60日前向国务院自然资源主管部门申请延期。延长期限最长不超过6个月。

第三十一条 经批准出境的重点保护古生物化石出境后进境的,申请人应当自办结进境海关手续之日起5日内向国务院自然资源主管部门申请进境核查。

国务院自然资源主管部门应当自受理申请之日起3个工作日内将申请材料送国家古生物化石专家委员会。国家古生物化石专家委员会应当自收到申请材料之日起5个工作日内对出境后进境的重点保护古生物化石进行鉴定,并出具书面鉴定意见。鉴定意见应当作为重点保护古生物化石进境核查结论的重要依据。

国务院自然资源主管部门应当自受理申请之日起15个工作日内完成核查,作出核查结论;对确认为非原出境重点保护古生物化石的,责令申请人追回原出境重点保护古生物化石。

第三十二条 境外古生物化石临时进境的,应当交由海关加封,由境内有关单位或者个人自办结进境海关手续之日起5日内向国务院自然资源主管部门申请核查、登记。国务院自然资源主管部门核查海关封志完好无损的,逐件进行拍照、登记。

临时进境的古生物化石进境后出境的,由境内有关单位或者个人向国务院自然资源主管部门申请核查。国务院自然资源主管部门应当依照本条例第三十一条第二款规定的程序,自受理申请之日起15个工作日内完成核查,对确认为原临时进境的古生物化石的,批准出境。

境内单位或者个人从境外取得的古生物化石进境的,应当向海关申报,按照海关管理的有关规定办理进境手续。

第三十三条　运送、邮寄、携带古生物化石出境的,应当如实向海关申报,并向海关提交国务院自然资源主管部门或者省、自治区、直辖市人民政府自然资源主管部门的出境批准文件。

对有理由怀疑属于古生物化石的物品出境的,海关可以要求有关单位或者个人向国务院自然资源主管部门或者出境口岸所在地的省、自治区、直辖市人民政府自然资源主管部门申请办理是否属于古生物化石的证明文件。

第三十四条　国家对违法出境的古生物化石有权进行追索。

国务院自然资源主管部门代表国家具体负责追索工作。国务院外交、公安、海关等部门应当配合国务院自然资源主管部门做好违法出境古生物化石的追索工作。

第五章　法　律　责　任

第三十五条　县级以上人民政府自然资源主管部门及其工作人员有下列行为之一的,对直接负责的主管人员和其他直接责任人员依法给予处分;直接负责的主管人员和其他直接责任人员构成犯罪的,依法追究刑事责任:

（一）未依照本条例规定批准古生物化石发掘的;

（二）未依照本条例规定批准古生物化石出境的;

（三）发现违反本条例规定的行为不予查处,或者接到举报不依法处理的;

（四）其他不依法履行监督管理职责的行为。

第三十六条　单位或者个人有下列行为之一的,由县级以上人民政府自然资源主管部门责令停止发掘,限期改正,没收发掘的古生物化石,并处20万元以上50万元以下的罚款;构成违反治安管理行为的,由公安机关依法给予治安管理处罚;构成犯罪的,依法追究刑事责任:

（一）未经批准发掘古生物化石的;

（二）未按照批准的发掘方案发掘古生物化石的。

有前款第(二)项行为,情节严重的,由批准古生物化石发掘的自然资源主管部门撤销批准发掘的决定。

第三十七条　古生物化石发掘单位未按照规定移交发掘的古生物化石的,由批准古生物化石发掘的自然资源主管部门责令限期改正;逾期不改正,或者造成古生物化石损毁的,处10万元以上50万元以下的罚款;直接负责的主管人员和其他直接责任人员构成犯罪的,依法追究刑事责任。

第三十八条　古生物化石收藏单位不符合收藏条件收藏古生物化石的,由县级以上人民政府自然资源主管部门责令限期改正;逾期不改正的,处 5 万元以上 10 万元以下的罚款;已严重影响其收藏的重点保护古生物化石安全的,由国务院自然资源主管部门指定符合条件的收藏单位代为收藏,代为收藏的费用由原收藏单位承担。

第三十九条 古生物化石收藏单位未按照规定建立本单位收藏的古生物化石档案的,由县级以上人民政府自然资源主管部门责令限期改正;逾期不改正的,没收有关古生物化石,并处 2 万元的罚款。

第四十条 单位或者个人违反规定买卖重点保护古生物化石的,由市场监督管理部门责令限期改正,没收违法所得,并处 5 万元以上 20 万元以下的罚款;构成违反治安管理行为的,由公安机关依法给予治安管理处罚;构成犯罪的,依法追究刑事责任。

第四十一条 国有收藏单位将其收藏的重点保护古生物化石违法转让、交换、赠与给非国有收藏单位或者个人的,由县级以上人民政府自然资源主管部门对国有收藏单位处 20 万元以上 50 万元以下的罚款,对直接负责的主管人员和其他直接责任人员依法给予处分;构成犯罪的,依法追究刑事责任。

第四十二条 单位或者个人将其收藏的重点保护古生物化石转让、交换、赠与、质押给外国人或者外国组织的,由县级以上人民政府自然资源主管部门责令限期追回,对个人处 2 万元以上 10 万元以下的罚款,对单位处 10 万元以上 50 万元以下的罚款;有违法所得的,没收违法所得;构成犯罪的,依法追究刑事责任。

第四十三条 单位或者个人未取得批准运送、邮寄、携带古生物化石出境的,由海关依照有关法律、行政法规的规定予以处理;构成犯罪的,依法追究刑事责任。

第四十四条 县级以上人民政府自然资源主管部门、其他有关部门的工作人员,或者国有的博物馆、科学研究单位、高等院校、其他收藏单位以及发掘单位的工作人员,利用职务上的便利,将国有古生物化石非法占为己有的,依法给予处分,由县级以上人民政府自然资源主管部门追回非法占有的古生物化石;有违法所得的,没收违法所得;构成犯罪的,依法追究刑事责任。

第六章 附 则

第四十五条 本条例自 2011 年 1 月 1 日起施行。

最高人民法院、最高人民检察院关于办理妨害文物管理等刑事案件适用法律若干问题的解释

（法释〔2015〕23号，2015年12月30日）

为依法惩治文物犯罪，保护文物，根据《中华人民共和国刑法》《中华人民共和国刑事诉讼法》《中华人民共和国文物保护法》的有关规定，现就办理此类刑事案件适用法律的若干问题解释如下：

第一条 刑法第一百五十一条规定的"国家禁止出口的文物"，依照《中华人民共和国文物保护法》规定的"国家禁止出境的文物"的范围认定。

走私国家禁止出口的二级文物的，应当依照刑法第一百五十一条第二款的规定，以走私文物罪处五年以上十年以下有期徒刑，并处罚金；走私国家禁止出口的一级文物的，应当认定为刑法第一百五十一条第二款规定的"情节特别严重"；走私国家禁止出口的三级文物的，应当认定为刑法第一百五十一条第二款规定的"情节较轻"。

走私国家禁止出口的文物，无法确定文物等级，或者按照文物等级定罪量刑明显过轻或者过重的，可以按照走私的文物价值定罪量刑。走私的文物价值在二十万元以上不满一百万元的，应当依照刑法第一百五十一条第二款的规定，以走私文物罪处五年以上十年以下有期徒刑，并处罚金；文物价值在一百万元以上的，应当认定为刑法第一百五十一条第二款规定的"情节特别严重"；文物价值在五万元以上不满二十万元的，应当认定为刑法第一百五十一条第二款规定的"情节较轻"。

第二条 盗窃一般文物、三级文物、二级以上文物的，应当分别认定为刑法第二百六十四条规定的"数额较大""数额巨大""数额特别巨大"。

盗窃文物，无法确定文物等级，或者按照文物等级定罪量刑明显过轻或者过重的，按照盗窃的文物价值定罪量刑。

第三条 全国重点文物保护单位、省级文物保护单位的本体，应当认定为刑法第三百二十四条第一款规定的"被确定为全国重点文物保护单位、省级文物保护单位的文物"。

故意损毁国家保护的珍贵文物或者被确定为全国重点文物保护单位、省级文物保护

单位的文物,具有下列情形之一的,应当认定为刑法第三百二十四条第一款规定的"情节严重":

(一)造成五件以上三级文物损毁的;

(二)造成二级以上文物损毁的;

(三)致使全国重点文物保护单位、省级文物保护单位的本体严重损毁或者灭失的;

(四)多次损毁或者损毁多处全国重点文物保护单位、省级文物保护单位的本体的;

(五)其他情节严重的情形。

实施前款规定的行为,拒不执行国家行政主管部门作出的停止侵害文物的行政决定或者命令的,酌情从重处罚。

第四条 风景名胜区的核心景区以及未被确定为全国重点文物保护单位、省级文物保护单位的古文化遗址、古墓葬、古建筑、石窟寺、石刻、壁画、近代现代重要史迹和代表性建筑等不可移动文物的本体,应当认定为刑法第三百二十四条第二款规定的"国家保护的名胜古迹"。

故意损毁国家保护的名胜古迹,具有下列情形之一的,应当认定为刑法第三百二十四条第二款规定的"情节严重":

(一)致使名胜古迹严重损毁或者灭失的;

(二)多次损毁或者损毁多处名胜古迹的;

(三)其他情节严重的情形。

实施前款规定的行为,拒不执行国家行政主管部门作出的停止侵害文物的行政决定或者命令的,酌情从重处罚。

故意损毁风景名胜区内被确定为全国重点文物保护单位、省级文物保护单位的文物的,依照刑法第三百二十四条第一款和本解释第三条的规定定罪量刑。

第五条 过失损毁国家保护的珍贵文物或者被确定为全国重点文物保护单位、省级文物保护单位的文物,具有本解释第三条第二款第一项至第三项规定情形之一的,应当认定为刑法第三百二十四条第三款规定的"造成严重后果"。

第六条 出售或者为出售而收购、运输、储存《中华人民共和国文物保护法》规定的"国家禁止买卖的文物"的,应当认定为刑法第三百二十六条规定的"倒卖国家禁止经营的文物"。

倒卖国家禁止经营的文物,具有下列情形之一的,应当认定为刑法第三百二十六条规定的"情节严重":

(一)倒卖三级文物的;

(二)交易数额在五万元以上的;

(三)其他情节严重的情形。

实施前款规定的行为,具有下列情形之一的,应当认定为刑法第三百二十六条规定的"情节特别严重":

(一) 倒卖二级以上文物的;

(二) 倒卖三级文物五件以上的;

(三) 交易数额在二十五万元以上的;

(四) 其他情节特别严重的情形。

第七条 国有博物馆、图书馆以及其他国有单位,违反文物保护法规,将收藏或者管理的国家保护的文物藏品出售或者私自送给非国有单位或者个人的,依照刑法第三百二十七条的规定,以非法出售、私赠文物藏品罪追究刑事责任。

第八条 刑法第三百二十八条第一款规定的"古文化遗址、古墓葬"包括水下古文化遗址、古墓葬。"古文化遗址、古墓葬"不以公布为不可移动文物的古文化遗址、古墓葬为限。

实施盗掘行为,已损害古文化遗址、古墓葬的历史、艺术、科学价值的,应当认定为盗掘古文化遗址、古墓葬罪既遂。

采用破坏性手段盗窃古文化遗址、古墓葬以外的古建筑、石窟寺、石刻、壁画、近代现代重要史迹和代表性建筑等其他不可移动文物的,依照刑法第二百六十四条的规定,以盗窃罪追究刑事责任。

第九条 明知是盗窃文物、盗掘古文化遗址、古墓葬等犯罪所获取的三级以上文物,而予以窝藏、转移、收购、加工、代为销售或者以其他方法掩饰、隐瞒的,依照刑法第三百一十二条的规定,以掩饰、隐瞒犯罪所得罪追究刑事责任。

实施前款规定的行为,事先通谋的,以共同犯罪论处。

第十条 国家机关工作人员严重不负责任,造成珍贵文物损毁或者流失,具有下列情形之一的,应当认定为刑法第四百一十九条规定的"后果严重":

(一) 导致二级以上文物或者五件以上三级文物损毁或者流失的;

(二) 导致全国重点文物保护单位、省级文物保护单位的本体严重损毁或者灭失的;

(三) 其他后果严重的情形。

第十一条 单位实施走私文物、倒卖文物等行为,构成犯罪的,依照本解释规定的相应自然人犯罪的定罪量刑标准,对直接负责的主管人员和其他直接责任人员定罪处罚,并对单位判处罚金。

公司、企业、事业单位、机关、团体等单位实施盗窃文物、故意损毁文物、名胜古迹,过失损毁文物,盗掘古文化遗址、古墓葬等行为的,依照本解释规定的相应定罪量刑标准,追究组织者、策划者、实施者的刑事责任。

第十二条 针对不可移动文物整体实施走私、盗窃、倒卖等行为的,根据所属不可移动

文物的等级,依照本解释第一条、第二条、第六条的规定定罪量刑:

(一)尚未被确定为文物保护单位的不可移动文物,适用一般文物的定罪量刑标准;

(二)市、县级文物保护单位,适用三级文物的定罪量刑标准;

(三)全国重点文物保护单位、省级文物保护单位,适用二级以上文物的定罪量刑标准。

针对不可移动文物中的建筑构件、壁画、雕塑、石刻等实施走私、盗窃、倒卖等行为的,根据建筑构件、壁画、雕塑、石刻等文物本身的等级或者价值,依照本解释第一条、第二条、第六条的规定定罪量刑。建筑构件、壁画、雕塑、石刻等所属不可移动文物的等级,应当作为量刑情节予以考虑。

第十三条 案件涉及不同等级的文物的,按照高级别文物的量刑幅度量刑;有多件同级文物的,五件同级文物视为一件高一级文物,但是价值明显不相当的除外。

第十四条 依照文物价值定罪量刑的,根据涉案文物的有效价格证明认定文物价值;无有效价格证明,或者根据价格证明认定明显不合理的,根据销赃数额认定,或者结合本解释第十五条规定的鉴定意见、报告认定。

第十五条 在行为人实施有关行为前,文物行政部门已对涉案文物及其等级作出认定的,可以直接对有关案件事实作出认定。

对案件涉及的有关文物鉴定、价值认定等专门性问题难以确定的,由司法鉴定机构出具鉴定意见,或者由国务院文物行政部门指定的机构出具报告。其中,对于文物价值,也可以由有关价格认证机构作出价格认证并出具报告。

第十六条 实施本解释第一条、第二条、第六条至第九条规定的行为,虽已达到应当追究刑事责任的标准,但行为人系初犯,积极退回或者协助追回文物,未造成文物损毁,并确有悔罪表现的,可以认定为犯罪情节轻微,不起诉或者免予刑事处罚。

实施本解释第三条至第五条规定的行为,虽已达到应当追究刑事责任的标准,但行为人系初犯,积极赔偿损失,并确有悔罪表现的,可以认定为犯罪情节轻微,不起诉或者免予刑事处罚。

第十七条 走私、盗窃、损毁、倒卖、盗掘或者非法转让具有科学价值的古脊椎动物化石、古人类化石的,依照刑法和本解释的有关规定定罪量刑。

第十八条 本解释自2016年1月1日起施行。本解释公布施行后,《最高人民法院、最高人民检察院关于办理盗窃、盗掘、非法经营和走私文物的案件具体应用法律的若干问题的解释》(法(研)发〔1987〕32号)同时废止;之前发布的司法解释与本解释不一致的,以本解释为准。

第二编 规章、规范性法律文件

文物进出境审核管理办法

(中华人民共和国文化部令第42号,2007年7月13日)

第一条 为加强对文物进出境审核的管理,根据《中华人民共和国文物保护法》和《中华人民共和国文物保护法实施条例》,制定本办法。

第二条 国家文物局负责文物进出境审核管理工作,指定文物进出境审核机构承担文物进出境审核工作。

文物进出境审核机构是文物行政执法机构,依法独立行使职权,向国家文物局汇报工作,接受国家文物局业务指导。

第三条 文物进出境审核机构由国家文物局和省级人民政府联合组建。省级人民政府应当保障文物进出境审核机构的编制、办公场所及工作经费。国家文物局应当对文物进出境审核机构的业务经费予以补助。

第四条 文物进出境审核机构应当具备以下条件:

(一)有7名以上专职文物鉴定人员,其中文物进出境责任鉴定员不少于5名;

(二)有固定的办公场所和必要的技术设备;

(三)工作经费全额纳入财政预算。

第五条 国家文物局根据文物进出境审核工作的需要,指定具备条件的文物进出境审核机构承担文物进出境审核工作,使用文物出境标识和文物临时进境标识,对允许出境的文物发放文物出境许可证。

第六条 文物进出境审核机构的工作人员实行持证上岗制度,不得在文物商店或者拍卖企业任职、兼职。文物进出境审核机构的主要负责人应当取得国家文物局颁发的资格证书。

文物进出境责任鉴定员应当取得大学本科以上学历和文物博物专业中级以上职称,并经国家文物局考核合格。

第七条 文物进出境审核机构的日常管理工作由所在地省级文物主管部门负责。省级文物主管部门应当制定相关管理制度,并报国家文物局备案。

文物进出境审核机构应当采取措施,保证审核工作高效公正。

第八条 下列文物出境,应当经过审核:

(一) 1949 年(含)以前的各类艺术品、工艺美术品;

(二) 1949 年(含)以前的手稿、文献资料和图书资料;

(三) 1949 年(含)以前的与各民族社会制度、社会生产、社会生活有关的实物;

(四) 1949 年以后的与重大事件或著名人物有关的代表性实物;

(五) 1949 年以后的反映各民族生产活动、生活习俗、文化艺术和宗教信仰的代表性实物;

(六) 国家文物局公布限制出境的已故现代著名书画家、工艺美术家作品;

(七) 古猿化石、古人类化石,以及与人类活动有关的第四纪古脊椎动物化石。

文物出境审核标准,由国家文物局定期修订并公布。

第九条 运送、邮寄、携带文物出境,应当在文物出境前填写文物出境申请表,报文物进出境审核机构审核。

文物进出境审核机构应当自收到文物出境申请之日起 15 个工作日内作出是否允许出境的审核意见。

第十条 文物进出境审核机构审核文物,应当有 3 名以上专职文物鉴定人员参加,其中文物进出境责任鉴定员不得少于 2 名。

文物出境许可证,由参加审核的文物进出境责任鉴定员共同签署。文物进出境责任鉴定员一致同意允许出境的文物,文物进出境审核机构方可加盖文物出境审核专用章。

第十一条 经审核允许出境的文物,由文物进出境审核机构标明文物出境标识,发放文物出境许可证。海关查验文物出境标识后,凭文物出境许可证放行。

文物出境许可证一式三联,第一联由文物进出境审核机构留存,第二联由文物出境地海关留存,第三联由文物出境携运人留存。

经审核不允许出境的文物,由文物进出境审核机构登记并发还。

根据出境地海关或携运人的要求,文物进出境审核机构可以为经审核属于文物复仿制品的申报物品出具文物复仿制品证明。

第十二条 因修复、展览、销售、鉴定等原因临时进境的文物,经海关加封后,报文物进出境审核机构审核、登记。文物进出境审核机构查验海关封志完好无损后,对每件临时进境文物进行审核,标明文物临时进境标识并登记。

临时进境文物复出境时,应向原审核、登记的文物进出境审核机构申报。文物进出境审核机构应对照进境记录审核查验,确认文物临时进境标识无误后,标明文物出境标识,发给文物出境许可证。

第十三条 临时进境文物在境内滞留时间,除经海关和文物进出境审核机构批准外,不得超过6个月。

临时进境文物滞留境内逾期复出境,依照文物出境审核标准和程序进行审核。

第十四条 因展览、科研等原因临时出境的文物,出境前应向文物进出境审核机构申报。文物进出境审核机构应当按国家文物局的批准文件办理审核登记手续。

临时出境文物复进境时,由原审核登记的文物进出境审核机构审核查验。

第十五条 文物进出境审核机构在审核文物过程中,发现涉嫌非法持有文物或文物流失问题的,应立即向公安机关和国家文物局报告。

第十六条 文物出境标识、文物临时进境标识和文物出境许可证,由文物进出境审核机构指定专人保管。使用上述物品,由文物进出境审核机构负责人签字确认。

第十七条 违反本办法规定,造成文物流失的,依据有关规定追究责任人的责任。

第十八条 文物出境标识、文物临时进境标识、文物出境许可证、文物复仿制品证明和文物出境申请表,由国家文物局统一制作。

第十九条 尚未组建文物进出境审核机构的省、自治区、直辖市,应当根据本办法的规定组建文物进出境审核机构;组建前的文物进出境审核工作由国家文物局指定文物进出境审核机构承担。

第二十条 本办法自公布之日起施行,1989年文化部发布的《文物出境鉴定管理办法》同日废止。

中华人民共和国海关暂时进出境货物管理办法

(中华人民共和国海关总署令第 233 号,2017 年 12 月 8 日)

第一章 总 则

第一条 为了规范海关对暂时进出境货物的监管,根据《中华人民共和国海关法》(以下简称《海关法》)、《中华人民共和国进出口关税条例》(以下简称《关税条例》)以及有关法律、行政法规的规定,制定本办法。

第二条 海关对暂时进境、暂时出境并且在规定的期限内复运出境、复运进境货物的管理适用本办法。

第三条 本办法所称暂时进出境货物包括:

(一)在展览会、交易会、会议以及类似活动中展示或者使用的货物;

(二)文化、体育交流活动中使用的表演、比赛用品;

(三)进行新闻报道或者摄制电影、电视节目使用的仪器、设备以及用品;

(四)开展科研、教学、医疗活动使用的仪器、设备和用品;

(五)在本款第(一)项至第(四)项所列活动中使用的交通工具以及特种车辆;

(六)货样;

(七)慈善活动使用的仪器、设备以及用品;

(八)供安装、调试、检测、修理设备时使用的仪器以及工具;

(九)盛装货物的包装材料;

(十)旅游用自驾交通工具及其用品;

(十一)工程施工中使用的设备、仪器以及用品;

(十二)测试用产品、设备、车辆;

(十三)海关总署规定的其他暂时进出境货物。

使用货物暂准进口单证册(以下称"ATA 单证册")暂时进境的货物限于我国加入的有关货物暂准进口的国际公约中规定的货物。

第四条　暂时进出境货物的税收征管依照《关税条例》的有关规定执行。

第五条　除我国缔结或者参加的国际条约、协定以及国家法律、行政法规和海关总署规章另有规定外，暂时进出境货物免予交验许可证件。

第六条　暂时进出境货物除因正常使用而产生的折旧或者损耗外，应当按照原状复运出境、复运进境。

第二章　暂时进出境货物的监管

第七条　ATA 单证册持证人、非 ATA 单证册项下暂时进出境货物收发货人（以下简称"持证人、收发货人"）可以在申报前向主管地海关提交《暂时进出境货物确认申请书》，申请对有关货物是否属于暂时进出境货物进行审核确认，并且办理相关手续，也可以在申报环节直接向主管地海关办理暂时进出境货物的有关手续。

第八条　ATA 单证册持证人应当向海关提交有效的 ATA 单证册以及相关商业单据或者证明材料。

第九条　ATA 单证册项下暂时出境货物，由中国国际贸易促进委员会（中国国际商会）向海关总署提供总担保。

除另有规定外，非 ATA 单证册项下暂时进出境货物收发货人应当按照有关规定向主管地海关提供担保。

第十条　暂时进出境货物应当在进出境之日起 6 个月内复运出境或者复运进境。

因特殊情况需要延长期限的，持证人、收发货人应当向主管地海关办理延期手续，延期最多不超过 3 次，每次延长期限不超过 6 个月。延长期届满应当复运出境、复运进境或者办理进出口手续。

国家重点工程、国家科研项目使用的暂时进出境货物以及参加展期在 24 个月以上展览会的展览品，在前款所规定的延长期届满后仍需要延期的，由主管地直属海关批准。

第十一条　暂时进出境货物需要延长复运进境、复运出境期限的，持证人、收发货人应当在规定期限届满前向主管地海关办理延期手续，并且提交《货物暂时进/出境延期办理单》以及相关材料。

第十二条　暂时进出境货物可以异地复运出境、复运进境，由复运出境、复运进境地海关调取原暂时进出境货物报关单电子数据办理有关手续。

ATA 单证册持证人应当持 ATA 单证册向复运出境、复运进境地海关办理有关手续。

第十三条　暂时进出境货物需要进出口的，暂时进出境货物收发货人应当在货物复运出境、复运进境期限届满前向主管地海关办理进出口手续。

第十四条　暂时进出境货物收发货人在货物复运出境、复运进境后,应当向主管地海关办理结案手续。

第十五条　海关通过风险管理、信用管理等方式对暂时进出境业务实施监督管理。

第十六条　暂时进出境货物因不可抗力的原因受损,无法原状复运出境、复运进境的,持证人、收发货人应当及时向主管地海关报告,可以凭有关部门出具的证明材料办理复运出境、复运进境手续;因不可抗力的原因灭失的,经主管地海关核实后可以视为该货物已经复运出境、复运进境。

暂时进出境货物因不可抗力以外其他原因受损或者灭失的,持证人、收发货人应当按照货物进出口的有关规定办理海关手续。

第三章　暂时进出境展览品的监管

第十七条　境内展览会的办展人以及出境举办或者参加展览会的办展人、参展人(以下简称"办展人、参展人")可以在展览品进境或者出境前向主管地海关报告,并且提交展览品清单和展览会证明材料,也可以在展览品进境或者出境时,向主管地海关提交上述材料,办理有关手续。

对于申请海关派员监管的境内展览会,办展人、参展人应当在展览品进境前向主管地海关提交有关材料,办理海关手续。

第十八条　展览会需要在我国境内两个或者两个以上关区内举办的,对于没有向海关提供全程担保的进境展览品应当按照规定办理转关手续。

第十九条　下列在境内展览会期间供消耗、散发的用品(以下简称"展览用品"),由海关根据展览会的性质、参展商的规模、观众人数等情况,对其数量和总值进行核定,在合理范围内的,按照有关规定免征进口关税和进口环节税:

(一)在展览活动中的小件样品,包括原装进口的或者在展览期间用进口的散装原料制成的食品或者饮料的样品;

(二)为展出的机器或者器件进行操作示范被消耗或者损坏的物料;

(三)布置、装饰临时展台消耗的低值货物;

(四)展览期间免费向观众散发的有关宣传品;

(五)供展览会使用的档案、表格以及其他文件。

前款第(一)项所列货物,应当符合以下条件:

(一)由参展人免费提供并且在展览期间专供免费分送给观众使用或者消费的;

(二)单价较低,作广告样品用的;

（三）不适用于商业用途，并且单位容量明显小于最小零售包装容量的；

（四）食品以及饮料的样品虽未按照本款第（三）项规定的包装分发，但是确实在活动中消耗掉的。

第二十条　展览用品中的酒精饮料、烟草制品以及燃料不适用有关免税的规定。

本办法第十九条第一款第（一）项所列展览用品超出限量进口的，超出部分应当依法征税；第一款第（二）项、第（三）项、第（四）项所列展览用品，未使用或者未被消耗完的，应当复运出境，不复运出境的，应当按照规定办理进口手续。

第二十一条　海关派员进驻展览场所的，经主管地海关同意，展览会办展人可以就参展的展览品免予向海关提交担保。

展览会办展人应当提供必要的办公条件，配合海关工作人员执行公务。

第二十二条　未向海关提供担保的进境展览品在非展出期间应当存放在海关监管作业场所。因特殊原因需要移出的，应当经主管地海关同意，并且提供相应担保。

第二十三条　为了举办交易会、会议或者类似活动而暂时进出境的货物，按照本办法对展览品监管的有关规定进行监管。

第四章　ATA 单证册的管理

第二十四条　中国国际贸易促进委员会（中国国际商会）是我国 ATA 单证册的出证和担保机构，负责签发出境 ATA 单证册，向海关报送所签发单证册的中文电子文本，协助海关确认 ATA 单证册的真伪，并且向海关承担 ATA 单证册持证人因违反暂时进出境规定而产生的相关税费、罚款。

第二十五条　海关总署设立 ATA 核销中心，履行以下职责：

（一）对 ATA 单证册进行核销、统计以及追索；

（二）应成员国担保人的要求，依据有关原始凭证，提供 ATA 单证册项下暂时进出境货物已经进境或者从我国复运出境的证明；

（三）对全国海关 ATA 单证册的有关核销业务进行协调和管理。

第二十六条　海关只接受用中文或者英文填写的 ATA 单证册。

第二十七条　ATA 单证册发生损坏、灭失等情况的，ATA 单证册持证人应当持原出证机构补发的 ATA 单证册到主管地海关进行确认。

补发的 ATA 单证册所填项目应当与原 ATA 单证册相同。

第二十八条　ATA 单证册项下暂时进出境货物在境内外停留期限超过 ATA 单证册有效期的，ATA 单证册持证人应当向原出证机构续签 ATA 单证册。续签的 ATA 单证册经主管地海关确认后可以替代原 ATA 单证册。

续签的 ATA 单证册只能变更单证册有效期限和单证册编号,其他项目应当与原单证册一致。续签的 ATA 单证册启用时,原 ATA 单证册失效。

第二十九条 ATA 单证册项下暂时进境货物未能按照规定复运出境或者过境的,ATA 核销中心应当向中国国际贸易促进委员会(中国国际商会)提出追索。自提出追索之日起 9 个月内,中国国际贸易促进委员会(中国国际商会)向海关提供货物已经在规定期限内复运出境或者已经办理进口手续证明的,ATA 核销中心可以撤销追索;9 个月期满后未能提供上述证明的,中国国际贸易促进委员会(中国国际商会)应当向海关支付税费和罚款。

第三十条 ATA 单证册项下暂时进境货物复运出境时,因故未经我国海关核销、签注的,ATA 核销中心凭由另一缔约国海关在 ATA 单证上签注的该批货物从该国进境或者复运进境的证明,或者我国海关认可的能够证明该批货物已经实际离开我国境内的其他文件,作为已经从我国复运出境的证明,对 ATA 单证册予以核销。

第五章 附　　则

第三十一条 违反本办法,构成走私行为、违反海关监管规定行为或者其他违反海关法行为的,由海关依照《海关法》和《中华人民共和国海关行政处罚实施条例》的有关规定予以处理;构成犯罪的,依法追究刑事责任。

第三十二条 从境外暂时进境的货物转入海关特殊监管区域和保税监管场所的,不属于复运出境。

第三十三条 对用于装载海关监管货物的进出境集装箱的监管不适用本办法。

第三十四条 暂时进出境物品超出自用合理数量的,参照本办法监管。

第三十五条 本办法有关用语的含义:

展览会、交易会、会议以及类似活动是指:

(一)贸易、工业、农业、工艺展览会,以及交易会、博览会;

(二)因慈善目的而组织的展览会或者会议;

(三)为促进科技、教育、文化、体育交流,开展旅游活动或者民间友谊而组织的展览会或者会议;

(四)国际组织或者国际团体组织代表会议;

(五)政府举办的纪念性代表大会。

在商店或者其他营业场所以销售国外货物为目的而组织的非公共展览会不属于本办法所称展览会、交易会、会议以及类似活动。

展览品是指：

（一）展览会展示的货物；

（二）为了示范展览会展出机器或者器具所使用的货物；

（三）设置临时展台的建筑材料以及装饰材料；

（四）宣传展示货物的电影片、幻灯片、录像带、录音带、说明书、广告、光盘、显示器材等；

（五）其他用于展览会展示的货物。

包装材料，是指按原状用于包装、保护、装填或者分离货物的材料以及用于运输、装卸或者堆放的装置。

主管地海关，是指暂时进出境货物进出境地海关。境内展览会、交易会、会议以及类似活动的主管地海关为其活动所在地海关。

第三十六条 本办法所规定的文书由海关总署另行制定并且发布。

第三十七条 本办法由海关总署负责解释。

第三十八条 本办法自2018年2月1日起施行。2007年3月1日海关总署令第157号公布的《中华人民共和国海关暂时进出境货物管理办法》、2013年12月25日海关总署令第212号公布的《海关总署关于修改〈中华人民共和国海关暂时进出境货物管理办法〉的决定》同时废止。

文物进出境责任鉴定员管理办法

(文物博发〔2010〕42号,2010年12月16日)

第一章 总 则

第一条 为加强对文物进出境责任鉴定员(以下简称责任鉴定员)的管理,根据《中华人民共和国文物保护法》、《中华人民共和国文物保护法实施条例》和《文物进出境审核管理办法》,制定本办法。

第二条 责任鉴定员是指获得国家文物局规定的鉴定资格,并在文物进出境审核机构承担文物进出境审核业务,签署文物进出境审核文件的文物鉴定专业人员。

第三条 责任鉴定员应当依据国家有关法律法规要求,科学、客观、公正地开展文物进出境审核工作,承担相应的法律责任。

第二章 鉴定资格认定

第四条 责任鉴定员鉴定资格认定,原则上实行全国统一的分类考试制度。边疆省区民族类文物责任鉴定员的考试,经国家文物局批准后可以单独组织。

第五条 参加责任鉴定员鉴定资格考试的人员应具备以下条件:

(一)拥护中华人民共和国宪法,遵守有关文物保护的法律法规,具有良好的品行;

(二)具有大学本科以上学历和文物博物专业中级以上职称,或在国有文物收藏单位工作五年以上;

(三)身体健康,具有正常履行职责的身体条件;

(四)国家文物局规定的其他条件。

第六条 按照统一安排,报名者应当向省级文物行政主管部门报名,经国家文物局审查合格后参加考试。

第七条 考试合格人员,由国家文物局颁发《文物进出境责任鉴定员资格证》并在国家文物局政府网站予以公布。

第八条 取得《文物进出境责任鉴定员资格证》并在文物进出境审核机构工作的人员，由国家文物局向海关部门备案。

未取得《文物进出境责任鉴定员资格证》的人员不得从事文物进出境审核业务。

第三章 权利和义务

第九条 责任鉴定员享有下列权利：
（一）独立表达鉴定审核意见；
（二）要求申请人如实提供审核业务所需的相关信息和资料；
（三）拒绝办理单证不真实、手续不齐全的审核业务；
（四）参加文物行政主管部门组织的相关业务培训；
（五）参加其它文物门类的鉴定资格考试；
（六）法律法规规定的其他权利。

第十条 责任鉴定员履行下列义务：
（一）认真履行文物进出境审核机构职责和工作规定；
（二）完成上级部门指派的审核任务；
（三）如实表达审核意见，对审核结论负责；
（四）保守在审核过程中知悉的商业秘密或个人隐私；
（五）参加文物行政主管部门举办的有关业务培训；
（六）法律法规规定的其他义务。

第四章 监督和管理

第十一条 国家文物局负责全国文物进出境审核管理工作，负责组织鉴定资格考试、鉴定培训和责任鉴定员年检等工作。

第十二条 国家文物局就下列事项对责任鉴定员进行监督检查：
（一）遵守相关法律法规的情况；
（二）遵守文物进出境审核工作程序和执行文物出境审核标准的情况；
（三）遵守职业道德和职业纪律的情况；
（四）法律法规规定的其他事项。

第十三条 文物进出境审核机构应当定期将责任鉴定员名单报国家文物局备案；责任鉴定员发生变化的，应当于三十日内报国家文物局备案。

第十四条　文物进出境审核机构负责对所属责任鉴定员进行管理和考核,并实行差错登记制度。

第十五条　因进出境审核工作需要,文物进出境审核机构确需聘用具有鉴定资格退休人员的,由所在文物进出境审核机构向主管部门和国家文物局提出申请,经批准后聘用。

第十六条　国家文物局建立责任鉴定员管理数据库,对责任鉴定员遵守法律法规、遵守职业道德和职业纪律、履行工作职责、培训考核、差错、年检等情况实施动态管理。

第十七条　国家文物局每两年对责任鉴定员进行一次考核。

第十八条　责任鉴定员不得在文物商店或者拍卖企业任职、兼职,不得以责任鉴定员名义从事商业性文物鉴定活动。

第五章　奖励和处分

第十九条　有下列事迹之一的责任鉴定员,由国家文物局给予精神鼓励或者物质奖励,并可作为申报评定文物博物系列高级专业技术职务任职资格的一项主要业绩:

（一）认真执行文物保护法律、法规,保护文物贡献突出的;

（二）长期从事文物进出境审核工作,严格执行文物进出境审核标准,作出显著成绩的;

（三）在文物鉴定的科学技术、学术研究方面有重要成果的。

第二十条　有下列行为之一的责任鉴定员,由上级主管部门视情节轻重,依法给予相应行政处分;构成违法或犯罪的,依法予以处理;受到开除处分或者行政、刑事处罚的,由国家文物局吊销其《文物进出境责任鉴定员资格证》:

（一）不履行本办法第十条规定,情节严重的;

（二）一年内出现三次以上审核差错记录,后果严重的;

（三）未按规定接受国家文物局考核的;

（四）伪造、变造、买卖或者盗用、涂改文物进出境审核文件、印章、标识、封志的;

（五）其他违反文物进出境法律法规,情节严重的。

第六章　附　　则

第二十一条　本办法自发布之日起施行。

关于加强文物进出境审核工作的通知

(文物博发〔2008〕60号)

各省、自治区、直辖市文物局(文化厅、文管会):

为贯彻落实《文物进出境审核管理办法》,全面加强文物进出境审核管理,我局于近期开展了文物进出境审核机构核查工作。经核查发现,近年来,虽然我国文物进出境审核工作取得了新的进展,抢救保护了大量珍贵文物,为防止文物流失作出了重要贡献。但仍然存在着机构建设薄弱、专业人才匮乏、工作经费紧张、技术手段落后等突出问题,与《文物进出境审核管理办法》的要求和当前审核工作的现实需要还有较大差距。现就进一步加强文物进出境审核工作的相关事宜,通知如下:

一、推进机构建设

根据核查情况,我局已授予北京等14个国家文物进出境鉴定站文物进出境审核资质,并授权其在履行文物进出境审核职能时,使用"国家文物进出境审核管理处"的名称进行工作。我局将继续积极支持相关省、自治区、直辖市设立文物进出境审核机构,对已符合规定条件的机构依法授予文物进出境审核资质。我局将定期组织对文物进出境审核机构进行评估、考核,对工作实绩突出的机构予以表彰和奖励,对工作滞后的机构责令整改,对长期未能达标的机构暂停或撤销其文物进出境审核资质,逐步建立文物进出境审核机构动态管理机制。

二、加强人才培养

各相关省级文物行政部门要选派品行良好、具有一定文物鉴定基础的中青年专业人员到文物进出境审核机构工作,确保文物进出境审核机构足额配置专职文物鉴定人员。充分发挥文物进出境责任鉴定员的重要作用,专职文物进出境责任鉴定员的任用、调动应当由所在省级文物行政部门报我局备案。我局将进一步加大文物进出境责任鉴定员的培训、考核工作力度,加强培训的针对性和绩效考核,提高鉴定人员的专业素质和政策水平。

三、加大经费投入

各相关省级文物行政部门要会同有关部门采取有力措施,设立文物进出境审核工作的专项经费,加大对文物进出境审核机构的资金投入,切实保障文物进出境审核工作的正常开展。我局将按照《文物进出境审核管理办法》的规定,对文物进出境审核机构的业务经费予以补助。

四、提高科技检测能力

各文物进出境审核机构应努力发挥优势,与相关科研机构加强合作,在充分利用传统文物鉴定方法的同时,更多地利用现代科技手段,增强文物进出境审核工作中的科技检测能力。为此,我局将积极支持有条件的文物进出境审核机构逐步建立区域性的文物科技检测中心。

国家文物局

二〇〇八年十一月四日

关于进一步加强文物临时进境
审核管理工作的通知

(文物博函〔2010〕749号)

各国家文物进出境审核管理处：

近年来，临时进境文物数量不断增多，各文物进出境审核管理处依照相关法规、政策，积极开展文物临时进境及复出境审核管理工作，促进了中外文化、经济交流和境外中国文物回流。

但近一段时期以来，我局接到不少机构和个人举报，称一些人蓄意持非法文物办理文物临时进境手续，试图以文物临时进境审核登记表、临时进境火漆标识等掩盖文物的非法性质，误导公众，谋取不正当利益。针对上述问题，现就进一步加强文物临时进境审核管理工作通知如下：

一、各文物进出境审核管理处要认真研究新问题，采取切实措施，不断加强和改进文物临时进境审核工作。

二、对于确属非法来源的申报文物（包括出土文物，被盗走私文物，国有不可移动文物中的壁画、雕塑、建筑构件等），应立即通报有关海关和公安部门，协助做好文物扣留工作，并上报我局。

三、对于涉嫌非法来源的申报文物，应要求携运人提供文物合法来源证明，否则不予办理文物临时进境手续。同时，对文物和携运人基本信息进行登记，并上报我局。

四、自本通知下发之日启用2010年版文物临时进境审核登记表（见附件），各文物进出境审核管理处须及时启用，同时停止使用旧版文物临时进境审核登记表。

五、在办理文物临时进境手续时，应事先告知携运人上述规定。

专此。

国家文物局

二〇一〇年七月二十七日

文物临时进境审核登记表

留存　　　　　　　　　　　　　　　　　　　　　编号：

携运人	姓名(名称)				国籍	
	证件类型		证件号码			
	住所				电话	
进境文物	名称		年代		质地	级别
	尺寸					
	进境海关		进境时间		进境目的	
（照片）						
审核人员签字	责任鉴定员：					
审核机构意见	年　　月　　日					
备注						

国家文物进出境审核　　管理处

重 要 提 示

一、本表及"临时进境火漆标识"为办理文物临时进境手续的程序性文件和标记,不表明文物本身具有合法来源。

二、根据《中华人民共和国文物保护法实施条例》第五十二条规定,临时进境文物复出境时,应当由原审核、登记的文物进出境审核机构审核。

三、根据《中华人民共和国海关法》第三十一条和《文物进出境审核管理办法》第十三条规定,临时进境文物在境内滞留时间,除经海关和文物进出境审核机构批准外,不得超过6个月。

四、根据《文物进出境审核管理办法》第十三条规定,临时进境文物滞留境内逾期复出境,依照文物出境审核标准和程序进行审核。

关于优化综合保税区文物进出境
管理有关问题的通知

(署贸发〔2019〕92号)

广东分署，各直属海关，各省、自治区、直辖市文物局（文化厅），各国家文物进出境审核管理处：

为落实《国务院关于促进综合保税区高水平开放高质量发展的若干意见》（国发〔2019〕3号），优化综合保税区文物监管模式，简化审批及监管手续，提升文物进出境管理水平，现将有关事项通知如下：

一、按照"一线申报、一线监管"的原则，简化审批及监管手续，优化文物出境审核和临时进境复出境登记查验管理，维护国家文物安全。

（一）文物出境。文物由综合保税区出境，应当报相关文物进出境审核机构审核。经审核允许出境的文物，由文物进出境审核机构标明文物出境标识，发放文物出境许可证。海关审核后凭文物出境许可证放行。

（二）文物临时进境复出境。文物由综合保税区临时进境，应当在进境时向海关申报，入区后凭相关报关单证报文物进出境审核机构在区内开展审核、登记。复出境时，应当向原审核、登记的文物进出境审核机构申报，文物进出境审核机构对照进境记录审核查验、确认无误后，标明文物出境标识，发放文物出境许可证。海关审核后凭文物出境许可证放行。

（三）文物进出综合保税区。文物从境内区外进入综合保税区，或者已办理临时进境审核登记手续的文物由综合保税区进入境内区外，除按要求办理海关手续外，无需向文物进出境审核机构申报。

二、按照"放管服"要求，创新综合保税区文物进出境服务，实施入区登记审核，缩短行政审批时限，便利文物进出境文化交流。

（一）支持符合条件的区内企业采取关税保证保险、企业增信担保、企业集团财务公司担保等多元化税收担保方式开展出区展示，缓解企业资金压力，便捷文物展览展示。

（二）实施入区登记审核。对于申请由综合保税区出境和临时进境复出境的文物，文物进出境审核机构可提供延伸服务，在综合保税区内开展登记查验和审核工作，便利企业在综合保税区内开展文物存储、展示等活动。

（三）缩短行政审批时限。文物进出境审核机构可在与申报人协商一致的基础上，在文物进出境申请正式受理后的5—10个工作日内完成登记、查验和审批工作。因申报人原因造成审核工作无法如期进行的，应当在3个工作日内将申请通过系统退回申报人并注明理由。

各直属海关、各省（自治区、直辖市）文物行政部门和各文物进出境审核机构应建立完善沟通渠道和长效工作机制，共同做好综合保税区文物进出境管理工作。

特此通知。

海关总署　国家文物局

2019年4月29日

文物出境审核标准

(文物博发〔2007〕30号,2007年6月5日)

说明:

一、为加强我国文化遗产保护,防止珍贵文物流失,根据《中华人民共和国文物保护法》、《中华人民共和国文物保护法实施条例》,制定本标准。

二、文物进出境审核机构在开展文物出境审核工作时,执行本标准。

三、本标准以1949年为主要标准线。凡在1949年以前(含1949年)生产、制作的具有一定历史、艺术、科学价值的文物,原则上禁止出境。其中,1911年以前(含1911年)生产、制作的文物一律禁止出境。

四、少数民族文物以1966年为主要标准线。凡在1966年以前(含1966年)生产、制作的有代表性的少数民族文物禁止出境。

五、现存我国境内的外国文物、图书,与我国的文物、图书一样,分类执行本标准。

六、凡有损国家、民族利益,或者有可能引起不良社会影响的文物,不论年限,一律禁止出境。

七、未列入本标准范围之内的文物,如经文物进出境审核机构审核,确有重大历史、艺术、科学价值的,应禁止出境。

八、本标准所列文物分属不同审核类别的,按禁止出境下限执行。

九、本标准由国家文物局负责解释并定期修订。

十、本标准实施后,此前国家文物局发布的其他规定与本标准不一致的,以本标准为准。

审 核 类 别		禁 限
1. 化石		
	古猿化石、古人类化石以及与人类活动有关的第四纪古脊椎动物化石	一律禁止出境
2. 建筑物的实物资料		
2.1 建筑模型、图样	建筑的木制模型、纸制烫样、平面立面图、内部装修画样及工程作法等	一九一一年以前的禁止出境
	具有重要历史、艺术、科学价值的	一九四九年以前的禁止出境

(续表)

审 核 类 别		禁 限
2.2　建筑物装修、构件	包括园林建筑构件	一九一一年以前的禁止出境
	具有重要历史、艺术、科学价值的	一九四九年以前的禁止出境
3. 绘画、书法		
3.1　中国画及书法		一九一一年以前的禁止出境 一九一一年后参照名单执行
	肖像、影像、画像、风俗画、战功图、纪事图、行乐图等	一九四九年以前的禁止出境 属于本人或其亲属的肖像、影像、画像等不在此限
3.2　油画、水彩画、水粉画	包括素描（含速写）、漫画、版画的原作和原版等	一九四九年以前的禁止出境 一九四九年后参照名单执行
	具有重大历史、艺术价值，产生广泛社会影响的	一律禁止出境
3.3　壁画	宫殿、庙宇、石窟、墓葬中的壁画等	一九四九年以前的禁止出境
	近现代著名壁画的原稿、设计方案及图稿	一律禁止出境
4. 碑帖、拓片		
	碑碣、墓志、造像题记、摩崖等拓片及套帖	一九四九年以前的禁止出境
	古器物拓片，包括铭文、纹饰及全形拓片	一九四九年以前的禁止出境
	新发现的重要的或原作已毁损的石刻等拓片	一律禁止出境
5. 雕塑		
	人像、佛像、动植物造型及摆件等	一九一一年以前的禁止出境
	名家作品	参照名单执行
	具有重大历史、艺术价值，产生广泛社会影响的	一律禁止出境
6. 铭刻		
6.1　甲骨	包括残破、无字或后刻文字及花纹的甲骨和卜骨	一律禁止出境
6.2　玺印		一九一一年以前的禁止出境
	名家制印	参照名单执行
	历代官印，包括玺、印、戳记等	一律禁止出境
	各类军政机构、党派、群众团体使用过的，以及其他有特殊意义的印章、关防、印信等；著名人物使用过的有代表性的个人印章	一九四九年以前的禁止出境
6.3　封泥		一律禁止出境
6.4　符契	包括符节、铁券、铅券、腰牌等	一九一一年以前的禁止出境

(续表)

审 核 类 别			禁 限
6.5	勋章、奖章、纪念章	反映重大历史事件,有特殊意义的;颁发给著名人物的;有重要艺术价值的	一九一一年以前的禁止出境 一九四九年以前的禁止出境 属于本人或其亲属的不在此限
6.6	碑刻	历代石经、刻石、碑刻、经幢、墓志等	一九四九年以前的禁止出境
6.7	版片	书版、图版、画版、印刷版等	一九四九年以前的禁止出境
7. 图书文献			
7.1	竹简、木简	包括无字的	一律禁止出境
7.2	书札	名人书札	一九一一年以前的禁止出境 一九四九年以前的禁止出境 属于本人或其亲属的一般来往函件不在此限
7.3	手稿	涉及重大历史事件的或著名人物撰写的重要文件、电报、信函、题词、代表性著作的手稿等	一九一一年以前的禁止出境 一律禁止出境 属于本人的信函、题词、代表性著作的手稿等不在此限
7.4	书籍		一九一一年以前的禁止出境
		存量不多的木板书及石印、铅印的完整的大部丛书,如图书集成、四部丛刊、丛书集成、万有文库等	一九四九年以前的禁止出境
		有重要历史、学术价值的报刊、教材、图册等	一九四九年以前的禁止出境
		有重大影响的出版物的原始版本或最早版本	一九四九年以前的禁止出境
		有领袖人物重要批注手迹的	一律禁止出境
		地方志、家谱、族谱	一九四九年以前的禁止出境
7.5	图籍	各种方式印刷和绘制的天文图、舆地图、水道图、水利图、道里图、边防图、战功图、盐场图、行政区划图等	一九四九年以前的禁止出境
		非公开发售的各种地图等	一律禁止出境
7.6	文献档案		一九一一年以前的禁止出境
		有重要历史价值的	一律禁止出境
		重大事件或历次群众性运动中散发、张贴的传单、标语、漫画等	一律禁止出境
		重要战役的战报及相关宣传品等	一律禁止出境

(续表)

审 核 类 别			禁 限
8. 钱币			
8.1	古钱币	各种实物货币、金属称量货币、压胜钱、金银钱等	一九一一年以前的禁止出境
8.2	古钞	宝钞、银票、钱票、私钞等	一九一一年以前的禁止出境
8.3	近现代机制币	金、银、铜、镍等金属币和纪念币	一九四九年以前的禁止出境
8.4	近现代钞票	具有重要历史、艺术、科学价值的	一九四九年以前的禁止出境
8.5	钱范	古代各种钱范和近代各种硬币的模具	一律禁止出境
8.6	钞版	各时期各种材质的钞版	一律禁止出境
8.7	钱币设计图稿	包括样钱、雕母、母钱等	一律禁止出境
9. 舆服			
9.1	车船舆轿	包括零部件	一九一一年以前的禁止出境
9.2	车具、马具	包括零部件	一九一一年以前的禁止出境
9.3	鞋帽		一九一一年以前的禁止出境
9.4	服装		一九一一年以前的禁止出境
9.5	首饰		一九一一年以前的禁止出境
9.6	佩饰		一九一一年以前的禁止出境
10. 器具			
10.1	生产工具		一九一一年以前的禁止出境
		反映近现代生产力发展的代表性实物，如工业设备、仪器等	一九四九年以前的禁止出境
10.2	兵器		一九一一年以前的禁止出境
		中国自制的各种枪炮	一九四九年以前的禁止出境
		名人使用过的或有纪年纪事铭文的	一律禁止出境
10.3	乐器	包括舞乐用具	一九一一年以前的禁止出境
		已故著名艺人使用过的	一律禁止出境
10.4	仪仗		一九一一年以前的禁止出境
10.5	度量衡	包括附件	一九一一年以前的禁止出境
10.6	法器	包括乐器、幡、旗等	一九一一年以前的禁止出境
10.7	明器	各种材质所制的专为殉葬用的俑及器物	一九一一年以前的禁止出境
10.8	仪器	包括日晷、罗盘、天文钟、天文仪、算筹等有关天文历算的仪器和科学实验仪器及其部件	一九四九年以前的禁止出境

(续表)

审核类别		禁限
10.9 家具	各种材质的家具及其部件	一九一一年以前的禁止出境
	黄花梨、紫檀、乌木、鸡翅木、铁梨木家具	一九四九年以前的禁止出境
10.10 金属器	青铜器	一九一一年以前的禁止出境
	金、银、铜、铁、锡、铅等制品	一九一一年以前的禁止出境
10.11 陶瓷器	包括具有历史、艺术、科学价值的残片	一九一一年以前的禁止出境
	官窑器、民窑堂名款器，有纪年、纪事或作为历史事件标志性的器物及残件	一九四九年以前的禁止出境
	名家制品	参照名单执行
10.12 漆器		一九一一年以前的禁止出境
	名家、名作坊或有名人款识的制品	参照名单执行
10.13 织绣品	各种织物、刺绣及其制成品和残片，包括附属于手卷、画轴、册页上的包首、隔水等所用织绣品	一九一一年以前的禁止出境
	地毯、挂毯等	一九一一年以前的禁止出境
	成匹的各种绸、缎、绫、罗、纱、绢、锦、棉、麻、呢、绒等织物	一九四九年以前的禁止出境
	织绣、印染等名家制品	参照名单执行
	缂丝、缂毛（包括残片）	一九四九年以前的禁止出境
10.14 钟表		一九一一年以前的禁止出境
10.15 烟壶		一九一一年以前的禁止出境
	名家制品	参照名单执行
10.16 扇子	包括扇骨、扇面	一九一一年以前的禁止出境
	名家制品	参照名单执行
11. 民俗用品		
11.1 民间艺术作品	年画、神马、剪纸、泥人等各种类型的民间艺术作品	一九一一年以前的禁止出境
	具有重要艺术价值的	一九四九年以前的禁止出境
11.2 生活及文娱用品	灯具、锁具、餐具、茶具、棋牌、玩具等	一九一一年以前的禁止出境
	稀有的具有地方特色的代表性实物和民间文化用品	一九四九年以前的禁止出境
12. 文具		
12.1 纸	素纸，包括信笺及手卷、册页所附的素纸	一九一一年以前的禁止出境
	腊笺、金花笺、印花笺、暗花笺等	一九四九年以前的禁止出境

(续表)

审 核 类 别		禁 限
12.2 砚		一九一一年以前的禁止出境
	名家制砚或名人用砚	一九四九年以前的禁止出境
12.3 笔	包括笔杆	一九一一年以前的禁止出境
12.4 墨	包括墨模	一九四九年以前的禁止出境
12.5 其他文具	各种材质的笔筒、笔架、镇纸、臂格、墨床、墨盒等	一九一一年以前的禁止出境
	名家制品或名人用品	一九四九年以前的禁止出境
13. 戏剧曲艺用品		
	包括戏衣、皮影、木偶以及各种与戏剧曲艺有关的道具	一九一一年以前的禁止出境
	唱片	一九四九年以前的禁止出境
14. 工艺美术品		
14.1 玉石器	包括翡翠、玛瑙、水晶、孔雀石、碧玺、绿松石、青金石等各种玉石及琥珀、雄精、珊瑚等制品	一九一一年以前的禁止出境
	材质珍稀,工艺水平高,有一定历史价值和其他特殊意义的	一九四九年以前的禁止出境
14.2 玻璃器		一九一一年以前的禁止出境
14.3 珐琅器	掐丝珐琅、画珐琅等	一九一一年以前的禁止出境
14.4 木雕		一九一一年以前的禁止出境
14.5 牙角器	象牙、犀角制品	一律禁止出境
	车渠、玳瑁等其他骨、角制品	一九一一年以前的禁止出境
14.6 藤竹器	各种藤竹制品、草编制品等	一九一一年以前的禁止出境
14.7 火画	包括通草画、纸织画等	一九一一年以前的禁止出境
14.8 玻璃油画	肖像画、风俗画	一九四九年以前的禁止出境 属于本人或其亲属的肖像画不在此限
	一般故事画、寿意画等	一九一一年以前的禁止出境
14.9 铁画		一九四九年以前的禁止出境
15. 邮票、邮品		
		一九一一年以前的禁止出境
	珍贵的邮票、实寄封、明信片、邮简等	一九四九年以前的禁止出境
	邮票及未发行邮票的设计原图、印样	一律禁止出境
	邮票的印版	一律禁止出境

(续表)

审 核 类 别			禁 限
16. 少数民族文物			
16.1	民族服饰	包括各种材质的佩饰	一九六六年以前的禁止出境
16.2	生产工具	能够反映民族传统生产方式的工具	一九六六年以前的禁止出境
16.3	民俗生活用品	反映民族传统生活方式、具有民族工艺特点的	一九六六年以前的禁止出境
16.4	建筑物实物资料	具有代表性的民族建筑构件	一九六六年以前的禁止出境
16.5	民族工艺品	木雕、木刻、骨雕、漆器、陶器、银器、面具、唐卡、刺绣、织物、乐器等	一九六六年以前的禁止出境
16.6	宗教祭祀、礼仪活动用品	少数民族宗教祭祀及其他民族礼仪活动的用品	一九六六年以前的禁止出境
16.7	文献、书画、碑帖、石刻	包括以少数民族语言文字记录的、有关本民族的文献档案，文艺作品的刻本、抄本、绘画、家谱、书札、碑帖、石刻等	一九六六年以前的禁止出境
16.8	名人遗物	与重要历史事件、活动相关的	一律禁止出境

关于加强古建筑物保护和禁止
古建筑构件出境的通知

(文物保护发〔2001〕003号)

各省、自治区、直辖市文化厅(局)、文物局、文管会：

近年以来，许多地方由于进行城市改造和国内外一些文物商贩大量收购古建筑构件，造成我国一些地区的传统民居、宗族祠堂、庙宇、亭台楼阁等被拆、被毁、被盗、被非法出售，包括部分已经公布为国家级和省级文物保护单位的古建筑，给不可移动文化遗产的保护带来极大的冲击。为了切实加强古建筑和传统民居建筑的保护工作，现通知如下：

一、大力开展《文物保护法》的宣传活动。坚决执行"保护为主、抢救第一"的文物工作方针，采取切实有效措施，保护民族历史文化遗产。

二、凡被列入历史文化名城、名镇、历史文物街区的各类古建筑，以及各级政府公布的文物保护单位，文物行政管理部门要按照"四有"要求，进一步加强安全防范措施，严格管理。凡发现古建筑构件被盗、被拆、被毁，要及时报告公安部门立案依法查处。

三、文物行政管理部门应对本行政区域内的传统民居进行普查，建立记录档案。对其中具有重要文物价值的，要尽快报请地方政府公布为相应级别的文物保护单位；对具有一定文物价值、但未被公布为文物保护单位的，要会同地方政府的有关部门，制定保护措施，并告知民居的所有者或使用者，妥善保护。

四、加强对文物监管品市场的管理，严禁买卖受国家法律保护的古建筑物构件和其他不可移动文物。对盗窃、购销、走私受保护的古建筑物构件和其他不可移动文物的单位和个人，要会同工商、公安、海关等执法部门予以查处。

五、各文物出境鉴定站停止办理古建筑物构件以及与古建筑相关的其它不可移动文物的出境鉴定手续。

国家文物局
二〇〇一年二月九日

一九四九年后已故著名书画家作品限制出境的鉴定标准

(文物保发〔2001〕42号,2001年11月15日)

为了保护国家文化遗产,加强管理,下列已故著名书画家全部作品列入文物出境限制范围:

一、作品一律不准出境者(10人)

王式廓	何香凝	李可染	林风眠	徐悲鸿
高 崙(剑父)	黄 质(宾虹)	董希文	傅抱石	潘天寿

二、作品原则上不准出境者(23人)

于右任	于 照(非闇)	丰子恺	石鲁	齐 璜(白石)
刘奎龄	刘海粟	张 爰(大千)	沈尹默	吴作人
吴湖帆	陈云彰(少梅)	陆俨少	林散之	赵朴初
高 嵡(奇峰)	钱松嵒	郭沫若	黄 胄	蒋兆和
谢稚柳	溥 儒(心畬)	颜文樑		

三、精品不准出境者(107人)

丁衍庸	马叙伦	马一浮	马晋	王 贤(个簃)
王心竟	王伟	王雪涛	王叔晖	王福庵
王襄	王蘧常	方人定	方济众	邓散木
邓尔疋	叶浅予	叶恭绰	戈 荃(湘岚)	白蕉
冯 迥(超然)	冯建吴	田世光	古元	朱屺瞻
朱家济	朱复戡	吕凤子	刘子久	刘继卣
刘凌沧	江寒汀	关良	吴家琭(玉如)	吴䍩之
吴显曾(光宇)	吴华源	吴 桐(琴木)	吴 徵(待秋)	吴熙曾(镜汀)
陈之佛	陈子奋	陈子庄(石壶)	陈 年(半丁)	陈秋草
张大壮	张书旂	张克和(石园)	张宗祥	张其翼
张振铎	张肇铭	李 英(苦禅)	李铁夫	李耕

李琼玖	陆 翀(抑非)	陆维钊	来楚生	沙孟海
宋文治	何 瀛(海霞)	余任天	应野平	邵 章
苏葆桢	郑 昶(午昌)	郑诵先	周 仁(怀民)	周思聪
周肇祥	周元亮	赵少昂	赵 起(云壑)	赵望云
罗惇㬊(复堪)	胡小石	胡佩衡	贺天健	容 庚
徐宗浩	徐 操	秦 裕(仲文)	陶一清	钱君匋
唐 云	高二适	顾廷龙	诸乐三	郭味蕖
曹克家	常书鸿	黄幻吾	黄君璧	黄秋园
黄般若	黄新波	商承祚	章士钊	董 揆(寿平)
谢之光	谢无量	傅增湘	溥 忻	溥 佺
蔡鹤汀	黎冰鸿			

附：一七九五年到一九四九年间著名书画家作品限制出境的鉴定标准

根据国内存量，避免出现空白，下列著名书画家全部作品列入文物出境限制范围：

一、作品一律不准出境者(20人)

王文治(梦楼)	王 宸(蓬心)	邓石如(顽伯)	任 熊(渭长)	刘彦冲(泳之)
华 冠(吉崖)	余 集(秋室)	张惠言(皋文)	张 崟(夕庵)	改 琦(七芗)
金礼嬴(五云)	赵之谦(㧑叔)	洪亮吉(稚存)	段玉裁(茂堂)	费丹旭(晓楼)
徐三庚(袖海)	虚 谷(倦鹤)	黄 易(小松)	董婉贞(双湖)	潘恭寿(莲巢)

二、作品原则上不准出境者(32人)

王 杰(伟人)	王鸣盛(礼堂)	方 薰(兰士)	永 瑆(少厂)	冯敏昌(伯求)
任 颐(伯年)	伊秉绶(墨卿)	纪 昀(晓岚)	孙星衍(渊如)	刘 墉(石庵)
吴荣光(荷屋)	吴俊卿(昌硕)	沈宗骞(芥舟)	汪承霈(时斋)	李叔同(弘一)
陈师曾(衡恪)	严 复(几道)	林则徐(少穆)	法式善(梧门)	姚 鼐(姬传)
袁 枚(子才)	奚 冈(铁生)	翁方纲(覃溪)	铁 保(梅庵)	钱 杜(叔美)
钱大昕(竹汀)	钱 坫(十兰)	梁同书(山舟)	梁启超(任公)	董 诰(蔗林)
黎 简(二樵)	戴 熙(醇士)			

三、精品和各时期代表作品不准出境者(193人)

丁以诚(义门)	丁佛言(松游)	万上遴(辋冈)	万承纪(廉山)	尤 荫(水村)
文 鼎(后山)	王引之(伯申)	王 礼(秋言)	王芑孙(惕甫)	王学浩(椒畦)

王　昶（德甫）	王闿运（湘绮）	王　素（小梅）	王懿荣（正孺）	计　芬（小隅）
龙启瑞（翰臣）	包世臣（慎伯）	左宗棠（季高）	石韫玉（琢堂）	冯　洽（秋鹤）
冯誉骥（展云）	司马钟（绣谷）	任　预（立凡）	任　薰（阜长）	江　介（石如）
朱文新（涤斋）	朱为弼（椒堂）	朱鹤年（野云）	朱　本（素人）	朱孝纯（子颖）
朱昂之（青立）	朱　俌（梦庐）	朱　熊（梦泉）	阮　元（芸台）	那彦成（绎堂）
许乃钊（信臣）	毕　沅（秋帆）	毕　涵（焦麓）	毕　简（仲白）	汤金钊（敦甫）
汤贻汾（雨生）	汤　涤（定之）	达　受（六舟）	刘德六（子和）	祁寯藻（叔颖）
何绍基（子贞）	何　翀（丹山）	沙　馥（山春）	佘启祥（春帆）	余绍宋（越园）
沈曾植（寐叟）	吴大澂（清卿）	吴穀祥（秋农）	吴锡麟（穀人）	吴熙载（让之）
吴　鼒（山尊）	吴庆云（石仙）	宋光宝（藕堂）	宋　湘（芷湾）	宋葆淳（倦陬）
汪启淑（秀峰）	汪　昉（叔明）	汪　恭（竹坪）	汪　封（芥亭）	李鸿章（少荃）
李兆洛（申耆）	李　育（梅生）	李修易（乾斋）	陆　恢（廉夫）	张之万（子青）
张之洞（香涛）	张兆祥（龢庵）	张如芝（墨池）	张问陶（船山）	张廷济（叔未）
张伯英（勺甫）	张　洽（月川）	张　度（叔宪）	张　泽（善子）	张祥河（诗舲）
张培敦（研樵）	张　敔（雪鸿）	张裕钊（廉卿）	张　槃（小蓬）	张　熊（子祥）
张燕昌（芑堂）	张　穆（石舟）	陈介祺（簠斋）	陈鸿寿（曼生）	陈希祖（玉方）
陈树人（猛进）	陈豫钟（秋堂）	陈　澧（兰甫）	杨沂孙（濠叟）	杨　岘（藐翁）
杨守敬（惺吾）	苏六朋（枕琴）	苏长春（仁山）	严　钰（香府）	居　巢（梅生）
居　廉（古泉）	招子庸（铭山）	武　亿（虚谷）	林　纾（琴南）	英　和（煦斋）
周　镐（子京）	金　启（耘麓）	金　城（北楼）	郑孝胥（苏戡）	罗天池（六湖）
罗振玉（雪堂）	俞　礼（达夫）	俞　明（涤凡）	俞　樾（曲园）	姚文田（秋农）
姚元之（伯昂）	姚　燮（梅伯）	胡　远（公寿）	胡锡珪（三桥）	洪　范（石农）
姜　渔（笠人）	姜　筠（颖生）	姜　壎（晓泉）	赵之琛（次闲）	赵　光（蓉舫）
赵秉冲（研怀）	赵　魏（晋斋）	钮树玉（蓝田）	倪　田（墨耕）	郭尚先（兰石）
郭　麐（频伽）	殷树柏（云楼）	翁同龢（叔平）	翁　雒（小海）	真　然（莲溪）
秦祖永（逸芬）	秦炳文（谊亭）	桂　馥（未谷）	徐世昌（菊人）	徐　坚（纵亭）
莫友芝（邵亭）	高剑僧（秋溪）	高树程（迈庵）	陶　樑（凫芗）	钱　松（叔盖）
钱维乔（竹初）	钱伯坰（鲁斯）	钱　泳（梅溪）	钱慧安（吉生）	钱振锽（名山）
顾麟士（鹤逸）	顾　沄（若波）	顾光旭（晴沙）	顾　洛（西梅）	顾　皋（缄石）
顾　纯（南雅）	顾　蕙（墨庄）	顾鹤庆（弢庵）	章炳麟（太炎）	曹贞秀（墨琴）
梁章钜（茝林）	梁蔼如（青崖）	康有为（长素）	屠　倬（琴坞）	盛大士（子履）
黄山寿（旭初）	黄　均（穀原）	黄　铖（左田）	黄培芳（香石）	萧俊贤（厔泉）

萧　慜(谦中)	曾国藩(涤生)	曾　熙(农髯)	曾　燠(宾谷)	程庭鹭(序伯)
程　璋(瑶笙)	焦　循(理堂)	舒　位(铁云)	瑛　宝(梦禅)	董　洵(小池)
蒋宝龄(霞竹)	蒋　莲(香湖)	蒋　敬(敬之)	谢兰生(里甫)	蒲　华(作英)
鲍　俊(逸卿)	阙　岚(雯山)	翟大坤(云屏)	翟继昌(琴峰)	熊景星(笛江)
缪炳泰(象贤)	潘思牧(樵侣)	戴衢亨(莲士)		

1949年后已故著名书画家作品限制出境鉴定标准(第二批)

(文物博发〔2013〕3号,2013年2月4日)

为了保护国家文化遗产,加强管理,下列已故著名书画家相关作品列入文物出境限制范围,作为对2001年颁发的《一九四九年后已故著名书画家作品限制出境的鉴定标准》的补充:

一、作品一律不准出境者(1人)

吴冠中

二、作品原则上不准出境者(2人)

关山月　　陈逸飞

三、代表作不准出境者(21人)

于希宁	王朝闻	白雪石	亚　明	刘旦宅	刘炳森
许麟庐	启　功	张　仃	宗其香	郑乃光	彦　涵
娄师白	黄苗子	萧淑芳	崔子范	程十发	蔡若虹
黎雄才	潘絜兹	魏紫熙			

关于被盗或非法出口文物
有关问题的通知

(文物博发〔2008〕64号)

各省、自治区、直辖市文物局(文化厅、文管会):

近日,我局已通过不同渠道,明确表示反对购买佳士得公司拟于2009年2月在法国巴黎拍卖的圆明园海晏堂鼠首和兔首铜像,得到了社会公众的广泛理解和支持。现就有关事宜通知如下:

我国是联合国教科文组织《关于禁止和防止非法进出口文化财产和非法转让其所有权的方法的公约》和国际统一私法协会《关于被盗或者非法出口文物的公约》的缔约国,中国政府也明确向国际社会声明保留收回历史上被盗和非法出口的文物的权利。被盗和非法出口的文物,是我国文化遗产的重要组成部分,应当依照相关国际公约和我国相关法律规定,通过外交、法律和国际合作途径追索,也鼓励通过捐赠等方式促成流失海外文物回归。购买被盗或非法出口的文物,将纵容破坏文物的违法犯罪行为,进一步伤害我民族感情,动摇国际公约、我国法律及中国政府声明的权威性。

各级文物行政部门要采取切实措施,劝阻我境内机构和个人参与竞拍、购买任何被盗或非法出口的中国文物,包括在战争期间被劫掠出境的中国文物。政府设立的文物收藏机构以及登记注册的各类博物馆,不得购买被盗或非法出口的文物。

对社会各界关心海外流失文物的爱国热情,各级文物行政部门要积极鼓励引导,加强对有关国际公约和我国法律、文物工作方针政策的宣传普及,使公众对我国文化遗产事业的成就和工作目标有进一步了解,并积极参与到各项工作中来。

专此。

国家文物局
二〇〇八年十一月二十日

关于做好文物进出境审核中被盗
文物查验工作的通知

(文物博函〔2018〕369号)

各国家文物进出境审核管理处：

近年来，随着文物流通市场的快速发展和国际经济文化交流的日益活跃，文物进出境审核监管工作面临着新的问题与挑战。一方面，国内盗窃盗掘文物活动屡有发生，个别不法分子试图通过将文物走私出境再申请办理临时进境登记的方式，掩盖被盗文物和出土文物的非法性质；另一方面，国际文化文物交流更加频繁，申请办理临时进境登记的外国文物数量持续增长，增加了外国被盗文物进入我国境内并流通的风险。

2017年11月，公安部、国家文物局联合发布了"中国被盗（丢失）文物信息发布平台"（网址：http://ncha.gov.cn/）；2018年3月，国家文物局建设完成了"外国被盗文物数据库"（网址：http://www.ncha.gov.cn），为文物进出境审核过程中开展被盗文物查验提供了信息支撑。现就有关工作要求通知如下：

一、各文物进出境审核管理处应按照《中华人民共和国文物保护法》、《中华人民共和国文物保护法实施条例》和《文物进出境审核管理办法》的规定，严格执行文物出境审核程序、文物临时进境复出境和文物临时出境复进境的审核登记查验程序，特别是开展上述工作的审核人员应符合相关规定要求。

二、各文物进出境审核管理处应加强对查验被盗文物工作重要性的认识，要求审核人员及时关注"中国被盗（丢失）文物信息发布平台"和"外国被盗文物数据库"的动态更新信息，提高对被盗文物基本信息的掌握程度和辨识能力。

三、各文物进出境审核管理处应进一步加强信息登记与问题反馈工作，对在文物进出境审核过程中发现的疑似国内外被盗文物，应对文物和携运人基本信息进行登记，及时向公安、海关部门通报，并向我局报告相关情况。

专此。

国家文物局
2018年4月25日

依法没收、追缴文物的移交办法

(文物保发〔1999〕017号,1999年4月5日)

一、根据《中华人民共和国文物保护法》及其实施细则第二、三十七、三十八、三十九、四十四条的有关规定,特制定本办法。

二、本办法规定的依法移交的文物,系指各级执法部门在查处违法犯罪活动中依法没收、追缴的除依法返还受害人以外的所有文物,包括珍贵文物和一般文物。依法移交的文物属于国有资产。

三、本办法规定的负责移交文物的执法部门,系指在查处违法犯罪活动中依法没收、追缴文物的各级公安部门、工商行政管理部门和海关等执法部门(以下统称移交部门)。

四、本办法规定的负责接收文物的部门,系指国家和各省、自治区、直辖市(以下简称省级)文物行政管理部门。经国家或省级文物行政管理部门授权,地、市、县的文物行政管理部门或有关国有博物馆可具体承办文物接收事宜(以下统称接收部门)。

五、依法移交文物的移交和接收,在结案后应立即全部无偿移交给接收部门。

六、移交部门应负责移交前的文物安全和保护工作。移交部门如果在结案前不具备保证文物安全无损的安全防范条件、防止自然力损害的保管条件和修复的技术力量,或者自没收、追缴之时起已逾一年未能结案的,应将文物及时移送接收部门指定的国有博物馆暂存。暂存单位应负责文物的安全,并为执法部门对有关文物的取证提供方便。

七、移交部门向接收部门移交文物,接收部门应及时组织国家或省级文物鉴定机构对移交文物进行鉴定,造具文物登记清单并评定级别。移交时由交接双方及承办机构负责确认移交文物登记清单,履行实物查点、交接和签字等完备手续。

八、交接情况每年年终由省级执法部门和接收部门汇总,分别向公安部、海关总署、国家工商行政管理局等有关执法部门和国家文物局报告,并报财政部备案。

九、接收的移交文物由国家文物局或省级文物行政管理部门根据文物保护、研究和利用等需要,指定具备条件的国有博物馆收藏保管,其中,一级文物应由省级文物行政管理部门报国家文物局备案。当地重复品较多的文物,可以由国家文物局组织,在跨省区的国有博物馆之间进行交换、调拨。确实没有收藏价值的一般文物,报经国家文物局批准,根据归口经营,统一管理的原则投入流通,办理文物标的的鉴定许可事宜,由国家文物局或指定省级文物行政管理部门依法委托具有文物拍卖经营资格权的拍卖行进行拍卖,所得收入全部缴拍卖文物所在地的省级财政部门。

十、按照《中华人民共和国文物保护法》及其实施细则关于奖励的规定,除执法部门对办案有功者予以表彰外,对移交文物总体价值较高、保护文物作出突出贡献的执法部门或单位,文物主管部门应当将鉴定结论如实报告其上级主管部门或人民政府,提请予以奖励。

十一、各级财政、公安、工商行政管理、文物行政管理部门和海关要加强对执行本办法的行政监督,违反本办法的依法给予行政处罚,构成犯罪的,追究其刑事责任。

古人类化石和古脊椎动物化石
保护管理办法

（中华人民共和国文化部令第 38 号，2006 年 8 月 7 日）

第一条 为加强对古人类化石和古脊椎动物化石的保护和管理，根据《中华人民共和国文物保护法》制定本办法。

第二条 本办法所称古人类化石和古脊椎动物化石，指古猿化石、古人类化石及其与人类活动有关的第四纪古脊椎动物化石。

第三条 国务院文物行政部门主管全国古人类化石和古脊椎动物化石的保护和管理工作。

县级以上地方人民政府文物行政部门对本行政区域内的古人类化石和古脊椎动物化石的保护实施监督管理。

第四条 古人类化石和古脊椎动物化石分为珍贵化石和一般化石；珍贵化石分为三级。古人类化石、与人类有祖裔关系的古猿化石、代表性的与人类有旁系关系的古猿化石、代表性的与人类起源演化有关的第四纪古脊椎动物化石为一级化石；其他与人类有旁系关系的古猿化石、系统地位暂不能确定的古猿化石、其他重要的与人类起源演化有关的第四纪古脊椎动物化石为二级化石；其他有科学价值的与人类起源演化有关的第四纪古脊椎动物化石为三级化石。

一、二、三级化石和一般化石的保护和管理，按照国家有关一、二、三级文物和一般文物保护管理的规定实施。

第五条 古人类化石和古脊椎动物化石地点以及遗迹地点，纳入不可移动文物的保护和管理体系，并根据其价值，报请核定公布为各级文物保护单位。

第六条 古人类化石和古脊椎动物化石的考古调查、勘探和发掘工作，按照国家有关文物考古调查、勘探和发掘的管理规定实施管理。

地下埋藏的古人类化石和古脊椎动物化石，任何单位或者个人不得私自发掘。

古人类化石和古脊椎动物化石的考古发掘项目，其领队及主要工作人员应当具有古生物学及其它相关学科的研究背景。

第七条 建设工程涉及地下可能埋藏古人类化石和古脊椎动物化石的调查、勘探和发掘工作的程序和要求,按照国家有关建设工程涉及地下可能埋藏文物的调查、勘探和发掘工作的规定执行。

第八条 在进行建设工程或者在农业生产中,任何单位或者个人发现古人类化石和古脊椎动物化石,应当保护现场,立即报告当地文物行政部门。文物行政部门应当按照《中华人民共和国文物保护法》第三十二条第一款规定的要求和程序进行处理。

第九条 除出境展览或者因特殊需要经国务院批准出境外,古人类化石和古脊椎动物化石不得出境。

古人类化石和古脊椎动物化石出境展览,按照国家有关文物出境展览的管理规定实施管理。

古人类化石和古脊椎动物化石临时进境,按照国家有关文物临时进境的管理规定实施管理。

第十条 对保护古人类化石和古脊椎动物化石作出突出贡献的单位或个人,由国家给予精神鼓励或者物质奖励。

第十一条 违反本办法规定的,依照有关规定追究法律责任。

第十二条 本办法自公布之日起施行。

国务院办公厅关于有序停止商业性加工销售象牙及制品活动的通知

（国办发〔2016〕103号）

各省、自治区、直辖市人民政府，国务院各部委、各直属机构：

为加强对象的保护，打击象牙非法贸易，经国务院同意，现就有序停止商业性加工销售象牙及制品活动的有关事项通知如下：

一、分期分批停止商业性加工销售象牙及制品活动。2017年3月31日前先行停止一批象牙定点加工单位和定点销售场所的加工销售象牙及制品活动，2017年12月31日前全面停止。国家林业局要确定具体单位名录并及时发布公告。相关单位应在规定期限内停止加工销售象牙及制品活动，并到工商行政管理部门申请办理变更、注销登记手续。工商行政管理部门不再受理经营范围涉及商业性加工销售象牙及制品的企业设立或变更登记。

二、积极引导象牙雕刻技艺转型。停止商业性加工销售象牙及制品活动后，文化部门要引导象牙雕刻技艺传承人和相关从业者转型。对象牙雕刻国家级、省级非物质文化遗产项目代表性传承人开展抢救性记录，留下其完整的工艺流程和核心技艺等详细资料；对象牙雕刻技艺名师，鼓励其到博物馆等机构从事相关艺术品修复工作；对象牙雕刻技艺传承人，引导其用替代材料发展其他牙雕、骨雕等技艺。非营利性社会文化团体、行业协会可整合现有资源组建象牙雕刻工作室，从事象牙雕刻技艺研究及传承工作，但不得开展相关商业性活动。

三、严格管理合法收藏的象牙及制品。禁止在市场摆卖或通过网络等渠道交易象牙及制品。对来源合法的象牙及制品，可依法加载专用标识后在博物馆、美术馆等非销售性场所开展陈列、展览等活动，也可依法运输、赠与或继承；对来源合法、经专业鉴定机构确认的象牙文物，依法定程序获得行政许可后，可在严格监管下拍卖，发挥其文化价值。

四、加强执法监管和宣传教育。公安、海关、工商、林业等部门要按照职责分工，加强执法监管，继续加大对违法加工销售、运输、走私象牙及制品等行为的打击力度，重点查缉、摧毁非法加工窝点，阻断市场、网络等非法交易渠道。要广泛开展保护宣传和公众教育，大力倡导生态文明理念，引导公众自觉抵制象牙及制品非法交易行为，营造有利于保护象等野生动植物的良好社会环境。

各省、自治区、直辖市人民政府和有关部门要高度重视，加强组织领导，明确责任分工，确保停止商业性加工销售象牙及制品活动顺利进行，并妥善做好相关单位和人员安置、转产转型等工作，切实维护好社会和谐稳定。

国务院办公厅
2016年12月29日

文物出境展览管理规定

(文物办发〔2005〕13号,2005年5月27日)

第一章 总 则

第一条 为加强文物出境展览的管理,根据《中华人民共和国文物保护法》和《中华人民共和国文物保护法实施条例》,制定本规定。

第二条 本规定所称文物出境展览,是指下列机构在境外(包括外国及我国香港、澳门特别行政区和台湾地区)举办的各类文物展览:

(一)国家文物局;

(二)国家文物局指定的从事文物出境展览的单位;

(三)省级文物行政部门;

(四)境内各文物收藏单位。

第三条 出境展览的文物应当经过文物收藏单位的登记和定级,并已在国内公开展出。

第四条 国家文物局负责全国文物出境展览的归口管理,其职责是:

(一)审核文物出境展览计划,制定并公布全国文物出境展览计划;

(二)审批文物出境展览项目;

(三)组织或指定专门机构承办大型文物出境展览;

(四)制定并定期公布禁止和限制出境展览文物的目录;

(五)监督和检查文物出境展览的情况;

(六)查处文物出境展览中的违法、违规行为。

第五条 省级文物行政部门负责本行政区域文物出境展览的归口管理,其职责是:

(一)核报文物出境展览计划;

(二)核报文物出境展览项目;

(三)协调文物出境展览的组织工作;

(四)核报禁止和限制出境展览文物的目录;

(五)核报展览协议书及展览结项有关资料;

（六）监督和检查文物出境展览的情况；

（七）查处文物出境展览中的违法、违规行为。

第六条 文物出境展览应确保文物安全。文物出境展览的承办单位应落实文物安全责任制，并对文物安全负全责。

第七条 举办文物出境展览应适当收取筹展费、文物养护费等有关费用。

第二章　文物出境展览的审批和结项

第八条 文物出境展览，应当报国家文物局批准。其中一级文物展品超过120件（套），或者一级文物展品超过展品总数的20%的，由国家文物局报国务院审批。

第九条 年度计划的报批程序：

（一）国家文物局指定的从事文物出境展览的单位，各省级文物行政部门以及境内文物收藏单位，应在每年的5月底前向国家文物局书面申报下一年度文物出境展览计划。地方各级文物行政部门所辖的文物收藏单位的出境展览计划，应经省级文物行政部门提出意见后报国家文物局。

（二）国家文物局应于每年的6月底前制定并公布下一年度全国文物出境展览计划。

第十条 文物出境展览项目的报批程序：

（一）国家文物局指定的从事文物出境展览的单位，各省级文物行政部门以及境内文物收藏单位，应在展览项目实施的6个月前提出项目的书面申请报国家文物局审批。地方各级文物行政部门所辖的文物收藏单位举办出境展览，应经省级文物行政部门提出意见后报国家文物局审批。

（二）国家文物局应自收到申请之日起30个工作日内作出批准或者不批准的决定。决定批准的，发给批准文件；决定不批准的，应书面通知当事人并说明理由。

第十一条 文物出境展览项目的书面申请应包括下列内容：

（一）合作各方的有关背景资料、资信证明和境外合作方的邀请信。

（二）经过草签的展览协议书草案，内容包括：

1. 举办展览的机构、所在地及国别；

2. 展览的名称、时间、出展场地；

3. 展品的安全、运输、保险，及赔偿责任和费用；

4. 展品的点交方式及地点；

5. 展览派出人员的安排及所需费用；

6. 展览有关费用和支付方式；

7. 有关知识产权问题。

（三）展品目录、文物出境展览展品申报表和展品估价。文物出境展览展品申报表应按国家文物局制定的统一格式填写，并附汇总登记表。

上述书面申请应另附电子文本一份。

第十二条 下列文物禁止出境展览：

（一）古尸；

（二）宗教场所的主尊造像；

（三）一级文物中的孤品和易损品；

（四）列入禁止出境文物目录的；

（五）文物保存状况不宜出境展览的。

第十三条 下列文物限制出境展览：

（一）简牍、帛书；

（二）元代以前的书画、缂丝作品；

（三）宋、元时期有代表性的瓷器孤品；

（四）唐写本、宋刻本古籍；

（五）宋代以前的大幅完整丝织品；

（六）大幅壁画和重要壁画；

（七）唐宋以前的陵墓石刻及泥塑造像；

（八）质地为象牙、犀角等被《濒危野生动植物物种国际贸易公约》列为禁止进出口物品种类的文物。

第十四条 未经批准，任何单位和个人不得对外作出文物出境展览的承诺或签订有关的正式协议书。

第十五条 经批准的文物出境展览协议书草案、展品目录、展品估价等，如需更改应重新履行报批程序。

第十六条 文物出境展览的承办单位应于展览协议书签订之日起1个月内将展览协议书报送国家文物局备案。

第十七条 文物出境展览的承办单位应于展览结束之日起2个月内向国家文物局提交文物出境展览结项备案表、结项报告及展览音像资料。

第三章 出境展览文物的出境及复进境

第十八条 出境展览的文物出境，应持国家文物局的批准文件，向文物进出境审核机构申请,由文物进出境审核机构审核、登记,并从国家文物局指定的口岸出境。海关凭国家文物局的批准文件和文物进出境审核机构出具的证书放行。出境展览的文物复进境,应向海关申报,经原文物进出境审核机构审核查验后,凭原文物进出境审核机构出具的证书办理海关结项手续。

第十九条 文物出境展览的期限不得超过 1 年。因特殊需要,经原审批机关批准可以延期;但是,延期最长不得超过 1 年。

第四章 文物出境展览的展品安全

第二十条 文物出境展览的承办单位应对出境展览的文物进行严格的安全检查,现状不能保证安全的文物一律不得申报出境展览。

第二十一条 出境展览的文物应当按照经批准的展品估价保险。出境展览文物保险的险种至少应包括财产一切险和运输一切险。

第二十二条 文物出境展览的点交应当在符合文物保管条件和安全条件的场地进行。点交现场应当采取有针对性的安全保卫措施,严格规定点交流程。点交记录应详尽准确。

第二十三条 出境展览文物的包装工作应严格按照技术规范执行。由包装公司承担文物出境展览的包装工作时,包装公司应具备包装中国文物展品的资信和能力,承办单位负责对包装工作进行监督和指导。

第二十四条 文物出境展览的运输工作应由具备承运中国文物展品的资信和能力的运输公司承担。承办单位负责对运输工作进行监督和指导。

第二十五条 文物出境展览的承办单位应确保境外展览的场地、设施和方式符合中国文物陈列的安全要求。

第二十六条 制作展览图录的照片原则上由出境展览的承办单位提供,不得允许外方合作者自行拍摄。重要文物展览的电视和广告宣传需要摄录展品的,由出境展览的承办单位根据《文物拍摄管理暂行办法》的规定执行。

第五章 文物出境展览人员的派出

第二十七条 文物出境应派出代表团参加展览开幕活动,并配备工作组参与展品点交,监督和指导陈列的布置和撤除,监督展览协议书的执行情况。根据展览工作的需要,展览承办单位应派出工作组评估境外展览的场地和设施是否符合中国文物陈列的要求。

第二十八条 文物出境展览工作人员应热爱祖国,维护国家的主权和利益,维护民族尊严,严格遵守外事纪律,熟悉展览及展品情况。工作组应由具有中级以上专业技术职务的人员(或从事文物保管等工作五年以上的人员)参加。大型文物展览工作组组长应由具有高级专业技术职务的人员担任。

第二十九条 出境展览的承办单位应当为文物出境展览工作人员在境外工作期间安排人身安全及紧急医疗保险。

第六章 罚 则

第三十条 违反本规定,有下列行为之一的,由国家文物局根据情节轻重,给予警告、通报批评、暂停文物出境展览等处罚:

(一)未经批准,签订文物出境展览协议书的;

(二)未如实申报文物出境展览项目有关内容的;

(三)工作人员玩忽职守,造成文物灭失、损毁,或其它恶劣影响的;

(四)未经批准,延长文物出境展览时间或在境外停留时间的;

(五)未在规定期限内报送文物出境展览协议书、结项备案表和结项报告,或未如实填写文物出境展览展品申报表及结项备案表的。

暂停文物出境展览的时间视情节轻重确定,最短时间为1年。

第七章 附 则

第三十一条 文物出境展览合同纠纷的解决适用中国法律。

第三十二条 其它收藏文物的单位举办文物出境展览,参照本规定执行。

第三十三条 国家文物局原发布的有关规定凡有与本规定相抵触的内容,以本规定为准。

第三十四条 本规定由国家文物局负责解释。

第三十五条 本规定自颁布之日起施行。

关于下放部分对外文化交流项目审批权限的通知

(文外发〔2001〕15号)

各省、自治区、直辖市人民政府并文化厅(局)、外办,中央和国家机关各部委、各直属机构,海关总署广东分署、各直属海关,解放军总政治部,各全国性人民团体:

近年来,随着我国改革开放事业的不断发展,对外文化交流项目大量增加,为适应不断发展的新形势和国家机关机构改革的新情况,按照中央关于转变职能、简政放权、明确职责、提高效率的总体要求,本着加强中央宏观调控,充分发挥地方文化部门的作用,实行分级负责的原则,在保证有效履行全国对外文化交流工作归口管理职责的前提下,经党中央、国务院批准,现将部分对外文化交流项目的审批权限调整如下:

一、下列事项由各省、自治区、直辖市文化厅(局)主管,经同级外事办公室会签后报当地人民政府审批,并报送文化部备案:

1. 组派本地区10人以内(含10人)的表演艺术团组出国(限3个国家以内)进行营业性和非营业性演出(组派杂技团组出国演出除外);

2. 邀请5人以内(含5人)小型乐队来华在本地区饭店等歌舞娱乐场所进行为期6个月以内的定点商业性演出;

3. 组派本地区展品在40件以内(含40件),随展人员2人以内艺术展览(不含文物,已定为文物的中国知名艺术家的作品除外,以下同)出国(限3个国家以内)或邀请外国(限1个国家)同等规模的艺术展览来华在本地区展出;

4. 组派本地区3人以内(含3人)专业艺术人员出国或邀请3人以内(含3人)外国同类人员来华在本地区内进行为期不超过30天的艺术交流活动;

5. 本地区专业艺术表演团体聘请外国专业艺术人员来华作为其客座演员进行工作,但合同期限不得超过一年。

二、下列事项由中央和国家机关各部委、各直属机构,解放军系统,各全国性人民团体审批,报文化部备案:

本部门个人通过因私渠道出国(境)从事文化活动。

三、下列事项由国家文物局审批,报文化部备案:

1. 组派本部门司局级以下(含司局级)人员出国和邀请外国同级人员来华进行访问、考察、讲学、培训及有关文物的交流与合作;

2. 组派展品在 80 件以内(含 80 件),一级文物品占 20% 以内(含 20%)的文物展览出国和邀请展品在 80 件以内(含 80 件)的外国文物展览来华展出。

四、在香港特别行政区演出的外国交响乐、芭蕾舞、歌剧、器乐等团组,演出节目属高雅艺术的,经广东省文化厅审核,报广东省人民政府批准后,可在深圳进行不超过 2 场的演出。该类项目须抄报文化部备案。

五、本通知第一至三条规定的事项中,不包括参加国际会议、国际比赛、国际艺术节以及其它国际多边文化活动。凡涉及政治敏感问题、台湾问题以及与未建交国家进行的文化交流活动均须报文化部审批。如需征求外交部意见,由文化部办理,必要时由文化部或外交部报国务院审批。对香港、澳门特别行政区和台湾地区文化交流活动仍按原规定办理。

六、凡按外事管理的有关规定应事先征求我有关驻外使、领馆意见的事项,审批部门应当在批准前征求我驻外使、领馆的意见。出访团组,应在出访前通知我驻外使、领馆,出访中必须接受使、领馆的领导。

七、本通知第一条第 1—3 款、第三条第 2 款规定的项目,《中共中央办公厅、国务院办公厅关于转发〈文体部关于全国对外文化交流工作归口管理办法〉的通知》(厅字[1993]30 号)规定由地方审批的友好省、市之间的艺术表演和艺术展览项目,以及《文化部关于印发〈文化部关于我国边境省、自治区同毗邻国家边境地区文化交流管理执行办法〉的通知》(文外发[1994]2 号)规定由地方审批的艺术表演和艺术展览项目,必须在项目执行前 40 天报文化部备案。备案时,应同时附人员名单、演出节目或展览目录。文化部如有异议,须在收到备案文件后 7 个工作日内作出答复。

其他需要备案的项目,在审批时抄报文化部备案。

八、凡本通知规定的由地方人民政府、国家文物局审批的艺术表演、艺术展览、文物展览项目,凭上述审批部门出具的出国任务批件或来华批准件办理道具、展品出入境手续。

九、对外文化交流项目审批权限调整后,文化部将通过政策指导、信息服务、总量控制、艺术品种分类管理、项目审批备案制度以及巡察监督制度和违纪处罚制度等手段,进一步加强对外文化交流的归口管理。各级主管、审核、审批部门要完善管理机制,认真履行归口管理和审批职责,严格把关。在审批项目时,必须从"讲政治"的高度,对项目的人员组成、访问目的、节目或展览内容、邀请单位的资信情况、接待标准、报酬、承办单位及场地条件等进行认真、全面的审核,凡不符合要求的,不予批准。对违反本通知及有关规定,弄虚作假、越权审批或因监督检查不力造成严重后果的,文化部将视情节轻重对有关部门予以通报批评或中止其对外文化交流项目审批权。

十、对外文化交流项目审批工作是一项政治性和政策性很强的涉外工作。各省、自治区、直辖市人民政府和各部门要加强领导，实行领导负责制，要有专门机构和专门人员负责办理，以确保该项工作的顺利进行。

十一、本通知由文化部负责解释。

十二、本通知自印发之日起执行。现行规定中凡与本通知有抵触的，按本通知执行。执行中有何问题和经验，请及时报送文化部。

中华人民共和国文化部

中华人民共和国外交部

中华人民共和国海关总署

2001年4月3日

关于规范文物出入境展览审批工作的通知

(文物博函〔2012〕583号)

各省、自治区、直辖市文物局(文化厅):

近年来,各地积极贯彻落实国家文物局发布的《文物出国(境)展览管理规定》和《文物入境展览管理暂行规定》,文物出入境展览水平和质量不断提高。为进一步加强文物出入境展览管理,促进文物出入境展览交流的专业化、科学化,现就规范文物出入境展览审批有关事项通知如下:

一、加强策划展览能力建设,制订科学的展览大纲。博物馆等文物出入境展览举办单位,要坚持以我为主、为我所用的原则,加强与境外合作博物馆沟通协作,充分做好展览前期准备特别是展览大纲研究编制,强调展览的思想性、学术性。要积极组织我方专家主动参与展览选题、内容设计、形式设计和图录编制以及有关学术研讨、宣传推广各项活动的方案拟定及论证,充分体现我方最新研究成果,科学、准确传播中华文化和人类优秀文明成果,更好地满足公众多元化的精神文化需求。

二、科学遴选文物展品,确保文物展品安全。博物馆等文物出入境展览举办单位,要坚持文物安全第一的原则,从符合博物馆标准的角度,加强评估论证,强化安全措施,确保文物展品安全。一级文物中的孤品和易损品,未定级文物、未在国内正式展出过或未在国内报刊公开发表的文物和其他保存状况差不适宜出境展览的文物,以及处于休眠养护期的文物,一律不得出境展览。要避免选用博物馆基本陈列(含原状陈列)中的文物特别是核心文物出境展览,切实维护基本陈列(含原状陈列)的完整性。

三、完善交流机制,确定合适的合作办展主体。博物馆等文物出入境展览举办单位,要加强境外合作办展博物馆资格和条件的评估论证。鼓励深化与境外知名博物馆直接合作办展,积极创造条件逐步实现互换展览。加强出境展览中拟同场展出除我方文物之外的中国文物展品,以及入境展览中拟包含的非文博机构或私人的文物展品的真实性和来源合法性的评估论证,确保展览符合博物馆标准。

四、完善申报材料,严格按规定履行审批手续。博物馆等文物出入境展览举办单位,要编制严谨规范的展览项目申报文本,并附展览方案和展览大纲。省级文物行政部门要严把文物出入境展览项目初审关,对拟举办的文物出入境展览组织专家评估论证,重点针对展览方案和展览大纲、文物清单、安全保障、境外合作单位资质、展览协议草案、文物保险估价等提出明确意见,上报文件中应附专家评估论证意见。要严格遵循展览审批时限,确保做到出境展览项目实施前6个月、入境展览项目实施前3个月上报我局审批。今后凡不按规定时限申请许可的出入境展览项目,我局原则上不予受理。

五、加强资料收集,及时建立完善的档案。博物馆等文物出入境展览举办单位应加强展览全过程相关资料的系统收集,建立完备的展览档案,展览结束后要及时全面总结,并于展览结束之日起2个月内,将展览结项备案表、结项报告及相关音像资料报省级文物行政部门审核后报我局备案。今后凡不按规定及时办理文物出入境展览结项备案的,我局将暂停审批其新的文物出入境展览项目。

特此通知。

国家文物局

二〇一二年三月十二日

关于印发《文物进境展览备案表》等有关事项的通知

(文物博函〔2017〕1893号)

各省、自治区、直辖市文物局（文化厅）：

为规范文物进境展览备案工作，做好与文物进出境审核管理的衔接，现就有关事宜通知如下：

一、办展单位应当在文物进境展览举办前，向所在地文物主管部门备案，填写《文物进境展览备案表》（见附件1）并提供相关材料。中央在京单位的文物进境展览材料在北京市文物局备案。

二、办展单位对完成备案的展览材料，按规定要求向文物进出境审核机构和海关申报文物进出境。

三、多个单位承接同一展览的，各单位分别向所在地文物主管部门备案后，交由文物进境地办展单位统一办理文物进出境手续。

四、展览文物在境内滞留时间超过6个月的，届时由原申报文物进境的单位按规定申请办理文物延期出境手续。

五、展览进境后临时延长展期或者增加展地的，由提出需求的单位征得原申报文物进境的单位同意后，填写《文物进境展览变更备案表》（见附件2），附上原《文物进境展览备案表》报所在地文物主管部门备案，由原申报文物进境的单位按规定办理文物延期出境手续。

各地在实施文物进境展览备案过程中，如有相关情况，可向我局博物馆与社会文物司报告。联系人：焦丽丹，电话：56792096。

特此通知。

附件：
1. 文物进境展览备案表
2. 文物进境展览变更备案表

国家文物局
2017年11月23日

附件 1

文物进境展览备案表

展览名称	
备案编号	编号规则：收藏单位名称＋文物进境展＋［年度］＋三位流水号 如：首都博物馆文物进境展［2017］001 号
展览类型	□独立办展　　□合作办展

举办单位		上级主管单位	
单位性质	□国有博物馆　　□非国有博物馆　　□其他机构		
单位类型	□牵头单位 □参加单位	隶属关系	□中央属　□省属 □地市属　□区县属
时间及展地	起止时间（年/月/日）	展览地点（到市一级）及单位	

独立举办		— ，共 月	
联合举办	1	— ，共 月	
	2	— ，共 月	
	3	— ，共 月	
	4	— ，共 月	
	5	— ，共 月	
	国内共　　展地，本次为第　　展地。		

来源国别 （地区）	（全部国家及地区名称）	（全部境外合作机构名称）
	共　　个	共　　个

进境展品		件/套	估价总计	
进境海关			文物进出境审核机构	
拟进境时间		年　月	拟出境时间	年　月

展览概述

展览举办单位 签字： 盖章： 　　　　　　年　月　日	展览举办地文物主管部门备案意见： 签字： 盖章： 　　　　　　年　月　日
请一并填写本表所附文物进境展览展品目录。联系人：　　　　　电话：	

国家文物局监制

背面：

多家举办单位文物进境展览备案信息

展览名称			
时间及展地	起止时间（年/月/日）		展览举办单位及所在地
联合举办	1	— ，共 月	
	2	— ，共 月	
	3	— ，共 月	
	4	— ，共 月	
	5	— ，共 月	
进境展品	件/套		估价总计	
进境海关			文物进出境审核机构	
拟进境时间	年 月		拟出境时间	年 月
展览举办单位1 签字： 盖章 　　　年 月 日			举办地文物主管部门备案意见： 签字： 盖章： 　　　年 月 日	
展览举办单位2 签字： 盖章 　　　年 月 日			举办地文物主管部门备案意见： 签字： 盖章： 　　　年 月 日	
展览举办单位3 签字： 盖章 　　　年 月 日			举办地文物主管部门备案意见： 签字： 盖章： 　　　年 月 日	
展览举办单位4 签字： 盖章 　　　年 月 日			举办地文物主管部门备案意见： 签字： 盖章： 　　　年 月 日	
展览举办单位5 签字： 盖章 　　　年 月 日			举办地文物主管部门备案意见： 签字： 盖章： 　　　年 月 日	

附表

展览目录及估价表

编号	展品名称	年　代	数　量（件）	收藏单位	估价及币种	备　注
1						
,,,						
合计	展品总数：				估价合计：	

附件 2

文物进境展览变更备案表

展览名称			
备案编号	编号规则：更＋收藏单位名称＋文物进境展＋[年度]＋三位流水号 如：更首都博物馆文物进境展[2017]001号		
展览类型	□变更展期　□增加展地		
原展览牵头举办单位		上级主管单位	
变更单位		上级主管单位	
单位性质	□国有博物馆　□非国有博物馆　□其他机构		
进境海关		文物进出境审核机构	
原展览备案情况	该展览已于　　年　月　日在　　　　　　完成备案。		
变更说明	原展览情况	现变更情况	
展览场地	共　省(区、市)，共　展地	增加：是□否□，增加为：	
展览时间	原全部展览起止时间：	延期：是□否□，延期展览的起止时间为：	
展品情况	展品总数　　件/套	变更：是□否□，变更情况：	
进出境时间	年　月—　年　月	年　月—　年　月	
展览基本情况及变更原因			
原文物进境申办单位 　　　　签字： 　　　　盖章 　　　　　　年　月　日		举办地文物主管部门备案意见： 　　　　签字： 　　　　盖章： 　　　　　　年　月　日	
变更展览举办单位 　　　　签字： 　　　　盖章 　　　　　　年　月　日		举办地文物主管部门备案意见： 　　　　签字： 　　　　盖章： 　　　　　　年　月　日	
请一并附上文物进境展览展品目录以及原备案表。联系人：　　　　电话：			

首批禁止出国(境)展览文物目录

(文物办发〔2002〕5号,2002年1月18日)

省　份	时　代	文　物　名　称	级别	收　藏　单　位
	新石器时代	彩绘鹳鱼石斧图陶缸	壹级	中国历史博物馆
	商代	陶鹰鼎	壹级	中国历史博物馆
	商代	司母戊铜鼎	壹级	中国历史博物馆
	西周	利簋	壹级	中国历史博物馆
	西周	大盂鼎	壹级	中国历史博物馆
	西周	虢季子白盘	壹级	中国历史博物馆
	明代	凤冠	壹级	中国历史博物馆
	商代	嵌绿松石象牙杯	壹级	中国社会科学院考古研究所
上海市	西周	晋侯稣钟(一套14件)	壹级	上海博物馆
	西周	大克鼎	壹级	上海博物馆
天津市	西周	太保鼎	壹级	天津艺术博物馆
浙江省	新石器时代	河姆渡出土朱漆碗	壹级	浙江省博物馆
	新石器时代	河姆渡出土陶灶	壹级	浙江省博物馆
	新石器时代	良渚出土玉琮王	壹级	浙江省考古研究所
	战国	水晶杯	壹级	杭州市博物馆
河南省	春秋	淅川出土铜禁	壹级	河南博物院
	春秋	新郑出土莲鹤铜方壶	壹级	河南博物院
山东省	汉代	齐王墓青铜方镜	壹级	山东省淄博博物馆
安徽省	战国	铸客大铜鼎	壹级	安徽省博物馆
	三国	朱然墓出土漆木屐		马鞍山市博物馆
	三国	朱然墓出土贵族生活图漆盘		马鞍山市博物馆
山西省	北魏	司马金龙墓出土漆屏	壹级	大同市博物馆
	北齐	娄睿墓鞍马出行图壁画		山西省考古研究所

(续表)

省　份	时　代	文　物　名　称	级别	收　藏　单　位
山西省	唐代	涅槃变相碑	壹级	山西省博物馆
	唐代	常阳太尊石像	壹级	山西省博物馆
湖北省	商代	大玉戈	壹级	湖北省博物馆
	战国	曾侯乙编钟	壹级	湖北省博物馆
	战国	曾侯乙墓外棺	壹级	湖北省博物馆
	战国	曾侯乙青铜尊盘	壹级	湖北省博物馆
	战国	彩漆木雕小座屏	壹级	湖北省博物馆
辽宁省	新石器	红山文化女神像	壹级	辽宁省考古研究所
	北燕	鸭形玻璃柱	壹级	辽宁省历史博物馆
四川省	商代	青铜神树		四川省考古研究所
	商代	三星堆出土玉边璋 00510（K2②2：148）		四川省考古研究所
	东汉	摇钱树	壹级	绵阳市博物馆
甘肃省	东汉	铜奔马	壹级	甘肃省博物馆
陕西省	秦代	铜车马		秦俑博物馆
	西周	墙盘	壹级	周原博物馆
	西周	淳化大鼎	壹级	淳化县博物馆
	西周	何尊	壹级	宝鸡市青铜器博物馆
	西汉	茂陵石雕		茂陵博物馆
	唐代	大秦景教流行中国碑		西安碑林博物馆
	唐代	舞马衔杯仿皮囊式银壶	壹级	陕西省历史博物馆
	唐代	兽首玛瑙杯	壹级	陕西省历史博物馆
	唐代	景云铜钟		西安碑林博物馆
	唐代	银花双轮十二环锡杖	壹级	法门寺博物馆
	唐代	八重宝函	壹级	法门寺博物馆
	唐代	铜浮屠	壹级	法门寺博物馆
新疆维吾尔自治区	汉晋	"五星出东方"护膊		新疆文物考古研究所
河北省	战国	铜错金银四龙四凤方案	壹级	河北省文物研究所
	战国	中山王𰯼铁足铜鼎	壹级	河北省文物研究所

(续表)

省　份	时　代	文　物　名　称	级别	收　藏　单　位
河北省	汉代	刘胜金缕玉衣	壹级	河北省博物馆
	汉代	长信宫灯	壹级	河北省博物馆
广东省	西汉	铜屏风构件5件：D162-2,105-2,19-3,106-2,19-2	壹级	南越王墓博物馆
	西汉	角形玉杯	壹级	南越王墓博物馆
湖南省	战国	人物御龙帛画		湖南省博物馆
	战国	人物龙凤帛画		湖南省博物馆
	西汉	直裾素纱禅衣	壹级	湖南省博物馆
	西汉	马王堆一号墓木棺椁	壹级	湖南省博物馆
	西汉	马王堆一号墓T型帛画	壹级	湖南省博物馆
青海省	北朝	红地云珠日天锦		青海省考古研究所
宁夏回族自治区	西夏	西夏文佛经《吉祥遍至口和本续》纸本		宁夏文物考古研究所
江西省	元代	青花釉里红瓷仓		江西省博物院
江苏省	南朝	竹林七贤砖印模画	壹级	南京博物馆

第二批禁止出境展览文物目录
（书画类）

（文物博函〔2012〕1345号，2012年6月11日）

序　号	名　　称	时　代	收藏单位
书法作品			
1	陆机《平复帖》卷	西晋	故宫博物院
2	王珣《伯远帖》卷	东晋	故宫博物院
3	冯承素摹王羲之《兰亭序》卷	唐	故宫博物院
4	欧阳询《梦奠帖》卷	唐	辽宁省博物馆
5	国诠书《善见律》卷	唐	故宫博物院
6	怀素《苦笋帖》卷	唐	上海博物馆
7	杜牧《张好好诗》卷	唐	故宫博物院
8	唐人《摹王羲之一门书翰》卷	唐	辽宁省博物馆
9	杨凝式《神仙起居法帖》卷	五代	故宫博物院
10	林逋《自书诗》卷	北宋	故宫博物院
11	蔡襄《自书诗》卷	北宋	故宫博物院
12	文彦博《三帖卷》	北宋	故宫博物院
13	韩琦《行楷信札卷》	北宋	贵州省博物馆
14	王安石《楞严经旨要》卷	北宋	上海博物馆
15	黄庭坚《诸上座》卷	北宋	故宫博物院
16	米芾《苕溪诗》卷	北宋	故宫博物院
17	赵佶《草书千字文》卷	北宋	辽宁省博物馆
绘画作品			
18	展子虔《游春图》卷	隋	故宫博物院
19	韩滉《五牛图》卷	唐	故宫博物院

(续表)

序 号	名 称	时 代	收 藏 单 位
20	周昉《挥扇仕女图》卷	唐	故宫博物院
21	孙位《高逸图》卷	唐	上海博物馆
22	王齐翰《勘书图》卷	五代	南京大学
23	周文矩《重屏会棋图》卷	五代	故宫博物院
24	胡瓌《卓歇图》卷	五代	故宫博物院
25	顾闳中《韩熙载夜宴图》卷	五代	故宫博物院
26	卫贤《高士图》轴	五代	故宫博物院
27	董源《山口待渡图》卷	五代	辽宁省博物馆
28	黄筌《写生珍禽图》卷	五代	故宫博物院
29	王诜《渔村小雪图》卷	北宋	故宫博物院
30	梁师闵《芦汀密雪图》卷	北宋	故宫博物院
31	祁序《江山牧放图》卷	北宋	故宫博物院
32	李公麟《摹韦偃牧放图》卷	北宋	故宫博物院
33	张择端《清明上河图》卷	北宋	故宫博物院
34	王希孟《千里江山图》卷	北宋	故宫博物院
35	马和之《后赤壁赋图》卷	南宋	故宫博物院
36	赵伯骕《万松金阙图》卷	南宋	故宫博物院
37	宋人摹阎立本《步辇图》卷	宋代	故宫博物院

第三批禁止出境展览文物目录

(文物博函〔2013〕1320号,2013年07月31日)

器类	序号	名　称	时　代	收藏单位	备　注
青铜器类	1	商子龙鼎	商	中国国家博物馆	
	2	商四羊方尊	商	中国国家博物馆	1938年湖南宁乡月山铺出土
	3	商龙纹兕觥	商	山西博物院	1959年山西石楼桃花庄出土
	4	商大禾方鼎	商	湖南省博物馆	1959年湖南宁乡出土
	5	商铜立人像	商	广汉三星堆博物馆	1986年四川广汉三星堆遗址2号祭祀坑出土
	6	西周天亡簋	西周	中国国家博物馆	
	7	西周伯矩鬲	西周	首都博物馆	1975年北京房山琉璃河燕国墓地251号墓地出土
	8	西周晋侯鸟尊	西周	山西博物院	1992年山西曲沃北赵村晋侯墓地114号墓出土
	9	西周害夫簋	西周	周原博物馆	1978年陕西扶风法门镇齐村出土
	10	西周逨盘	西周	宝鸡青铜器博物院	2003年陕西眉县杨家村窖藏出土
	11	春秋越王勾践剑	春秋	湖北省博物馆	1965年湖北江陵望山出土
	12	战国商鞅方升	战国	上海博物馆	
	13	战国错金银镶嵌丝网套铜壶	战国	南京博物院	1982年江苏盱眙南窑庄出土
	14	西汉诅盟场面贮贝器	西汉	中国国家博物馆	云南晋宁石寨山出土
	15	西汉彩绘人物车马镜	西汉	西安博物院	1963年陕西西安红庙坡出土
	16	西汉杀人祭柱场面贮贝器	西汉	云南省博物馆	云南晋宁石寨山出土

(续表)

器类	序号	名称	时代	收藏单位	备注
陶瓷类	1	新石器时代仰韶文化彩陶人面鱼纹盆	新石器时代	中国国家博物馆	1955年陕西西安半坡遗址出土
	2	新石器时代马家窑文化彩陶舞蹈纹盆	新石器时代	中国国家博物馆	1973年青海大通上孙家寨出土
	3	新石器时代马家窑文化彩陶贴塑人纹双系壶	新石器时代	中国国家博物馆	1974年青海乐都柳湾墓葬出土
	4	新石器时代仰韶文化彩陶网纹船形壶	新石器时代	中国国家博物馆	1958年陕西宝鸡北首岭遗址出土
	5	新石器时代龙山文化彩绘蟠龙纹陶盘	新石器时代	中国社会科学院考古研究所	1980年山西襄汾陶寺遗址第3072号墓出土
	6	新石器时代仰韶文化彩陶人形双系瓶	新石器时代	甘肃省博物馆	1973年甘肃秦安邵店大地湾出土
	7	新石器时代大汶口文化彩陶八角星纹豆	新石器时代	山东省文物考古研究所	1974年山东泰安大汶口遗址出土
	8	吴"永安三年"款青釉堆塑谷仓罐	三国吴	故宫博物院	1935年浙江绍兴出土
	9	吴"赤乌十四年"款青釉虎子	三国吴	中国国家博物馆	1955年江苏省南京赵士岗吴墓出土
	10	吴青釉褐彩羽人纹双系壶	三国吴	南京市博物馆	1983年江苏南京雨花区长岗村出土
	11	西晋青釉神兽尊	西晋	南京博物院	1976年江苏宜兴周处家族墓出土
	12	北齐青釉仰覆莲花尊	北齐	中国国家博物馆	1948年河北景县封氏墓群出土
	13	北齐白釉绿彩长颈瓶	北齐	河南博物院	1971年河南安阳范粹墓出土
	14	隋白釉龙柄双联传瓶	隋	天津博物馆	
	15	唐青釉凤首龙柄壶	唐	故宫博物院	
	16	唐鲁山窑黑釉蓝斑腰鼓	唐	故宫博物院	
	17	唐代陶骆驼载乐舞三彩俑	唐	中国国家博物馆	1957年西安鲜于庭海墓出土
	18	唐长沙窑青釉褐蓝彩双系罐	唐	扬州博物馆	1974年江苏扬州石塔路出土
	19	唐越窑青釉褐彩云纹五足炉	唐	临安市文物馆	1980年浙江临安水邱氏墓出土

(续表)

器类	序号	名　　称	时　代	收藏单位	备　注
陶瓷类	20	唐长沙窑青釉褐彩贴花人物纹壶	唐	湖南省博物馆	1973年湖南衡阳出土
	21	唐三彩骆驼载乐俑	唐	陕西历史博物馆	1959年陕西西安中堡村唐墓出土
	22	五代耀州窑摩羯形水盂	五代	辽宁省博物馆	1971年辽宁北票水泉辽墓出土
	23	五代越窑莲花式托盏	五代	苏州博物馆	1956年江苏苏州虎丘云岩寺塔出土
	24	五代耀州窑青釉刻花提梁倒流壶	五代	陕西历史博物馆	1968年陕西彬县出土
	25	北宋汝窑天青釉弦纹樽	北宋	故宫博物院	
	26	北宋官窑弦纹瓶	北宋	故宫博物院	
	27	北宋钧窑月白釉出戟尊	北宋	故宫博物院	
	28	北宋定窑白釉刻莲花瓣纹龙首净瓶	北宋	定州市博物馆	1969年河北定县净众院塔基地宫出土
	29	北宋官窑贯耳尊	北宋	吉林省博物院	
	30	宋登封窑珍珠地划花虎豹纹瓶	宋	故宫博物院	
	31	元青花萧何月下追韩信图梅瓶	元	南京市博物馆	江苏南京印堂村观音山沐英墓出土
	32	元蓝釉白龙纹梅瓶	元	扬州博物馆	
玉器类	1	新石器时代红山文化玉龙	新石器时代	中国国家博物馆	1971年内蒙古翁牛特旗赛沁塔拉村出土
	2	新石器时代良渚文化神人兽面纹玉钺	新石器时代	浙江省博物馆	1986年浙江余杭反山12号墓出土
	3	夏七孔玉刀	夏	洛阳博物馆	1975年河南偃师二里头遗址出土
	4	西周晋侯夫人组玉佩	西周	山西博物院	1992年山西曲沃M63墓（晋穆侯次夫人墓）出土
	5	战国多节活环套练玉佩	战国	湖北省博物馆	1978年湖北随县曾侯乙墓出土
	6	西汉"皇后之玺"玉玺	西汉	陕西历史博物馆	1968年陕西咸阳汉高祖长陵附近发现

(续表)

器类	序号	名称	时代	收藏单位	备注
玉器类	7	东汉镂雕东王公西王母纹玉座屏	东汉	定州市博物馆	1969年河北定州中山穆王刘畅墓出土
	8	西晋神兽纹玉樽	西晋	湖南省博物馆	1991年湖南安乡西晋刘弘墓出土
	9	元"统领释教大元国师之印"龙钮玉印	元	西藏博物馆	
杂项类	1	商太阳神鸟金箔片	商	成都金沙遗址博物馆	2001年四川成都金沙遗址出土
	2	商金杖		广汉三星堆博物馆	
	3	战国包金镶玉嵌琉璃银带钩	战国	中国国家博物馆	1951年河南辉县固围村5号战国墓出土
	4	西汉"滇王之印"金印	西汉	中国国家博物馆	1956年云南晋宁石寨山古墓群出土
	5	西汉错金银镶松石狩猎纹铜伞铤	西汉	河北省文物研究所	
	6	唐龟负论语玉烛酒筹鎏金银筒	唐	镇江博物馆	1982年江苏丹徒丁卯桥唐代窖藏出土
	7	战国彩绘乐舞图鸳鸯形漆盒	战国	湖北省博物馆	1978年湖北随县曾侯乙墓出土
	8	西汉识文彩绘盝顶长方形漆奁	西汉	湖南省博物馆	1973年湖南长沙马王堆3号墓出土
	9	西汉黑漆朱绘六博具	西汉	湖南省博物馆	1973年湖南长沙马王堆3号墓出土
	10	吴彩绘季札挂剑图漆盘	三国吴	安徽省文物考古研究所	1984年安徽马鞍山三国吴朱然墓出土
	11	吴皮胎犀皮漆鎏金铜扣耳杯（2件）	三国吴	安徽省文物考古研究所	1984年安徽马鞍山三国吴朱然墓出土
	12	北宋木雕真珠舍利宝幢（含木函）	北宋	苏州博物馆	1978年江苏苏州瑞光寺塔出土
	13	新石器时代大汶口文化象牙梳	新石器时代	山东省博物馆	1959年山东泰安大汶口遗址出土
	14	新石器时代河姆渡文化双鸟朝阳纹象牙雕刻器	新石器时代	浙江省博物馆	1977年浙江余姚河姆渡遗址出土
	15	隋绿玻璃盖罐	隋	中国国家博物馆	1957年陕西西安李静训墓出土

(续表)

器类	序号	名称	时代	收藏单位	备注
杂项类	16	隋绿玻璃小瓶	隋	中国国家博物馆	1957年陕西西安李静训墓出土
	17	汉红地对人兽树纹罽袍	汉	新疆维吾尔自治区文物考古研究所	1995年新疆尉犁营盘遗址墓地出土
	18	北魏刺绣佛像供养人	北魏	敦煌研究院	1965年甘肃敦煌莫高窟出土
	19	北朝方格兽纹锦	北朝	新疆维吾尔自治区博物馆	1968年新疆吐鲁番阿斯塔那北区99号墓出土
	20	北宋灵鹫纹锦袍	北宋	故宫博物院	1953年新疆阿拉尔出土
	21	战国石鼓(1组10只)	战国	故宫博物院	
	22	唐昭陵六骏石刻(什伐赤、白蹄乌、特勒骠、青骓4幅)	唐	西安碑林博物馆	1950年原陕西历史博物馆移交
	23	宋拓西岳华山庙碑册(华阴本)	宋	故宫博物院	
	24	明曹全碑初拓本("因"字不损本)	明	上海博物馆	
	25	唐写本王仁煦《刊谬补缺切韵》	唐	故宫博物院	
	26	北宋刻开宝藏本《阿惟越致经》(1卷)	北宋	中国国家图书馆	
	27	北宋刻本《范仲淹文集》(30卷)	北宋	中国国家图书馆	
	28	唐章怀太子墓壁画马球图(1组)	唐	陕西历史博物馆	
	29	唐章怀太子墓壁画狩猎出行图(1组)	唐	陕西历史博物馆	
	30	唐懿德太子墓壁画阙楼图(1组)	唐	陕西历史博物馆	
	31	唐永泰公主墓壁画宫女图(1组)	唐	陕西历史博物馆	
	32	战国简《金縢》	战国	清华大学	
	33	战国郭店楚简《老子(甲、乙、丙)》	战国	荆门市博物馆	
	34	战国楚简《孔子诗论》	战国	上海博物馆	
	35	秦云梦睡虎地秦简《语书》	秦	湖北省博物馆	
	36	秦简《数》	秦	湖南大学	
	37	西汉马王堆汉墓帛书《周易》	西汉	湖南省博物馆	

文物拍卖管理办法

(文物政发〔2020〕6号,2020年4月30日修订)

第一章 总 则

第一条 为加强文物拍卖管理,规范文物拍卖行为,促进文物拍卖活动健康有序发展,根据《中华人民共和国文物保护法》、《中华人民共和国拍卖法》、《中华人民共和国文物保护法实施条例》等法律法规,制定本办法。

第二条 在中华人民共和国境内,以下列物品为标的的拍卖活动,适用本办法:

(一) 1949年以前的各类艺术品、工艺美术品;

(二) 1949年以前的文献资料以及具有历史、艺术、科学价值的手稿和图书资料;

(三) 1949年以前与各民族社会制度、社会生产、社会生活有关的代表性实物;

(四) 1949年以后与重大事件或著名人物有关的代表性实物;

(五) 1949年以后反映各民族生产活动、生活习俗、文化艺术和宗教信仰的代表性实物;

(六) 列入限制出境范围的1949年以后已故书画家、工艺美术家作品;

(七) 法律法规规定的其他物品。

第三条 国家文物局负责制定文物拍卖管理政策,协调、指导、监督全国文物拍卖活动。省、自治区、直辖市人民政府文物行政部门负责管理本行政区域内文物拍卖活动。

第二章 文物拍卖企业及人员

第四条 依法设立的拍卖企业经营文物拍卖的,应当取得省、自治区、直辖市人民政府文物行政部门颁发的文物拍卖许可证。

第五条 拍卖企业申请文物拍卖许可证,应当符合下列条件:

(一) 有1 000万元人民币以上注册资本,非中外合资、中外合作、外商独资企业;

(二) 有5名以上文物拍卖专业人员;

(三) 有必要的场所、设施和技术条件;

（四）近两年内无违法违规经营文物行为；

（五）法律、法规规定的其他条件。

第六条 拍卖企业申请文物拍卖许可证时，应当提交下列材料：

（一）文物拍卖许可证申请表；

（二）企业注册资本的验资证明；

（三）文物拍卖专业人员相关证明文件、聘用协议复印件；

（四）场所、设施和技术条件证明材料。

第七条 省、自治区、直辖市人民政府文物行政部门应当于受理文物拍卖许可证申领事项后 30 个工作日内作出批准或者不批准的决定。决定批准的，发给文物拍卖许可证；决定不批准的，应当书面通知当事人并说明理由。

第八条 文物拍卖许可证不得涂改、出租、出借或转让。

第九条 省、自治区、直辖市人民政府文物行政部门对取得文物拍卖许可证的拍卖企业进行年审，年审结果作为是否许可拍卖企业继续从事文物拍卖活动的依据。

第十条 省、自治区、直辖市人民政府文物行政部门应当于开展文物拍卖许可证审批、年审、变更、暂停、注销等工作后 30 日内，将相关信息报国家文物局备案。

第十一条 文物拍卖专业人员不得参与文物商店销售文物、文物拍卖标的审核、文物进出境审核工作；不得同时在两家(含)以上拍卖企业从事文物拍卖活动。

第三章　文物拍卖标的

第十二条 拍卖企业须在文物拍卖会举办前，将拟拍卖标的整场报省、自治区、直辖市人民政府文物行政部门审核。报审材料应当由文物拍卖专业人员共同签署标的征集鉴定意见。

联合开展文物拍卖活动的拍卖企业，均应取得文物拍卖许可证。

第十三条 省、自治区、直辖市人民政府文物行政部门受理文物拍卖标的审核申请后，应组织开展实物审核，于 20 个工作日内办理审核批复文件，并同时报国家文物局备案。

参加文物拍卖标的审核的人员，不得在拍卖企业任职。

第十四条 下列物品不得作为拍卖标的：

（一）依照法律应当上交国家的出土(水)文物，以出土(水)文物名义进行宣传的标的；

（二）被盗窃、盗掘、走私的文物或者明确属于历史上被非法掠夺的中国文物；

（三）公安、海关、工商等执法部门和人民法院、人民检察院依法没收、追缴的文物，以及银行、冶炼厂、造纸厂及废旧物资回收单位拣选的文物；

（四）国有文物收藏单位及其他国家机关、部队和国有企业、事业单位等收藏、保管的文物，以及非国有博物馆馆藏文物；

（五）国有文物商店收存的珍贵文物；

（六）国有不可移动文物及其构件；

（七）涉嫌损害国家利益或者有可能产生不良社会影响的标的；

（八）其他法律法规规定不得流通的文物。

第十五条 拍卖企业从境外征集文物拍卖标的、买受人将文物携运出境，须按照相关法律法规办理文物进出境审核手续。

第十六条 国家对拍卖企业拍卖的珍贵文物拥有优先购买权。国家文物局可以指定国有文物收藏单位行使优先购买权。优先购买权以协商定价或定向拍卖的方式行使。

以协商定价方式实行国家优先购买的文物拍卖标的，购买价格由国有文物收藏单位的代表与文物的委托人协商确定，不得进入公开拍卖流程。

第十七条 拍卖企业应当在文物拍卖活动结束后 30 日内，将拍卖记录报原审核的省、自治区、直辖市人民政府文物行政部门备案。省、自治区、直辖市人民政府文物行政部门应当将文物拍卖记录报国家文物局。

第四章 附 则

第十八条 国家文物局和省、自治区、直辖市人民政府文物行政部门应当建立文物拍卖企业及文物拍卖专业人员信用信息记录，并向社会公布。

第十九条 文物拍卖企业、文物拍卖专业人员发生违法经营行为，国家文物局和省、自治区、直辖市人民政府文物行政部门应当依法予以查处。

第二十条 拍卖企业利用互联网从事文物拍卖活动的，应当遵守本办法的规定。

第二十一条 本办法自颁布之日起实施，《文物拍卖管理暂行规定》同时废止。

文物拍卖标的审核办法

(文物政发〔2020〕6号,2020年4月30日修订)

第一章 总 则

第一条 为加强对文物拍卖标的审核管理,规范文物拍卖经营行为,依据《中华人民共和国文物保护法》、《中华人民共和国文物保护法实施条例》等法律法规,制定本办法。

第二条 本办法适用于《中华人民共和国文物保护法》、《中华人民共和国文物保护法实施条例》等法律法规规定、需经审核才能拍卖的文物。

第三条 文物拍卖标的由省、自治区、直辖市人民政府文物行政部门(以下简称"省级文物行政部门")负责审核。

第四条 国家文物局对省级文物行政部门文物拍卖标的审核工作进行监督指导。

第二章 申请与受理

第五条 拍卖企业应在文物拍卖公告发布前20个工作日,提出文物拍卖标的审核申请。省级文物行政部门不受理已进行宣传、印刷、展示、拍卖的文物拍卖标的的审核申请。

第六条 拍卖企业应向注册地省级文物行政部门提交文物拍卖标的审核申请。

拍卖企业在注册地省级行政区划以外举办文物拍卖活动的,按照标的就近原则,可向注册地或者拍卖活动举办地省级文物行政部门提交文物拍卖标的审核申请。

两家以上注册地在同一省级行政区划内的拍卖企业联合举办文物拍卖活动的,由企业联合向省级文物行政部门提交文物拍卖标的审核申请。

两家以上注册地不在同一省级行政区划内的拍卖企业联合举办文物拍卖活动的,按照标的就近原则,由企业联合向某一企业注册地或者拍卖活动举办地省级文物行政部门提交文物拍卖标的审核申请。

联合拍卖文物的拍卖企业,均应具备文物拍卖资质。其文物拍卖资质范围不同的,按照资质最低的一方确定文物拍卖经营范围。

第七条 拍卖企业须报审整场文物拍卖标的,不得瞒报、漏报、替换标的,不得以艺术品拍卖会名义提出文物拍卖标的审核申请,不得以"某代以前"、"某某款"等字眼或不标注时代的方式逃避文物拍卖标的监管。

第八条 拍卖企业申请文物拍卖标的审核时,应当提交下列材料:

(一) 有效期内且与准许经营范围相符的《文物拍卖许可证》的复印件;

(二)《文物拍卖标的审核申请表》;

(三) 标的清册(含电子版);

(四) 标的图片(每件标的图片清晰度 300 dpi 以上);

(五) 标的合法来源证明(如有);

(六) 文物拍卖专业人员出具的标的征集鉴定意见;

(七) 省级文物行政部门要求提交的其他材料。

其中,材料(一)、(二)、(三)、(五)、(六)须以书面形式加盖企业公章提交,材料(三)、(四)提交电子材料。

第九条 省级文物行政部门对拍卖企业提出的文物拍卖标的审核申请,应当根据下列情况分别处理,并告知企业:

(一) 文物拍卖经营资质有效,申请材料齐全,符合相关法律法规规定的,决定受理;

(二) 文物拍卖经营资质无效,或者不属于审核范围的,决定不予受理;

(三) 申请材料不齐全或者不符合相关规定的,要求补充。

第十条 省级文物行政部门受理文物拍卖标的审核申请后,须按照《中华人民共和国行政许可法》第四十二条有关规定,应于 20 个工作日内做出审核决定。符合《中华人民共和国行政许可法》第四十二条、第四十五条相关情形的,不受该时限限制。

第三章 审核与批复

第十一条 省级文物行政部门在作出文物拍卖标的审核决定前,可委托相关专业机构开展文物拍卖标的审核工作。

文物拍卖标的应当进行实物审核。

第十二条 文物拍卖标的审核须由 3 名以上审核人员共同完成,其中省级文物鉴定委员会委员不少于 1 名。审核意见由参加审核人员共同签署。

审核过程中,省级文物行政部门可要求拍卖企业补充标的合法来源证明及相关材料。

第十三条 下列物品不得作为拍卖标的:

(一) 依照法律应当上交国家的出土(水)文物,以出土(水)文物名义进行宣传的标的;

（二）被盗窃、盗掘、走私的文物或者明确属于历史上被非法掠夺的中国文物；

（三）公安、海关、工商等执法部门和人民法院、人民检察院依法没收、追缴的文物，以及银行、冶炼厂、造纸厂及废旧物资回收单位拣选的文物；

（四）国有文物收藏单位及其他国家机关、部队和国有企业、事业单位等收藏、保管的文物，以及非国有博物馆馆藏文物；

（五）国有文物商店收存的珍贵文物；

（六）国有不可移动文物及其构件；

（七）涉嫌损害国家利益或者有可能产生不良社会影响的标的；

（八）其他法律法规规定不得流通的文物。

第十四条 合法来源证明材料包括：

（一）文物商店销售文物发票；

（二）文物拍卖成交凭证及发票；

（三）文物进出境审核机构发放的文物进出境证明；

（四）其他符合法律法规规定的证明文件等。

第十五条 未列入本办法第十三条的文物，经文物行政部门审核不宜进行拍卖的，不得拍卖。

第十六条 省级文物行政部门依据实物审核情况出具决定文件，并同时抄报国家文物局备案。备案材料应包含标的清册、图片（含电子材料）、合法来源证明（如有）等。

两家以上拍卖企业联合举办文物拍卖活动的，审核决定主送前列申请企业，同时抄送其他相关省级文物行政部门。

第十七条 文物拍卖标的审核决定，不得作为对标的真伪、年代、品质及瑕疵等方面情况的认定。

第四章 文物拍卖监管

第十八条 拍卖企业应在文物拍卖图录显著位置登载文物拍卖标的审核决定或者决定文号。

第十九条 省级文物行政部门应以不少于10%的比例对文物拍卖会进行监拍。监拍人员应按照《文物行政处罚程序暂行规定》等相关规定，对拍卖会现场出现的违法行为采取相应措施。

第二十条 拍卖企业应于文物拍卖会结束后30个工作日内，按照《中华人民共和国文物保护法实施条例》第四十三条相关规定，将文物拍卖记录报省级文物行政部门备案。

第二十一条 省级文物行政部门应当对照文物拍卖标的审核申请材料对文物拍卖记录进行核查,及时发现并查处拍卖企业瞒报、漏报、替换文物拍卖标的等违法行为。

第二十二条 省级文物行政部门应加强对拍卖企业标的征集管理,将文物拍卖标的审核情况记入拍卖企业和专业人员诚信档案,作为对拍卖企业和专业人员监管的重要依据。

第五章 附 则

第二十三条 本办法自发布之日起实施。

国有公益性收藏单位进口藏品
免税暂行规定

(财政部、海关总署、国家税务总局公告2009年第2号,2009年1月20日)

第一条 为贯彻落实科学发展观,弘扬和传承中外传统文化艺术,提高民族文化软实力,促进我国对文物和艺术品等进口藏品的收藏和保护事业的健康发展,特制定本规定。

第二条 国有公益性收藏单位以从事永久收藏、展示和研究等公益性活动为目的,以接受境外捐赠、归还、追索和购买等方式进口的藏品,免征进口关税和进口环节增值税、消费税。

第三条 本规定所称国有公益性收藏单位,是指:

(1) 国家有关部门和省、自治区、直辖市、计划单列市相关部门所属的国有公益性图书馆、博物馆、纪念馆及美术馆(以下简称省级以上国有公益性收藏单位)。

省级以上国有公益性收藏单位的名单,由财政部会同国务院有关部门以公告的形式发布。

(2) 财政部会同国务院有关部门核定的其他国有公益性收藏单位。

第四条 本规定所称的藏品,是指具有收藏价值的各种材质的器皿和器具、钱币、砖瓦、石刻、印章封泥、拓本(片)、碑帖、法帖、艺术品、工艺美术品、典图、文献、古籍善本、照片、邮品、邮驿用品、徽章、家具、服装、服饰、织绣品、皮毛、民族文物、古生物化石标本和其他物品。

第五条 国有公益性收藏单位进口与其收藏范围相应的藏品,方能享受本规定的税收政策。

第六条 符合规定的国有公益性收藏单位进口藏品,应持捐赠、归还、追索和购买等有效进口证明及海关规定的其他有关文件办理海关手续。免税进口藏品属于海关监管货物。

第七条 国有公益性收藏单位免税进口的藏品应依照《中华人民共和国文物保护法》、《中华人民共和国文物保护法实施条例》和《博物馆管理办法》进行管理,建立藏品登记备案制度。免税进口藏品入境30个工作日内须记入藏品总账——进口藏品子帐,列入本单位内部年度审计必审科目。同时按规定格式(见附表)报送主管文化文物行政管理部门备案,并抄报海关。

第八条 国有公益性收藏单位免税进口的藏品应永久收藏,并仅用于非营利性展示和科学研究等公益性活动,不得转让、抵押、质押或出租。

第九条 免税进口藏品如需在国有公益性收藏单位之间依照国家有关法律法规的规定进行调拨、交换、借用,应依照法律法规的规定履行相关手续,同时报送主管文化文物行政管理部门备案,并抄报海关。

国有公益性收藏单位将免税进口藏品转让、抵押、质押或出租的,由海关依照国家有关法律法规的规定予以处罚;构成犯罪的,依法追究刑事责任。

对于有上述违法违规行为的单位,在1年内不得享受本税收优惠政策;被依法追究刑事责任的,在3年内不得享受本税收优惠政策。

第十条 海关总署根据本规定制定具体实施细则。

第十一条 本规定由财政部会同海关总署和国家税务总局负责解释。

第十二条 本规定自公布之日起施行。

附件 2：

免税进口藏品备案表

收藏单位：（公章） 单位负责人：（签字）

藏品名称		藏品编号		藏品质地	
藏品尺寸		进口国别（地区）		入境时间	
特征描述					
照片					

注：本表一式三份，本单位存档 1 份，报送主管文化文物行政管理部门和海关各 1 份。

关于实施《国有公益性收藏单位进口藏品免税暂行规定》的有关事宜

(总署公告〔2010〕7号)

经国务院批准,对国有公益性收藏单位以从事永久收藏、展示和研究等公益性活动为目的,以接受境外捐赠、归还、追索和购买等方式进口的藏品,免征关税和进口环节增值税、消费税。为此,财政部、海关总署和税务总局联合发布了《国有公益性收藏单位进口藏品免税暂行规定》(财政部 海关总署 税务总局公告2009年第2号)。现将海关实施《国有公益性收藏单位进口藏品免税暂行规定》(以下简称《规定》)的有关事宜公告如下:

一、《规定》所称捐赠、归还、追索和购买的含义是:

捐赠,指境外机构、个人将合法所有的藏品无偿捐献给国有公益性收藏单位的行为;

归还,指境外机构、个人将持有的原系从中国劫掠、盗窃、走私或以其他方式非法出境的藏品无偿交还给国有公益性收藏单位的行为;

追索,指国家主管文化文物行政管理部门依据有关国际公约从境外索回原系从中国劫掠、盗窃、走私或以其他方式非法出境的藏品的行为;

购买,指国有公益性收藏单位通过合法途径从境外买入藏品的行为。

二、列入财政部会同国务院有关部门审定并以公告形式发布的《省级以上国有公益性收藏单位名单》(以下简称《名单》)的收藏单位,首次申请免税进口藏品前,应先持凭《事业单位法人证书》向单位所在地直属海关申请办理资格备案手续。

对于财政部会同国务院有关部门核定的其他国有公益性收藏单位,其所在地直属海关需验凭该单位的《事业单位法人证书》和海关总署下发的审核认定文件办理相关资格备案手续。

三、《名单》中所列收藏单位名称发生变更的,有关收藏单位应持主管部门的批复文件和更名后的《事业单位法人证书》到所在地直属海关办理资格备案变更手续。

四、国有公益性收藏单位进口藏品前,应先向所在地直属海关申请办理免税审批手续,并提供以下材料:

(一)相关机构、个人出具的境外捐赠、归还、追索藏品的书面证明材料或购买藏品的合同、发票；

（二）有关进口藏品的特征的详细资料及清晰的彩色图片；

（三）承诺接受的藏品将作为永久收藏，并仅用于向公众展示和科学研究等公益性活动的有关材料；

（四）海关认为需要提供的其他材料。

五、审批和进口免税藏品手续纳入海关《减免税管理系统》和 H2000 通关管理系统管理。国有公益性收藏单位所在地直属海关对收藏单位提交的有关单证进行审核后，符合免税条件的，出具《进出口货物征免税证明》，进口地海关凭以办理有关免税进口手续。

免税进口藏品的征免性质为：国有公益性收藏单位进口藏品（简称：公益收藏，代码：698）。对应的监管方式为：一般贸易（代码：0110，以购买方式进口的）；捐赠物资（代码：3612）；其他（代码：9900，以归还、追索方式进口的）。

六、国有公益性收藏单位应按照《规定》要求，将免税进口的藏品在入境后 30 个工作日内记入本单位藏品总账－进口藏品子账，并列入本单位内部年度审计必审科目。同时填写《免税进口藏品备案表》（格式详见《规定》附件2）报送主管文化文物行政管理部门备案，并抄报单位所在地直属海关。

七、免税进口藏品如需在国有公益性收藏单位之间依照国家有关法律法规的规定进行调拨、交换、借用，应依照法律法规的规定履行相关手续，同时报送主管文化文物行政管理部门备案，并抄报单位所在地直属海关。

八、国有公益性收藏单位免税进口的藏品属于海关永久监管货物，进口藏品的国有公益性收藏单位应当按照《中华人民共和国海关法》、《中华人民共和国关税条例》和《中华人民共和国进出口货物减免税管理办法》的规定接受海关监管。进口藏品仅限用于非营利性展示和科学研究等公益性活动，不得转让、抵押、质押或出租。

对于违反上述规定的，海关按《中华人民共和国海关法》及其他有关法律法规予以处理；构成犯罪的，依法追究刑事责任。

九、有上述违法违规行为的国有公益性收藏单位，按照有关规定被处罚但未被追究刑事责任的，自违规行为发现之日起 1 年内不得享受本税收优惠政策；被依法追究刑事责任的，自违法行为发现之日起 3 年内不得享受本税收优惠政策。

在上述违法违规行为性质最终确定前，自违法违规行为发现之日起，海关不予受理相关单位进口藏品的免税审批申请，但可验凭相关单位提供的税款担保办理先予放行手续。待违法违规行为性质确定后，按前款规定处理。

十、在 2009 年 1 月 20 日至本公告发布之日期间，国有公益性收藏单位已征税进口或凭税款担保放行的藏品，如符合《规定》的免税条件，可按本公告的有关规定办理免税审批和退税、退保手续。

十一、《海关总署关于下发〈国有文物收藏单位接受境外捐赠、归还和从境外追索的中国文物进口免税暂行办法〉及有关问题的通知》(署税发〔2003〕32号)自本公告发布之日起予以废止。

特此公告。

二〇一〇年一月二十九日

省级以上国有公益性收藏单位名单(第一批)

(财政部、海关总署、国家税务总局联合公告
2010年第2号,2010年1月4日)

一、图书馆(36家)

省　份	编号	名　　称
文化部	1	国家图书馆
北　京	2	首都图书馆
天　津	3	天津图书馆
	4	天津市少年儿童图书馆
河　北	5	河北省图书馆
山　西	6	山西省图书馆
内　蒙	7	内蒙古自治区图书馆
辽　宁	8	辽宁省图书馆
吉　林	9	吉林省图书馆
黑龙江	10	黑龙江省图书馆
上　海	11	上海图书馆
	12	上海少年儿童图书馆
江　苏	13	南京图书馆
浙　江	14	浙江图书馆
安　徽	15	安徽省图书馆
福　建	16	福建省图书馆
江　西	17	江西省图书馆
山　东	18	山东省图书馆
河　南	19	河南省图书馆

(续表)

省 份	编号	名 称
湖 北	20	湖北省图书馆
湖 南	21	湖南图书馆
	22	湖南省少年儿童图书馆
广 东	23	广东省立中山图书馆
广 西	24	广西壮族自治区图书馆
海 南	25	海南省图书馆
重 庆	26	重庆图书馆
	27	重庆市少年儿童图书馆
四 川	28	四川省图书馆
贵 州	29	贵州省图书馆
云 南	30	云南省图书信
西 藏	31	西藏自治区图书馆
陕 西	32	陕西省图书馆
甘 肃	33	甘肃省图书信
青 海	34	青海省图书馆
宁 夏	35	宁夏回族自治区图书馆
新 疆	36	新疆维吾尔自治区图书馆

二、博物馆、纪念馆(108家)

省 份	编号	名 称
部门直属	1	中国国家博物馆
	2	故宫博物院
	3	文化部恭王府管理中心
	4	中国财税博物馆
	5	中国人民革命军事博物馆
	6	中国农业博物馆
	7	中国地质博物馆
	8	中国航空博物馆
	9	中国妇女儿童博物馆
	10	宋庆龄故居

(续表)

省　份	编号	名　　　称
部门直属	11	中国钱币博物馆
	12	中国现代文学馆
	13	中国铁道博物馆
	14	中国电影博物馆
	15	北京鲁迅博物馆
	16	北京新文化运动纪念馆
	17	梅兰芳纪念馆
	18	钓鱼台国宾馆
北　京	19	首都博物馆
	20	大钟寺古钟博物馆
	21	北京艺术博物馆
	22	北京古代建筑博物馆
	23	北京石刻艺术博物馆
	24	孔庙和国子监博物馆
	25	北京市古代钱币展览馆
	26	北京市西周燕都遗址博物馆
	27	北京辽金城垣博物馆
	28	北京大葆台西汉墓博物馆
	29	北京四合院博物馆
	30	北京文博交流馆
	31	老舍纪念馆
	32	徐悲鸿纪念馆
天　津	33	天津博物馆
	34	天津自然博物馆
	35	天津戏剧博物馆文庙博物馆管理办公室
	36	元明清天妃宫遗址博物馆
	37	平津战役纪念馆
	38	周恩来邓颖超纪念馆
河　北	39	河北省博物馆
	40	河北省民俗博物馆

(续表)

省　份	编号	名　　称
内蒙古	41	内蒙古博物院
	42	乌兰夫纪念馆
山　西	43	山西博物院
	44	山西省民俗博物馆
	45	山西省艺术博物馆
	46	八路军太行纪念馆
	47	红军东征纪念馆
辽　宁	48	辽宁省博物馆
吉　林	49	吉林省自然博物馆
	50	吉林省博物院
黑龙江	51	黑龙江省博物馆
	52	黑龙江省民族博物馆
	53	北大荒博物馆
	54	东北烈士纪念馆
	55	革命领袖视察黑龙江纪念馆
上　海	56	上海博物馆
	57	上海市历史博物馆
	58	鲁迅纪念馆
	59	中共一大会址纪念馆
江　苏	60	南京博物院
浙　江	61	浙江自然博物馆
	62	中国丝绸博物馆
	63	浙江省博物馆
安　徽	64	安徽省博物馆
福　建	65	福建博物馆
	66	福建闽越王城博物馆
	67	福建昙石山遗址博物馆
	68	福建中国闽台缘博物馆
江　西	69	江西省博物馆
山　东	70	山东省博物馆
	71	山东省石刻艺术博物馆

(续表)

省份	编号	名称
河南	72	河南博物院
湖北	73	湖北省博物馆
湖北	74	湖北省文化厅古民居抢救保护中心（湖北明代藩王博物馆）
湖北	75	辛亥革命武昌起义纪念馆
湖南	76	湖南省博物馆
湖南	77	韶山毛泽东同志纪念馆
广东	78	广东省博物馆
广西	79	广西壮族自治区博物馆
广西	80	广西壮族自治区自然博物馆
广西	81	广西壮族自治区民族博物馆
海南	82	海南省博物馆
海南	83	海南省民族博物馆
重庆	84	重庆中国三峡博物馆（重庆博物馆）
重庆	85	重庆自然博物馆
重庆	86	重庆红岩革命历史博物馆
重庆	87	重庆大足石刻艺术博物馆
重庆	88	重庆大韩民国临时政府旧址陈列馆
四川	89	四川省博物馆
贵州	90	贵州省博物馆
云南	91	云南省博物馆
西藏	92	西藏自治区博物馆
西藏	93	西藏自治区罗布林卡管理处
西藏	94	西藏自治区布达拉宫管理处
陕西	95	陕西历史博物馆
陕西	96	西安碑林博物馆
陕西	97	西安半坡博物馆
陕西	98	西安事变纪念馆
陕西	99	法门寺博物馆
甘肃	100	甘肃省博物馆
甘肃	101	敦煌研究院

(续表)

省 份	编号	名 称
青 海	102	青海省博物馆
	103	中国青海柳湾彩陶博物馆
	104	青海民俗博物馆(馨庐文物管理所)
宁 夏	105	宁夏回族自治区博物馆
	106	宁夏回族自治区固原博物馆
新 疆	107	新疆维吾尔自治区博物馆
	108	新疆生产建设兵团军垦博物馆

三、美术馆(32家)

省 份	编号	名 称
文化部	1	中国美术馆
	2	中国工艺美术馆
	3	中国国家画院
北 京	4	北京画院
河 北	5	河北省画院(河北美术馆)
内 蒙	6	内蒙古美术馆
辽 宁	7	辽宁美术馆
吉 林	8	吉林省美术馆
黑龙江	9	黑龙江省美术馆
上 海	10	上海美术馆
	11	刘海粟美术馆
	12	上海油画雕塑院
	13	上海中国画院
江 苏	14	江苏省美术馆
	15	江苏省国画院
浙 江	16	浙江美术馆
福 建	17	福建省美术馆
江 西	18	江西书画院
山 东	19	山东省美术馆
河 南	20	河南省美术馆

(续表)

省　份	编号	名　　称
湖　北	21	湖北省艺术馆
	22	湖北省美术院
广　东	23	广东美术馆
	24	何香凝美术馆
	25	广东画院
四　川	26	四川省诗书画院
云　南	27	云南美术馆
陕　西	28	陕西省美术博物馆
	29	陕西国画院
甘　肃	30	甘肃美术馆
宁　夏	31	宁夏书画院(宁夏回族自治区美术馆)
新　疆	32	新疆画院

第二批国有公益性收藏单位名单

(财政部、海关总署、国家税务总局公告2014年第96号,2014年12月14日)

一、新认定单位36家

编号	名称
1	宁波市图书馆
2	宁波美术馆
3	宁波博物馆
4	宁波市天一阁博物馆
5	宁波市保国寺古建筑博物馆
6	河南省地质博物馆
7	中国体育博物馆
8	中国人民抗日战争纪念馆
9	北京自然博物馆
10	中国煤炭博物馆
11	彭真生平暨中共太原支部旧址纪念馆
12	旅顺博物馆
13	旅顺日俄监狱旧址博物馆
14	大连现代博物馆
15	黑龙江省地质博物馆
16	上海科技馆
17	陈云故居暨青浦革命历史纪念馆
18	上海中国航海博物馆
19	上海世博会博物馆
20	上海孙中山故居纪念馆

(续表)

编　号	名　　称
21	上海宋庆龄故居纪念馆
22	上海韬奋纪念馆
23	中国水利博物馆
24	安徽省古生物化石博物馆（安徽省古生物化石科学研究所、安徽省地质博物馆）
25	安徽省农业博物馆
26	福建省革命历史纪念馆
27	厦门市博物馆
28	厦门华侨博物院
29	山东省地质博物馆
30	青岛市博物馆
31	青岛德国总督楼旧址博物馆
32	青岛市康有为故居纪念馆
33	湖南省地质博物馆
34	深圳博物馆
35	云南民族博物馆
36	甘肃地质博物馆

二、更名单位 3 家

编　号	名　　称
1	福建博物院（原福建博物馆）
2	福建省昙石山遗址博物馆（原福建昙石山遗址博物馆）
3	四川博物院（原四川省博物馆）

第三批国有公益性收藏单位名单

(财政部、海关总署、国家税务总局公告 2019 年第 79 号,2019 年 7 月 8 日)

一、新增单位 36 家

编 号	名 称
1	中国印刷博物馆
2	审计博物馆
3	中国海关博物馆
4	郭沫若纪念馆
5	中国科学技术馆
6	中国华侨历史博物馆
7	北京警察博物馆
8	北京税务博物馆
9	北京奥运博物馆
10	北京南海子麋鹿苑博物馆
11	北京天文馆
12	北京市正阳门管理处
13	北京市团城演武厅管理处
14	北京西山大觉寺管理处
15	北京市白塔寺管理处
16	天津美术馆
17	山西地质博物馆
18	山西省体育博物馆
19	刘胡兰纪念馆
20	内蒙古自然博物馆

(续表)

编号	名称
21	上海公安博物馆
22	龙华烈士纪念馆
23	青岛市图书馆
24	青岛市美术馆
25	湖南党史陈列馆
26	湖南美术馆
27	广州鲁迅纪念馆
28	深圳图书馆
29	深圳美术馆
30	深圳市关山月美术馆
31	深圳画院
32	中国(海南)南海博物馆
33	重庆美术馆
34	重庆科技馆
35	四川美术馆
36	甘肃简牍博物馆

二、更名单位 14 家

编号	名称
1	文化和旅游部恭王府博物馆(原文化部恭王府管理中心)
2	河北博物院(原河北省博物馆、河北省民俗博物馆)
3	大连博物馆(原大连现代博物馆)
4	上海市历史博物馆(上海革命历史博物馆)(原上海市历史博物馆)
5	陈云纪念馆(原陈云故居暨青浦革命历史纪念馆)
6	浙江自然博物院(原浙江自然博物馆)
7	安徽博物院(原安徽省博物馆)
8	华侨博物院(原厦门华侨博物院)
9	江西画院(原江西书画院)
10	山东博物馆(原山东省博物馆)

(续表)

编　号	名　　称
11	湖北省古建筑保护中心(湖北明清古建筑博物馆)[原湖北省文化厅古民居抢救保护中心(湖北明代藩王博物馆)]
12	湖北美术馆(原湖北省艺术馆)
13	大足石刻研究院(原重庆大足石刻艺术博物馆)
14	西藏博物馆(原西藏自治区博物馆)

涉案文物鉴定评估管理办法

(文物博发〔2018〕4号,2018年6月20日)

第一章 总 则

第一条 为适应人民法院、人民检察院和公安机关等办案机关办理文物犯罪刑事案件的需要,规范涉案文物鉴定评估活动,保证涉案文物鉴定评估质量,根据《中华人民共和国文物保护法》、《最高人民法院、最高人民检察院关于办理妨害文物管理等刑事案件适用法律若干问题的解释》和有关法律法规,制定本办法。

第二条 本办法所称涉案文物,专指文物犯罪刑事案件涉及的文物或者疑似文物。

本办法所称涉案文物鉴定评估,是指涉案文物鉴定评估机构组织文物鉴定评估人员,运用专门知识或者科学技术对涉案文物的专门性问题进行鉴别、判断、评估并提供鉴定评估报告的活动。

第三条 国家文物局指定的涉案文物鉴定评估机构和予以备案的文物鉴定评估人员开展涉案文物鉴定评估活动,适用本办法。

第四条 涉案文物鉴定评估机构开展涉案文物鉴定评估活动,应当遵循合法、独立、客观、公正的原则。

第五条 文物鉴定评估人员在涉案文物鉴定评估活动中,应当遵守法律法规,遵守职业道德和职业纪律,尊重科学,遵守标准规范。

第六条 国家文物局负责遴选指定涉案文物鉴定评估机构,制定涉案文物鉴定评估管理制度和标准规范,对全国涉案文物鉴定评估工作进行宏观指导。

第七条 省级文物行政部门负责推荐本行政区域内涉案文物鉴定评估机构,对涉案文物鉴定评估工作进行监督管理。

省级文物行政部门应当保障本行政区域内涉案文物鉴定评估机构开展涉案文物鉴定评估工作所需的业务经费。

第八条 涉案文物鉴定评估机构的发展应当符合统筹规划、合理布局、严格标准、确保质量的要求。

第二章　鉴定评估范围和内容

第九条　涉案文物鉴定评估范围涵盖可移动文物和不可移动文物。

（一）可移动文物鉴定评估类别包括陶瓷器、玉石器、金属器、书画、杂项等五个类别。

（二）不可移动文物鉴定评估类别包括古文化遗址、古墓葬、古建筑、石窟寺及石刻、近现代重要史迹及代表性建筑、其他等六个类别。

第十条　已被拆解的不可移动文物的构件，涉案文物鉴定评估机构可以应办案机关的要求，将其作为可移动文物进行鉴定评估。

第十一条　可移动文物鉴定评估内容包括：

（一）确定疑似文物是否属于文物；

（二）确定文物产生或者制作的时代；

（三）评估文物的历史、艺术、科学价值，确定文物级别；

（四）评估有关行为对文物造成的损毁程度；

（五）评估有关行为对文物价值造成的影响；

（六）其他需要鉴定评估的文物专门性问题。

可移动文物及其等级已经文物行政部门认定的，涉案文物鉴定评估机构不再对上述第一至三项内容进行鉴定评估。

第十二条　不可移动文物鉴定评估内容包括：

（一）确定疑似文物是否属于古文化遗址、古墓葬；

（二）评估有关行为对文物造成的损毁程度；

（三）评估有关行为对文物价值造成的影响；

（四）其他需要鉴定评估的文物专门性问题。

不可移动文物及其等级已经文物行政部门认定的，涉案文物鉴定评估机构不再对上述第一项内容进行鉴定评估。

第十三条　涉案文物鉴定评估机构可以根据自身专业条件，并应办案机关的要求，对文物的经济价值进行评估。

第三章　鉴定评估机构和人员

第十四条　国有文物博物馆机构申请从事涉案文物鉴定评估业务，应当具备下列条件：

（一）有独立法人资格；

（二）有固定的办公场所和必要的文物鉴定技术设备；

（三）能够从事本办法第九条规定的可移动文物所有类别或者不可移动文物所有类别的鉴定评估业务，每类别有三名以上专职或者兼职的文物鉴定评估人员；

（四）有一定数量的专职文物鉴定评估人员；

（五）具备一定的文物鉴定评估组织工作经验。

第十五条 国有文物博物馆机构申请从事涉案文物鉴定评估业务，应当提交下列材料：

（一）申请从事涉案文物鉴定评估业务的文件；

（二）涉案文物鉴定评估机构申请表；

（三）文物鉴定评估人员登记表；

（四）法人证书复印件或者证明法人资格的相关文件；

（五）此前组织开展文物鉴定评估工作的相关情况说明。

第十六条 省级文物行政部门按照本办法第十四条规定的条件，对本行政区域内申请从事涉案文物鉴定评估业务的国有文物博物馆机构进行初审，初审合格的报国家文物局。

国家文物局对各省上报的机构进行遴选，指定其中符合要求的为涉案文物鉴定评估机构，并通过适当方式向社会公告。

第十七条 涉案文物鉴定评估机构的文物鉴定评估人员，应当至少符合下列条件之一：

（一）取得文物博物及相关系列中级以上专业技术职务，并有至少持续五年文物鉴定实践经历；

（二）是文物进出境责任鉴定人员；

（三）是国家或者省级文物鉴定委员会委员。

第十八条 省级文物行政部门按照本办法第十七条规定的条件，对拟从事涉案文物鉴定评估工作的文物鉴定评估人员进行审核，审核合格的报国家文物局备案。

第十九条 涉案文物鉴定评估机构的文物鉴定评估人员只能在一个鉴定评估机构中任职（包括兼职），但可以接受其他涉案文物鉴定评估机构的聘请，从事特定事项的涉案文物鉴定评估活动。

文物鉴定评估人员不得私自接受涉案文物鉴定评估委托。

第四章 鉴定评估程序

第一节 委托与受理

第二十条 涉案文物鉴定评估机构受理所在省（自治区、直辖市）行政区域内人民法院、人民检察院和公安机关等办案机关的涉案文物鉴定评估委托。

第二十一条　办案机关委托文物鉴定评估的,应当向涉案文物鉴定评估机构提供立案决定书、办案机关介绍信或者委托函、鉴定评估物品清单、照片、资料等必要的鉴定评估材料,并对鉴定评估材料的真实性、合法性负责。

经双方同意,办案机关可以将鉴定评估文物暂时委托涉案文物鉴定评估机构保管。

第二十二条　涉案文物鉴定评估机构收到鉴定评估材料和鉴定评估文物后,应当详细查验并进行登记,并严格开展鉴定评估文物和其他鉴定评估材料的交接、保管、使用和退还工作。

第二十三条　涉案文物鉴定评估机构对属于本机构涉案文物鉴定评估业务范围,鉴定评估用途合法,提供的鉴定评估材料能够满足鉴定评估需要的鉴定评估委托,应当受理。

鉴定评估材料不完整、不充分,不能满足鉴定评估需要的,涉案文物鉴定评估机构可以要求委托办案机关进行补充。

委托办案机关故意提供虚假鉴定评估材料的,涉案文物鉴定评估机构应当主动向委托办案机关的上级部门报告。

第二十四条　有下列情形之一的鉴定评估委托,涉案文物鉴定评估机构不予受理:

(一)委托主体不符合本办法对办案机关的规定的;

(二)委托鉴定评估物品不符合本办法对涉案文物的规定的;

(三)鉴定评估范围和内容不属于涉案文物鉴定评估机构业务范围或者不符合本办法规定的;

(四)鉴定评估材料不具备鉴定评估条件或者与鉴定评估要求不相符的。

第二十五条　涉案文物鉴定评估机构应当自收到鉴定评估材料之日起五个工作日内,作出是否受理鉴定评估委托的决定。

第二十六条　涉案文物鉴定评估机构决定受理鉴定评估委托的,应当与委托办案机关签订涉案文物鉴定评估委托书。鉴定评估委托书应当载明委托办案机关名称、涉案文物鉴定评估机构名称、委托鉴定评估内容、鉴定评估时限以及双方权利义务等事项。

第二十七条　涉案文物鉴定评估机构决定不予受理鉴定评估委托的,应当向委托主体说明理由,并退还鉴定评估材料。

第二十八条　对于本办法三十五条第二款和三十六条第一款规定的鉴定评估终止情形,或者因其它重大特殊原因,办案机关可以申请跨行政区域委托涉案文物鉴定评估。

跨行政区域委托涉案文物鉴定评估的,由办案机关所在地省级文物行政部门商拟委托涉案文物鉴定评估机构所在地省级文物行政部门,共同确定具有相应鉴定评估能力的涉案文物鉴定评估机构开展。协商不成的,可以由办案机关所在地省级文物行政部门报国家文物局指定。

第二节 鉴定评估

第二十九条 涉案文物鉴定评估机构接受鉴定评估委托后,应当组织本机构与委托鉴定评估文物类别一致的文物鉴定评估人员进行鉴定评估。每类别文物鉴定评估应当有两名以上文物鉴定评估人员参加鉴定评估。

对复杂、疑难和重大案件所涉的鉴定评估事项,可以聘请其他涉案文物鉴定评估机构相关文物类别的文物鉴定评估人员参加鉴定评估。

第三十条 文物鉴定评估人员有下列情形之一的,应当自行回避,涉案文物鉴定评估机构负责人也应当要求其回避:

(一)是案件的当事人或者是当事人的近亲属的;
(二)本人或者其近亲属与案件有利害关系;
(三)与案件当事人和案件有其他关系,可能影响其独立、客观、公正鉴定评估的。

第三十一条 可移动文物的鉴定评估,应当依托涉案文物实物开展,并依照相关标准和技术规范进行。

第三十二条 不可移动文物的鉴定评估,应当到涉案文物所在地现场开展调查研究,并依照相关标准和技术规范进行。

第三十三条 涉案文物鉴定评估过程中,需要进行有损科技检测的,涉案文物鉴定评估机构应当征得委托办案机关书面同意。文物鉴定评估人员应当对科技检测的手段、过程和结果进行记录,并签名存档备查。

第三十四条 涉案文物鉴定评估采取文物鉴定评估人员独立鉴定评估和合议相结合的方式进行。文物鉴定评估人员应当对鉴定评估的方法、过程和结论进行记录,并签名存档备查。

第三十五条 鉴定评估活动完成后,涉案文物鉴定评估机构应当对文物鉴定评估人员作出的鉴定评估意见进行审查,对鉴定评估意见一致的出具鉴定评估报告。

鉴定评估意见不一致的,涉案文物鉴定评估机构应当组织原鉴定人员以外的文物鉴定评估人员再次进行鉴定评估,再次鉴定评估意见一致的出具鉴定评估报告;再次鉴定评估意见仍不一致的,可以终止鉴定评估,涉案文物鉴定评估机构应当书面通知委托办案机关终止鉴定评估决定并说明理由。

第三十六条 有下列情形之一的,涉案文物鉴定评估机构可以终止鉴定评估:

(一)在鉴定评估过程中发现本机构难以解决的技术性问题的;
(二)确需补充鉴定评估材料而委托办案机关无法补充的;
(三)委托办案机关要求终止鉴定评估的;

（四）其他需要终止鉴定评估的情形。

除上述第三项情形外，涉案文物鉴定评估机构应当书面通知委托办案机关终止鉴定评估决定并说明理由。

第三十七条 有下列情形之一的，涉案文物鉴定评估机构应当接受办案机关委托进行重新鉴定评估：

（一）有明确证据证明鉴定评估报告内容有错误的；

（二）鉴定评估程序不符合本办法规定的；

（三）文物鉴定评估人员故意作出虚假鉴定评估或者应当回避而未予回避的；

（四）其他可能影响鉴定评估客观、公正的情形。

涉案文物鉴定评估机构应当组织原鉴定评估人员以外的文物鉴定评估人员进行重新鉴定评估。

鉴定评估报告中出现的明显属于错别字或者语言表述瑕疵的，可以由鉴定评估机构出具更正说明，更正说明属于原鉴定评估报告的组成部分。

第三十八条 有下列情形之一的，涉案文物鉴定评估机构应当根据办案机关要求进行补充鉴定评估：

（一）鉴定评估报告内容有遗漏的；

（二）鉴定评估报告意见不明确的；

（三）办案机关发现新的相关重要鉴定评估材料的；

（四）办案机关对涉案文物有新的鉴定评估要求的；

（五）鉴定评估报告不完整，委托事项无法确定的；

（六）其他需要补充鉴定评估的情形。

补充鉴定评估是原委托鉴定评估活动的组成部分，应当由涉案文物鉴定评估机构组织原文物鉴定评估人员进行。

第三十九条 办案机关对有明确证据证明涉案文物鉴定评估机构重新出具的鉴定评估报告有错误的，可以由最高人民法院、最高人民检察院、公安部、海关总署商国家文物局，由国家文物局指定涉案文物鉴定评估机构进行再次鉴定评估。

第四十条 涉案文物鉴定评估机构一般应当自鉴定评估委托书签订之日起十五个工作日内完成鉴定评估。

因办案时限规定或者其他特殊事由，需要缩减或者延长鉴定评估时限的，由双方协商确定。延长鉴定评估时限的，一般不超过四十五个工作日。

第四十一条 涉案文物鉴定评估机构应当按照统一规定的文本格式制作鉴定评估报告。

鉴定评估报告一式五份，三份交委托办案机关，一份由涉案文物鉴定评估机构存档，一份在鉴定评估活动完成次月 15 日前报所在地省级文物行政部门备案。

第四十二条 鉴定评估事项结束后,涉案文物鉴定评估机构应当将鉴定评估报告以及在鉴定评估过程中产生的有关资料整理立卷、归档保管。

第四十三条 未经委托办案机关同意,涉案文物鉴定评估机构和文物鉴定评估人员不得向文物行政部门以外的其他组织或者个人提供与鉴定评估事项有关的信息。

第五章 监督管理

第四十四条 涉案文物鉴定评估机构应当于每年 11 月 15 日前,将本年度涉案文物鉴定评估业务情况和鉴定的涉案文物信息书面报告所在地省级文物行政部门。省级文物行政部门汇总后于当年 12 月 1 日前报送国家文物局。

第四十五条 最高人民法院、最高人民检察院、公安部、海关总署直接办理或者督办的刑事案件所涉的文物鉴定评估,涉案文物鉴定评估机构应当在接受鉴定评估委托后,及时通过省级文物行政部门向国家文物局报告。

第四十六条 涉案文物鉴定评估机构发生法定代表人、办公地点或者机构性质等重大事项变更,或者文物鉴定评估人员发生变动的,应当及时将相关情况通过省级文物行政部门报国家文物局备案。

第四十七条 省级文物行政部门应当对本行政区域内涉案文物鉴定评估机构进行不定期检查,发现问题或者有举报、投诉等情况的,应当及时进行调查处理。

第四十八条 涉案文物鉴定评估机构有下列情形之一的,由所在地省级文物行政部门给予警告,并责令其改正:

(一)超出本办法规定的涉案文物鉴定评估业务范围开展涉案文物鉴定评估活动的;

(二)组织未经国家文物局备案的文物鉴定评估人员开展涉案文物鉴定评估活动的;

(三)鉴定评估活动未按照本办法规定的程序要求和标准规范开展的;

(四)无正当理由拒绝接受涉案文物鉴定评估委托的;

(五)无正当理由超出鉴定评估时限的;

(六)法律、法规规定的其他情形。

第四十九条 涉案文物鉴定评估机构有下列情形之一的,由所在地省级文物行政部门进行调查,国家文物局根据情节严重程度暂停或者终止其从事涉案文物鉴定评估业务:

(一)因严重不负责任造成鉴定评估报告内容明显错误的;

(二)因严重不负责任造成委托鉴定评估文物实物损毁、遗失的;

(三)法律、法规规定的其他情形。

第五十条　文物鉴定评估人员有下列情形之一的,由所在涉案文物鉴定评估机构给予警告,并责令其改正:

(一)无正当理由拒绝接受涉案文物鉴定评估工作的;

(二)向委托办案机关私自收取鉴定评估费用的;

(三)法律、法规规定的其他情形。

第五十一条　文物鉴定评估人员有下列情形之一的,由所在涉案文物鉴定评估机构给予警告,并责令其改正;情节严重的,报省级文物行政部门同意后暂停或者终止其开展涉案文物鉴定评估活动:

(一)应当回避而未予回避,造成恶劣影响的;

(二)违反职业道德和职业纪律,造成恶劣影响的;

(三)因严重不负责任造成委托鉴定评估文物实物损毁、遗失的;

(四)法律、法规规定的其他情形。

第五十二条　涉案文物鉴定评估机构负责人在管理工作中滥用职权、玩忽职守造成严重后果的,依法追究相应的法律责任。

涉案文物鉴定评估机构负责人和文物鉴定评估人员故意出具虚假鉴定评估报告,或者故意隐匿、侵占、毁损委托鉴定评估文物,构成犯罪的,依法追究刑事责任。

第六章　附　　则

第五十三条　对古猿化石、古人类化石及其与人类活动有关的第四纪古脊椎动物化石的鉴定评估活动,依照本办法执行。

第五十四条　涉案文物鉴定评估机构和文物鉴定评估人员开展行政案件、民事案件涉及文物的鉴定评估活动,可以参照本办法执行。

第五十五条　对尚未登记公布的古文化遗址、古墓葬,县级以上文物行政部门可以依据已生效判决采纳的鉴定评估意见,依法开展登记公布工作。

第五十六条　本办法自公布之日起实施。此前有关规定与本办法不一致的,以本办法为准。

附件1：

涉案文物鉴定评估报告（格式文本）

×××（涉案文物鉴定评估机构名称）
法人证号：
地　　址：××省××市××路××号
邮政编码：
联系电话：

×××（涉案文物鉴定评估机构名称）
涉案文物鉴定评估报告

　　　　　　　　　　　编号：_____（涉案文物鉴定评估机构章）

项　目	内　　容	备　注
基本情况		
文物情况		
鉴定评估过程		
分析说明		
鉴定评估意见		
附件		

涉案文物鉴定评估人员签名：
　　　　　　　×年×月×日

共　　页第　　页

填写说明：

1."基本情况",应当简要说明委托机关、委托事项、受理日期、鉴定评估材料,是否属于重新鉴定评估或者补充鉴定评估等情况。

2."文物情况",应当记录可移动文物的尺寸、质量、质地等和不可移动文物的地理位置、范围面积等信息。

3."鉴定评估过程",应当详实描述文物鉴定评估活动过程,包括人员、时间、地点、内容、方法,采用的标准、技术规范或者技术方法,科技检测所使用的仪器设备、过程和结果等。

4."分析说明",应当阐明文物鉴定评估人员通过对可移动文物的时代、造型、工艺、完残、品相等方面和不可移动文物的历史沿革、保存现状等内容的鉴别判断,对文物的历史、艺术、科学价值的考证分析,对文物毁损程度或者受影响程度的评估,得出鉴定评估意见的过程。

5."鉴定评估意见",应当围绕本办法规定的鉴定评估事项相关内容,作出结论性意见表述。

6."附件",应当列明与鉴定评估活动相关的资料,如文物照片或者影像资料,可移动文物的流转经过说明和不可移动文物的记录档案等。

7.文本项目内容可以另附详细说明。

附件2：

涉案文物鉴定评估委托书（参考文本）

甲方：×××（委托办案机关名称）
乙方：×××（涉案文物鉴定评估机构名称）

甲、乙双方经友好协商，就甲方委托乙方开展对"×××（案件名称）"所涉文物的鉴定评估活动达成如下协议：

第一条 鉴定评估内容

_____

_____

_____

_____

第二条 鉴定评估时限

乙方应当自本协议签订之日起_____个工作日内完成鉴定评估。乙方因不能预见、不能避免并不能克服的不可抗力事件不能完成鉴定评估的，应当立即通知甲方。因办案时限规定或者其他特殊事由，需要缩减或者延长鉴定评估时限的，由双方协商确定。

第三条 双方权利义务

1. 甲方应当如实向乙方提供与委托鉴定评估事项有关的全部材料和信息，并根据乙方的合理要求及时补充必要的材料。

2. 乙方应当按照《涉案文物鉴定评估管理办法》的规定和行业通用的标准规范进行鉴定评估。

第四条 争议解决

因本协议引起的或者与本协议有关的任何争议，甲、乙双方应当友好协商解决，协商不成的，提请甲、乙双方所在地省级文物行政部门协调解决。

第五条 其他

1. 本协议自甲、乙双方加盖公章之日起生效。

2. 本协议一式四份，甲、乙双方各执二份，具有同等效力。

甲方：×××	乙方：×××
（委托办案机关名称）	（涉案文物鉴定评估机构名称）
×年×月×日	×年×月×日
（盖章）	（盖章）

上海市文物保护条例

(2014年6月19日上海市人民代表大会
常务委员会公告第十二号公布)

第一章 总 则

第一条 为了加强对文物的保护,促进对文物的合理利用,传承优秀的历史文化遗产,根据《中华人民共和国文物保护法》、《中华人民共和国文物保护法实施条例》等法律、行政法规,结合本市实际情况,制定本条例。

第二条 本市行政区域内对文物的保护、利用及其相关管理,适用本条例。

文物认定的标准和办法依照国务院批准的文物行政管理部门制定的相关规定执行。

第三条 文物工作坚持保护为主、抢救第一、合理利用、加强管理的方针。

第四条 市和区、县人民政府负责本行政区域内的文物保护工作,并组织本条例的实施。

市和区、县文物行政管理部门具体负责本行政区域内的文物保护以及相关监督管理。

发展改革、建设、交通、规划土地、房屋、经济信息化、公安消防、绿化市容、水务、工商、教育、旅游、文广影视、新闻出版、财政等相关行政管理部门,按照各自职责共同做好文物保护工作。

第五条 市和区、县文物管理委员会负责协调解决文物保护工作中的重大问题,其日常办事机构设在同级文物行政管理部门。

市文物管理委员会设立文物保护专家委员会。专家委员会由文物、历史、文化、艺术、规划、建筑、房屋管理、法律等方面的人士组成,为本市文物保护和管理工作提供决策咨询意见。

第六条 市和区、县人民政府应当将文物保护事业纳入本级国民经济和社会发展规划,所需经费列入本级财政预算,并随着财政收入增长而增加。

第七条 市文物行政管理部门应当根据本市国民经济和社会发展规划,以及文物保护工作的实际需要,会同市规划土地行政管理部门组织编制文物保护专项规划,经市人民政府批准后纳入相应的城乡规划。文物保护单位的保护范围和建设控制地带的划定和保护,应当作为总体规划和详细规划的强制性内容。

第八条 文物、教育、新闻出版、文广影视等行政管理部门,学校、社区,以及广播电台、电视台、报刊、网站等媒体应当加强文物保护的宣传教育,普及文物知识,增强全社会的文物保护意识。

第九条 鼓励公民、法人或者其他组织设立文物保护社会基金,或者通过捐赠、资金投入、举办公益性文物保护宣传教育活动等方式参与文物保护。

鼓励志愿者和志愿服务组织参与文物普查、文物知识的宣传和讲解以及辅助服务等工作。市和区、县文物行政管理部门应当对志愿者开展相关知识培训。

第十条 本市鼓励和支持文物保护的科学技术研究。

市文物行政管理部门应当制定文物保护的科学技术研究规划,通过推动与科研机构和高等院校的合作,推进文物保护科技创新,促进文物保护科学技术成果的推广和应用,提高文物保护的科学技术水平。

第二章 不可移动文物

第十一条 相关部门履行下列职责时,涉及不可移动文物的,应当征询同级文物行政管理部门的意见:

(一)市和区、县规划土地行政管理部门组织编制城乡规划、土地利用规划或者进行土地出让前;

(二)市建设行政管理部门会同相关部门和区、县人民政府确定旧城区改建范围;

(三)市房屋行政管理部门确定符合其他公共利益需要征收房屋的项目;

(四)其他行政管理部门需要征询意见的情况。

第十二条 不可移动文物根据其历史、艺术、科学价值,可以依法确定为全国重点文物保护单位、市级文物保护单位和区、县级文物保护单位。

尚未核定公布为文物保护单位的不可移动文物,由区、县人民政府文物行政管理部门予以登记,并公布为文物保护点。

第十三条 全国重点文物保护单位的核定公布,按照国家有关规定执行。

市级文物保护单位由市文物行政管理部门提出建议名录,报市人民政府核定公布,并报国务院备案。

区、县级文物保护单位由文物所在地的区、县文物行政管理部门提出建议名录,报区、县人民政府核定公布,并报市人民政府备案。

文物保护点由文物所在地的区、县文物行政管理部门予以登记和公布,并报区、县人民政府和市文物行政管理部门备案。

第十四条 本市建立对不可移动文物的定期评估制度。市文物行政管理部门应当每五年对市级文物保护单位进行评估。区、县文物行政管理部门应当每五年对本行政区域内的区、县级文物保护单位和文物保护点进行评估。

第十五条 经评估,不可移动文物保护价值发生明显改变的,可以依法予以升级、降级或者撤销。

不可移动文物的升级,由文物行政管理部门依照本条例第十三条第二款、第三款的规定核定公布和备案。

区、县级文物保护单位、文物保护点的降级或者撤销,由区、县文物行政管理部门提出并经市文物行政管理部门同意,报区、县人民政府批准。

第十六条 文物保护单位和文物保护点核定、升级、降级、撤销前和定期评估时,市和区、县文物行政管理部门应当组织专家委员会论证,征询同级规划土地、房屋等相关行政管理部门的意见,并公示征求社会意见。

第十七条 全国重点文物保护单位和市级文物保护单位自核定公布之日起一年内,由市文物行政管理部门会同市规划土地行政管理部门拟定必要的保护范围,报市人民政府划定后予以公布;全国重点文物保护单位的保护范围划定后,由市文物行政管理部门报国务院文物行政管理部门备案。区、县级文物保护单位自核定公布之日起一年内,由所在地的区、县文物行政管理部门会同区、县规划土地行政管理部门拟定必要的保护范围,报区、县人民政府划定后予以公布。

市文物行政管理部门可以根据保护文物的实际需要,会同市规划土地行政管理部门,在文物保护单位的保护范围外划出一定的建设控制地带,报市人民政府批准后予以公布。

文物保护单位的保护范围和建设控制地带报市和区、县人民政府划定、批准前,市和区、县文物行政管理部门应当组织专家论证,并听取利害关系人的意见。

第十八条 文物保护单位的保护范围内不得进行其他建设工程或者爆破、钻探、挖掘等作业。但是,因特殊情况需要在文物保护单位的保护范围内进行其他建设工程或者爆破、钻探、挖掘等作业的,必须保证文物保护单位的安全,并按照国家有关规定报批。

在文物保护单位的建设控制地带内进行建设工程,不得破坏文物保护单位的历史风貌。建设工程的形式、高度、体量、色调等应当与文物保护单位及其周边环境相协调。建设工程设计方案应当根据文物保护单位的级别,按照国家有关规定报批。

第十九条 本市依照文物保护的相关法律、法规规定制定建筑类不可移动文物的保护要求。保护要求根据建筑的历史、科学和艺术价值以及完好程度,可以分为以下三类:

(一)建筑的立面、结构体系、空间格局和内部装饰不得改变;

(二)建筑的立面、结构体系、基本空间格局和有特色的内部装饰不得改变,其他部分允许适当改变;

（三）建筑的主要立面、主要结构体系、主要空间格局和有价值的建筑构件不得改变,其他部分允许适当改变。

市文物行政管理部门应当会同市房屋、市规划土地等相关行政管理部门,严格确定每处建筑类不可移动文物的保护类别并制定具体的保护措施。保护措施应当明确不可移动文物的保护部位、安全防范、利用限制、环境整治等内容。保护类别的确定和具体保护措施的制定应当经由文物保护专家委员会论证。

第二十条　区、县文物行政管理部门应当将本行政区域内不可移动文物的保护要求书面告知不可移动文物的所有人、使用人、相关的物业管理单位,明确其保护义务以及相应的法律责任;并将不可移动文物的保护要求及分布情况,同时通报不可移动文物所在地的乡、镇人民政府、街道办事处。

第二十一条　对不可移动文物实施保养维护、抢险加固、修缮、保护性设施建设、迁移等保护工程的,应当按照国家规定的原则和要求,根据文物保护单位的级别报相应的文物行政管理部门批准,由取得文物保护工程资质证书的单位承担。

文物保护工程涉及结构加固、保温节能以及消防设施等设备更新、改造的,应当符合本条例第十九条规定的保护要求。

第二十二条　非国有不可移动文物由其所有人负责修缮、保养。所有人对不可移动文物进行修缮、保养的,可以向市或者区、县文物行政管理部门申请经费补助。

非国有不可移动文物有损毁危险,所有人不具备修缮能力的,经市或者区、县文物行政管理部门组织专家评估确需抢救性修缮的,市或者区、县文物行政管理部门应当实施抢救性修缮。所有人具备修缮能力而拒不履行修缮义务的,市或者区、县文物行政管理部门可以给予抢救性修缮,所需费用由所有人负担。

第三章　考古发掘

第二十三条　市文物行政管理部门应当组织考古发掘单位开展地下、水下文物的考古调查,并会同市规划土地、建设、水务等相关行政管理部门,对可能集中埋藏文物的区域,分别划定地下文物埋藏区或者水下文物保护区,报市人民政府批准后向社会公布。

第二十四条　在地下文物埋藏区或者水下文物保护区内进行大型基本建设工程的,建设单位应当在规划选址阶段,报请市文物行政管理部门组织考古发掘单位进行考古调查、勘探。考古调查、勘探应当与建设工程的规划选址同步完成。

考古调查、勘探中发现文物的,由市文物行政管理部门根据文物保护的要求会同建设单位共同商定保护措施;遇有重要发现的,由市文物行政管理部门及时报国务院文物行政管理部门处理。

第二十五条 水下文物保护区范围内，不得进行危及水下文物安全的捕捞、爆破、钻探、挖掘、养殖等活动。

第二十六条 在进行建设工程、农业生产或者房屋拆除活动中，任何单位或者个人发现文物或者疑似文物的，应当保护现场，不得哄抢、私分、藏匿，并立即报告所在地的文物行政管理部门。文物行政管理部门接到报告后，应当立即赶赴现场，经征询相关部门和建设单位的意见后，于七日内提出处理意见。

第四章　馆藏文物

第二十七条 文物收藏单位应当按照国家规定的定级标准，组织专家对文物藏品进行鉴定和定级，并将藏品目录报市文物行政管理部门备案。

第二十八条 文物收藏单位应当设置藏品档案，建立健全藏品管理制度。

市和区、县文物行政管理部门应当建立馆藏文物的档案数据库。

第二十九条 文物收藏单位应当按照国家有关规定，配备防火、防盗、防自然损坏的设施和相应的安全保卫人员，并达到与风险等级相符合的安全防护要求。未达到安全防护要求的，不得陈列、展出文物。

第三十条 本市鼓励公民、法人和其他组织利用其依法收藏的文物设立博物馆，开展社会教育和服务活动。

社会力量举办博物馆，应当依法办理登记手续。

第三十一条 市和区、县文物行政管理部门应当采取经费补助、人员培训、宣传推广等措施，促进社会力量举办的博物馆发展。

市文物行政管理部门应当促进民办博物馆行业组织建设，指导行业组织开展文物保护等活动。

民办博物馆行业组织应当鼓励民办博物馆在开展民间收藏文物研究、展览、交流等活动时，邀请公民、法人或者其他组织参加。

鼓励国有博物馆在藏品保护、陈列展览、科学研究等方面，对社会力量举办的博物馆进行业务指导。

第五章　文物流通和利用

第三十二条 从事文物收购、销售、拍卖活动的企业，应当按照国家有关规定履行审批手续,并在核准的范围内经营。

第三十三条 文物、工商等相关行政管理部门依法对文物经营活动实施监督检查,对未经批准开展的文物经营行为进行查处,对收购、销售、拍卖国家禁止买卖的文物的行为进行处罚。

第三十四条 从事文物收购、销售、拍卖活动的企业应当按照国家和本市有关法律、法规的规定诚信经营。

市文物行政管理部门应当建立文物经营者诚信档案,并定期向社会公布不诚信企业名单。

第三十五条 文物利用应当在确保文物安全的前提下遵循合理、适度、可持续的原则。

第三十六条 各级人民政府利用文物保护单位、文物保护点进行旅游开发的,应当延续原有人文生态及历史环境风貌,实施文物安全监测,对可能造成文物资源破坏的及时采取保护措施,确保文物安全。

对外开放的文物保护单位、文物保护点的游客承载标准,由文物行政管理部门根据保护文物等需要会同同级旅游行政管理部门确定,并向社会公布。

第三十七条 国有文物保护单位、文物保护点具备开放条件的,在保证文物安全的前提下,应当向公众开放。在每年的中国文化遗产日、上海国家历史文化名城命名日,应当免费向公众开放。

鼓励非国有文物保护单位、文物保护点向公众开放。

第三十八条 鼓励各级各类教育机构利用文物资源开展教育活动。

博物馆、纪念馆及其他文物收藏单位应当结合本单位特点,充分发挥馆藏文物的作用,开展形式多样、生动活泼的社会教育和服务活动,积极参与城市文化氛围营造和社区文化建设,并向社会公告服务项目和开放时间。

对外开放的文物保护单位、文物保护点应当为教育机构开展教育活动提供服务和便利。

第三十九条 鼓励革命史迹、工业遗产、名人故居、近现代代表性建筑等不可移动文物的所有人、使用人,利用文物资源向公众提供公共文化服务。

第六章 法律责任

第四十条 违反本条例规定的行为,《中华人民共和国文物保护法》、《中华人民共和国文物保护法实施条例》及其他有关法律、行政法规已有处罚规定的,从其规定。

第四十一条 有下列行为之一的,由上级机关或者主管部门责令改正:

(一)违反本条例第十五条、第十六条规定,擅自将文物保护单位、文物保护点降级、撤销的；

（二）违反本条例第三十八条第二款规定，博物馆、纪念馆及其他文物收藏单位未按规定向社会公告服务项目和开放时间的。

第四十二条 文物等行政管理部门直接负责的主管人员或者其他直接责任人员玩忽职守、滥用职权、徇私舞弊的，由其所在单位或者上级主管部门依法给予行政处分；构成犯罪的，依法追究刑事责任。

第七章 附 则

第四十三条 既是不可移动文物又是优秀历史建筑的，由市人民政府相关行政管理部门依照文物保护的相关法律、法规和本市有关法规规定，共同做好保护工作。

第四十四条 本条例自2014年10月1日起施行。

上海市民间收藏文物经营管理办法

(上海市人民政府令第 27 号,2019 年 12 月 25 日)

第一章 总 则

第一条(目的和依据)

为了加强对民间收藏文物经营活动的管理,促进本市文物市场健康有序发展,保护优秀历史文化遗产,根据《中华人民共和国文物保护法》及其实施条例、《上海市文物保护条例》等法律、法规,结合本市实际,制定本办法。

第二条(适用范围)

本市行政区域内民间收藏文物的购销、拍卖等经营活动(以下统称文物经营活动)及其监督管理,适用本办法。

第三条(基本要求)

民间收藏文物依法流通受法律保护,但不得经营国家明令禁止买卖的文物,不得将国家禁止出境的文物转让、出租、质押给外国人。

第四条(部门职责)

市文物主管部门负责本市文物经营活动的行政许可及监督管理工作。区文物主管部门负责对本辖区内的文物经营活动实施监督管理。

市场监管、商务、公安、海关等部门按照各自职责,共同做好文物经营活动的监督管理工作。

第五条(政务服务)

文物、市场监管、商务等部门应当落实简政放权、放管结合、优化服务要求,利用信息化手段,简化行政审批程序,加强事中、事后监管,不断提升对文物经营活动的服务和监管效能。

第六条(行业自律)

本市文物相关行业组织应当加强行业自律,制定行业管理规范,开展行业诚信体系建设,指导、督促会员依法开展文物经营活动,促进行业公平竞争和健康有序发展。

第二章 经营主体

第七条(文物商店)

经市文物主管部门批准设立的文物商店,可以依法从事文物购销经营活动。

第八条(经营文物拍卖的拍卖企业)

经市文物主管部门颁发文物拍卖许可证的拍卖企业,可以依法从事文物拍卖经营活动。

第九条(古玩旧货市场)

古玩旧货市场主办单位从事文物购销经营活动的,应当依法取得文物商店设立许可。

古玩旧货市场内的商户可以由市场主办单位统一取得文物商店设立许可,依法从事文物购销经营活动。

第十条(电子商务经营者)

通过自建网站、电子商务平台或者其他网络服务,从事文物购销经营活动的电子商务经营者应当依法取得文物商店设立许可;从事文物拍卖经营活动的电子商务经营者应当依法取得文物拍卖许可证。

第十一条(申请许可)

申请文物商店设立许可或者文物拍卖许可证,应当符合法律、法规规定的条件,并向市文物主管部门提出申请。

古玩旧货市场主办单位统一申请文物商店设立许可的,应当在申请时一并提交市场内从事文物购销经营活动的商户基本信息。

市文物主管部门应当自受理申请之日起15个工作日内,作出批准或者不批准的决定。决定批准的,发给相关许可证件;决定不批准的,应当书面通知申请人并说明理由。

第十二条(变更要求)

已经取得文物商店设立许可或者文物拍卖许可证的单位,需要变更法律、法规规定的事项时,应当依法向原发证部门办理相关变更手续。

古玩旧货市场主办单位统一取得文物商店设立许可的,其市场内从事文物购销经营活动的商户发生变动时,市场主办单位应当自变动之日起15日内,向市文物主管部门变更相关信息。

第十三条(注销手续)

已经取得文物商店设立许可或者文物拍卖许可证的单位停止经营的,应当自停止经营之日起30日内,依法向原发证部门办理相关注销手续。

第十四条(许可相关禁止行为)

未取得文物商店设立许可或者文物拍卖许可证,不得从事文物经营活动。

禁止涂改、倒卖、出租、出借文物商店设立许可、文物拍卖许可证件,或者以其他形式非法转让相关许可。

第三章 经 营 规 范

第十五条(一般要求)

取得文物商店设立许可或者文物拍卖许可证的文物商店、经营文物拍卖的拍卖企业、古玩旧货市场及市场内从事文物购销经营活动的商户、电子商务经营者(以下统称文物经营单位)应当建立健全文物经营管理制度,诚信自律,合法经营,接受社会监督,承担社会责任。

第十六条(信息公示)

文物商店、经营文物拍卖的拍卖企业、从事文物购销经营活动的古玩旧货市场主办单位应当在经营场所的显著位置,公示营业执照、文物商店设立许可或者文物拍卖许可证件。

古玩旧货市场主办单位统一取得文物商店设立许可的,市场主办单位应当在市场的显著位置,公示前款规定的证照以及市场内从事文物购销经营活动的商户基本信息。

通过自建网站、电子商务平台或者其他网络服务从事文物经营活动的电子商务经营者,应当在自建网站首页或者电子商务平台、其他网络服务的经营活动首页显著位置,依法公示相关证照或者链接标识。

第十七条(从业人员培训)

文物经营单位应当对从业人员进行文物保护和经营管理相关法律、法规、规章和专业知识培训,并建立培训档案。

培训档案可以作为相关行业组织开展信用评定的依据。

第十八条(经营与记录备案要求)

文物经营单位应当保证所经营文物的来源合法,并如实提供文物的名称、年代、品相、瑕疵等基本情况;对国家禁止出境的文物,应当予以明示,并告知购买者。

文物经营单位购买、销售、拍卖文物,应当按照国家有关规定作出记录,并于销售、拍卖文物之日起 30 日内,报市文物主管部门备案。

市文物主管部门应当依法对相关记录予以保密,并将记录保存 75 年。

第十九条(文物拍卖标的审核)

拍卖企业应当在拍卖文物前,将拟拍卖标的报市文物主管部门审核。拍卖企业应当将拟拍卖标的整场报审,并由文物拍卖专业人员共同签署标的征集鉴定意见,不得瞒报、漏报、替换标的,或者以其他方式逃避文物拍卖标的审核。

拍卖企业应当在拍卖图录或者网络拍卖页面的显著位置,公示市文物主管部门的审核决定或者决定文号。

第二十条(古玩旧货市场主办单位责任)

古玩旧货市场主办单位应当加强对市场内文物经营活动的日常检查,发现未经许可从事文物经营活动、经营国家明令禁止买卖的文物等违法行为的,应当先行制止,立即向相关行政管理部门报告并协助查处。

古玩旧货市场主办单位统一取得文物商店设立许可的,市场主办单位还应当履行下列管理责任:

(一)建立健全市场内部文物购销经营管理制度,制定相关管理规范,并通过合同、公约等方式,与市场内从事文物购销经营活动的商户,明确各方权利义务以及相关经营规范要求;

(二)建立市场内从事文物购销经营活动的商户档案,如实记录商户经营文物的来源、购销情况、信用状况等信息,并汇总后报市文物主管部门备案;

(三)组织专业技术人员为市场内的文物购销经营活动提供咨询服务,并对文物的保管、养护提供专业指导;

(四)法律、法规、规章规定的其他管理责任。

第二十一条(电子商务平台经营者责任)

在本市注册登记或者有实际经营场所的电子商务平台经营者提供网络文物交易平台服务的,应当履行下列管理责任:

(一)对平台内文物经营单位进行实名登记,并对其文物经营资质进行核验,不得向未取得文物商店设立许可或者文物拍卖许可证的单位和个人提供网络文物交易平台服务;

(二)对平台内的文物经营活动及信息进行日常检查,发现涉嫌违法违规的,立即向相关行政管理部门报告并协助查处;

(三)发现平台内经营者存在未经许可从事文物经营活动、经营国家明令禁止买卖的文物等严重违法行为的,立即停止为其提供网络文物交易平台服务;

(四)按照规定记录、保存平台内的文物交易信息,保存时间自交易完成之日起不少于3年;

(五)法律、法规、规章规定的其他管理责任。

第二十二条(文物经营禁止行为)

禁止在文物经营活动中从事下列行为:

(一)冒充文物进行销售;

(二)通过虚构拍卖、虚假鉴定等方式,骗取文物鉴定、检测、展览、服务、报关等费用;

(三)通过虚假宣传,误导文物购买者;

(四)法律、法规、规章规定的其他行为。

第四章 服务与监管

第二十三条(一网通办与信息公开)

市文物主管部门应当通过在线政务服务平台、移动终端等途径,为申请设立文物商店、文物拍卖许可证、文物拍卖标的审核等行政许可事项,提供网上办理服务;对于申请材料齐全、符合法定条件的,确保从申请受理到事项办结,只需要申请人一次上门或者零上门。

市文物主管部门应当按照政府信息公开有关规定,公开文物商店设立、文物拍卖许可、文物拍卖标的审核等行政许可信息。

第二十四条(文物鉴定咨询服务)

本市建立民间收藏文物鉴定咨询服务机制。市文物主管部门可以向社会推荐民间收藏文物公益鉴定咨询单位,由其运用专业知识和技能,按照相关工作规程,为民间收藏文物提供免费鉴定咨询服务。

第二十五条(人才培养与职称评定)

本市支持文物经营单位、文物相关行业组织与高等院校、中等职业学校、专业机构合作建立文物鉴定人才培养基地,开展文物鉴定专业知识和技能培训。

本市支持文物经营单位的文物专业技术人员参加文物博物系列职称评定。

第二十六条(信用管理)

市文物主管部门负责建立文物经营单位信用档案,记录文物经营单位的文物经营资质、文物购销或者拍卖信息、日常监督检查、违法行为查处等信息,并将相关信息与市公共信用信息服务平台对接。

第二十七条(诫勉约谈)

文物经营单位有下列情形之一的,文物主管部门可以对其法定代表人或者主要负责人进行诫勉约谈:

(一)多次被投诉、举报或者被媒体曝光的;

(二)对监督检查中发现的问题,未及时进行整改的;

(三)文物主管部门认为有必要开展诫勉约谈的其他情形。

第二十八条(撤销许可)

文物经营单位不再符合相关许可条件的,市文物主管部门应当责令其限期整改;逾期不整改或者经整改仍不符合相关许可条件的,市文物主管部门应当依法撤销许可,并办理相关注销手续。

第二十九条(执法协作)

市文物主管部门应当会同市场监管、商务、公安、海关等部门建立执法协作工作机制,共享文物经营单位营业执照和许可证件的取得、变更、注销等信息;对在监督检查和执法活动中发现的超出本部门管理职责权限的违法行为,应当及时通知或者移送相关部门依法查处。

第三十条(涉案文物鉴定)

相关行政管理部门开展文物经营执法活动,需要对涉案文物进行鉴定的,应当委托国务院文物行政部门认定的鉴定机构进行鉴定。

涉案文物鉴定机构应当为相关行政管理部门开展文物经营执法活动,提供文物鉴定服务和技术支持。

市文物主管部门应当加强对涉案文物鉴定机构开展前款工作的指导和协调。

第五章 法 律 责 任

第三十一条(指引条款)

违反本办法规定的行为,《中华人民共和国文物保护法》及其实施条例、《中华人民共和国电子商务法》等法律、法规有处理规定的,从其规定;构成违反治安管理行为的,由公安机关依法给予治安管理处罚;构成犯罪的,依法追究刑事责任。

第三十二条(对许可相关禁止行为的处罚)

违反本办法第十四条第二款规定,涂改、倒卖、出租、出借文物商店设立许可、文物拍卖许可证件,或者以其他形式非法转让相关许可的,由文物主管部门处 1 万元以上 5 万元以下罚款;情节严重的,处 5 万元以上 10 万元以下罚款。

第三十三条(对违反信息公示规定的处罚)

违反本办法第十六条第一款、第二款规定,文物商店、经营文物拍卖的拍卖企业、古玩旧货市场主办单位未按照要求公示相关证照或者信息的,由文物主管部门责令限期改正;逾期不改正的,处 1 000 元以上 5 000 元以下罚款;情节严重的,处 5 000 元以上 1 万元以下罚款。

第三十四条(对古玩旧货市场主办单位未履行管理责任的处罚)

违反本办法第二十条规定,古玩旧货市场主办单位未履行相关管理责任的,由文物主管部门责令改正,可处 1 万元以上 5 万元以下罚款;情节严重的,处 5 万元以上 10 万元以下罚款。

第三十五条(对文物经营禁止行为的处罚)

违反本办法第二十二条规定,在文物经营活动中有下列行为之一的,由文物主管部门处 1 万元以上 10 万元以下罚款;情节严重的,处 10 万元以上 30 万元以下罚款:

(一) 冒充文物进行销售；

(二) 通过虚构拍卖、虚假鉴定等方式,骗取文物鉴定、检测、展览、服务、报关等费用；

(三) 通过虚假宣传,误导文物购买者。

第三十六条(行政责任)

文物、市场监管、商务、公安等有关部门及其工作人员违反本办法规定,有下列情形之一的,对负有责任的主管人员和其他直接责任人员依法给予行政处分;构成犯罪的,依法追究刑事责任：

(一) 滥用审批权限；

(二) 不履行职责或者发现违法行为不予查处；

(三) 滥用职权、玩忽职守、徇私舞弊,造成国家保护的珍贵文物损毁或者流失。

第六章 附 则

第三十七条(施行日期)

本办法自 2020 年 3 月 1 日起施行。2001 年 1 月 9 日上海市人民政府令第 94 号发布,根据 2010 年 12 月 20 日上海市人民政府令第 52 号公布的《上海市人民政府关于修改〈上海市农机事故处理暂行规定〉等 148 件市政府规章的决定》修正并重新发布的《上海市文物经营管理办法》同时废止。

上海市民间收藏文物鉴定咨询
推荐单位工作规程

(沪文物规〔2018〕1号,2018年11月26日)

第一条 为了加强对本市民间收藏文物鉴定咨询推荐单位的管理,规范民间收藏文物鉴定咨询行为,维护民间收藏文物鉴定市场秩序,依据《中华人民共和国文物保护法》、《中华人民共和国文物保护法实施条例》等法律、行政法规,结合本市实际,制定本工作规程。

第二条 本市的民间收藏文物鉴定咨询推荐单位适用于本工作规程。

第三条 本工作规程所称民间收藏文物鉴定咨询推荐单位,是指经上海市文物局认定,能够设置公益性服务点,运用专业知识和技能,无偿为鉴定咨询申请人提供民间收藏文物鉴定咨询服务的机构。

本市从事民间收藏文物鉴定咨询服务的机构,可以向上海市文物局申请成为民间收藏文物鉴定咨询推荐单位,申请成为民间收藏文物鉴定咨询推荐单位的机构应当具备以下条件:

(一) 具有良好的社会信誉,自愿提供无偿的民间收藏文物鉴定咨询服务;

(二) 具有三个以上文物门类的鉴定能力,有从事民间收藏文物鉴定咨询工作的专业人员;

(三) 具有公众接待场地和设施,符合文物搬运、暂存,以及消防、治安等安全标准;

(四) 需向上海市文物局书面承诺,在无偿提供民间收藏文物鉴定咨询服务时不进行其他无关活动,不从鉴定咨询服务中牟取经济利益;

(五) 上海市文物局认为需要具备的其他条件。

第四条 民间收藏文物鉴定咨询推荐单位在公益性服务点应当配备用于民间收藏文物鉴定咨询的基本设施和器材,包括视频监控系统、数据采集存储系统、工作台等设备设施。

第五条 民间收藏文物鉴定咨询推荐单位应当将以下资料张贴于公益性服务点显著位置:

(一) 本工作规程;

(二) 民间收藏文物鉴定咨询专业人员简介,简介内容包括鉴定人员姓名、职称、工作单位、专业门类、个人标准照片等。

第六条 民间收藏文物鉴定咨询推荐单位应当每月将民间收藏文物鉴定咨询结果报上海市文物局,并于一年后形成年度工作报告。

第七条 向民间收藏文物鉴定咨询推荐单位提出藏品鉴定咨询的申请人,应当出示有效身份证件,民间收藏文物鉴定咨询推荐单位应当对申请人的身份信息做好登记并存档。

第八条 申请人申请鉴定的藏品有下列情形之一的,民间收藏文物鉴定咨询推荐单位不予鉴定:

(一) 属于被盗窃、盗掘、走私的文物或依照法律应当上交国家的出土、出水文物的;

(二) 属于法律规定严格禁止交易、流通的保护动植物及其制品的;

(三) 涉嫌损害国家利益或者有可能产生不良社会影响的;

(四) 超出鉴定范围的;

(五) 其他不符合法律、法规情形的。

第九条 民间收藏文物鉴定咨询推荐单位决定受理民间收藏文物鉴定咨询申请的,应向申请人提供《民间收藏文物鉴定咨询申请人承诺书》,申请人在阅读《民间收藏文物鉴定咨询申请人承诺书》全部内容后签署明确同意意见并签名。

第十条 民间收藏文物鉴定咨询推荐单位具体负责实施文物鉴定的专业人员,应当将鉴定文物后得出的倾向性意见告知申请人并记录。

第十一条 在公益性服务点的工作人员不得泄露鉴定咨询申请人的相关信息,不得将申请人信息用于商业活动。

第十二条 民间收藏文物鉴定咨询推荐单位在鉴定咨询活动中,经查实有下列行为之一的,由上海市文物局视情节轻重程度,进行约谈、责令限期整改或取消推荐等:

(一) 违背客观、公正、诚信的原则并引起不良影响的;

(二) 泄露文物鉴定有关情况并造成严重不良后果的;

(三) 发现属于出土、出水或涉案的文物而不向公安机关举报的;

(四) 蓄意串通本行业或关联行业的个人或组织弄虚作假的;

(五) 发生文物行政或执法部门确认的重大投诉事件的;

(六) 法律、法规规定的其他行为。

第十三条 本工作规程自 2018 年 11 月 26 日起正式施行,2017 年 3 月 14 日公布的《上海市文物鉴定咨询机构试点单位工作规程》(试行)同时废止。

上海市民间收藏文物鉴定咨询申请人
承 诺 书

本人_____于_____年___月___日,携带_____件物品,在民间收藏文物鉴定咨询推荐单位公益鉴定咨询服务点,申请藏品鉴定咨询活动中,自愿作出以下承诺:

一、保证所持有藏品不涉及以下内容:

(一)盗掘、盗窃、走私或依照法律应当上交国家的出土、出水文物的;

(二)法律规定严格禁止交易、流通的保护动植物及其制品的;

(三)涉嫌损害国家利益或者有可能产生不良社会影响的;

(四)超出鉴定咨询范围的;

(五)其他不符合法律、法规规定情形的。

二、在公益鉴定咨询服务点的鉴定咨询活动中,不进行任何与藏品鉴定咨询无关的其他活动。

三、本人确认并同意,公益鉴定咨询服务点给出的鉴定咨询倾向性意见仅供申请人参考,不出具文书,不具备法律效力,不得作为证据使用,不涉及所有权认定以及拍卖、质押、出售、赠与、继承等任何其它用途,不在公益鉴定咨询服务点讨论或争议。

承诺人(签字):
身份证号:
手机号:
通讯地址:

上海市民间收藏文物鉴定咨询记录

名 称	材 质	年 代	数 量	品 相	倾向性意见

上海市民间收藏文物鉴定咨询推荐单位(盖章)

第三编 国际公约

联合国教科文组织《关于禁止和防止非法进出口文化财产和非法转让其所有权的方法的公约》

（1970年11月17日订于巴黎）

联合国教育、科学及文化组织于1970年10月12日至11月14日在巴黎召开第十六届大会，

忆及其第十四届大会通过的《国际文化合作原则宣言》所载规定的重要性。

考虑到各国间为科学、文化及教育目的而进行的文化财产交流增进了对人类文明的认识、丰富了各国人民的文化生活并激发了各国之间的相互尊重和了解，

考虑到文化财产实为构成文明和民族文化的一大基本要素，只有尽可能充分掌握有关其起源、历史和传统背景的知识，才能理解其真正价值。

考虑到各国有责任保护其领土上的文化财产免受偷盗、秘密发掘和非法出口的危险，

考虑到为避免这些危险，各国必须日益认识到其尊重本国及其他所有国家的文化遗产的道义责任。

考虑到博物馆、图书馆和档案馆作为文化机构应保证根据普遍公认的道义原则汇集其收藏品，

考虑到非法进出口文化财产和非法转让其所有权阻碍了各国之间的谅解，教科文组织的一部分职责就是通过向有关国家推荐这方面的各项国际公约以促进这一谅解，

考虑到只有各国在国家和国际范围上进行组织，密切合作，才能有效保护文化遗产，

考虑到教科文组织大会在1964年就此通过了一项建议，

已收到关于禁止和防止非法进出口文化财产和非法转让其所有权的方法的各项进一步建议，这一问题业已作为第十九项议程项目列入本届会议议程，

第十五届会议已决定就这一问题制订一项国际公约，

在1970年11月14日通过本公约。

第 一 条

为了本公约的目的，"文化财产"一词系指每个国家，根据宗教的或世俗的理由，明确指

定为具有重要考古、史前史、历史、文学、艺术或科学价值的财产并属于下列各类者：

1. 动物群落、植物群落、矿物和解剖以及具有古生物学意义的物品的稀有收集品和标本；

2. 有关历史，包括科学、技术、军事及社会史、有关国家领袖、思想家、科学家、艺术家之生平以及有关国家重大事件的财产；

3. 考古发掘（包括正常的和秘密的）或考古发现的成果；

4. 业已肢解的艺术或历史古迹或考古遗址之构成部分；

5. 一百年以前的古物，如铭文、钱币和印章；

6. 具有人种学意义的文物；

7. 有艺术价值的财产，如：

（1）全部是手工完成的图画、绘画和绘图，不论其装帧框座如何，也不论所用的是何种材料（不包括工业设计图及手工装饰的工业产品）；

（2）用任何材料制成的雕塑艺术和雕刻的原作；

（3）版画、印片和平版画的原件；

（4）用任何材料组集或拼集的艺术品原件；

8. 稀有手稿和古版书籍，有特殊意义的（历史、艺术、科学、文学等）古书、文件和出版物，不论是单本的或整套的；

9. 邮票、印花税票及类似的票证，不论是单张的或成套的；

10. 档案，包括有声、照相和电影档案；

11. 一百年以前的家具物品和古乐器。

第 二 条

1. 本公约缔约国承认文化财产非法进出口和所有权非法转让是造成这类财产的原主国文化遗产枯竭的主要原因之一，并承认国际合作是保护各国文化财产免遭由此产生的各种危险的最有效方法之一。

2. 为此目的，缔约国承担利用现有手段，特别是通过消除其根源、制止现有做法和帮助给予必要的补偿来反对这种做法。

第 三 条

本公约缔约国违反本公约所列的规定而造成的文化财产之进出口或所有权转让均属非法。

第 四 条

本公约缔约国承认，为了本公约的宗旨，凡属以下各类财产均为每个缔约国的文化遗产的一部分：

1. 有关国家的国民的个人或集体天才所创造的文化财产和居住在该国领土境内的外国

国民或无国籍人在该国领土内创造的对有关国家具有重要意义的文化财产；

2. 在国家领土内发现的文化财产；

3. 经此类财产原主国主管当局的同意,由考古学、人种学或自然科学团体所获得的文化财产；

4. 经由自由达成协议实行交流的文化财产；

5. 经此类财产原主国主管当局的同意,作为赠送品而接收的或合法购置的文化财产。

第 五 条

为确保保护文化财产免于非法进出口和所有权的非法转让,本公约缔约国承担若尚未设立保护文化遗产的国家机构,可根据本国的情况,在其领土之内建立一个或一个以上的国家机构,配备足够人数的合格工作人员,以有效地先例下述职责：

1. 协助制订旨在切实保护文化遗产特别是防止重要文化财产的非法进出口和非法转让的法律和规章草案；

2. 根据全国受保护财产清册,制订并不断更新一份其出口将造成文化遗产的严重枯竭的重要的公共及私有文化财产的清单；

3. 促进发展或成立为保证文化财产的保存和展出所需之科学及技术机构(博物馆、图书馆、档案馆、实验室、工作室……)；

4. 组织对考古发掘的监督,确保在原地保存某些文化财产,并保护某些地区,供今后考古研究之用；

5. 为有关各方面(博物馆长、收藏家、古董商等)的利益,制订符合于本公约所规定道德原则的规章;并采取措施保证遵守这些规章；

6. 采取教育措施,鼓励并提高对各国文化遗产的尊重,并传播关于本公约规定的知识；

7. 注意对任何种类的文化财产的失踪进行适当宣传。

第 六 条

本公约缔约国承担：

1. 发放适当证件,出口国将在该证件中说明有关文化财产的出口已经过批准。根据规定出口的各种文化财产,均须附有此种证件；

2. 除非附有上述出口证件,禁止文化财产从本国领土出口；

3. 通过适当方法宣传这种禁止,特别要在可能出口或进口文化财产的人们中间进行宣传。

第 七 条

本公约缔约国承担：

1. 采取与本国立法相一致的必要措施防止本国领土内的博物馆及类似机构获取来源于

另一缔约国并于本公约在有关国家生效后非法出口的文化财产。本公约对两国均已生效后，尽可能随时把自两国中的原主缔约国非法运出文化财产的建议通知该原主缔约国。

2.

（1）本公约对有关国家生效后，禁止进口从本公约另一缔约国的博物馆或宗教的或世俗的公共纪念馆或类似机构中窃取的文化财产，如果该项财产业已用文件形式列入该机构的财产清册；

（2）本公约对有关两个国家生效后，根据两国中的原主缔约国的要求，采取适当措施收回并归还进口的此类文化财产，但要求国须向不知情的买主或对该财产具有合法权利者给予公平的赔偿。要求收回和归还失物必须通过外交部门进行，提出要求一方应提供使确定其收回或归还失物的要求的必要文件及其他证据，费用自理。各方不得对遵照本条规定而归还的文化财产征收关税或其他费用。归还和运送文化财产过程中所需的一切费用均由提出要求一方负担。

第 八 条

本公约缔约国承担对触犯上述第六条(2)和第七条(2)所列的禁止规定负有责任者予以惩处或行政制裁。

第 九 条

本公约的任一缔约国在其文化遗产由于考古或人种学的材料遭受掠夺而处境危殆时得向蒙受影响的其他缔约国发出呼吁。在此情况下，本公约缔约国承担参与协调一致的国际努力，以确定并实施必要的具体措施，包括对有关的特定物资的进出口及国际贸易实行管制。在尚未达成协议之前，有关各国应在可能范围内采取临时性措施，以便制止对提出要求的国家的文化遗产造成不可弥补的损失。

第 十 条

本公约缔约国承担：

1. 通过教育、情报和防范手段，限制非法从本公约缔约国运出的文化财产的移动，并视各国情况，责成古董商保持一份记录，载明每项文化财产的来源、提供者的姓名与住址以及每项售出的物品的名称与价格，并须把此类财产可能禁止出口的情况告知该项文化财产的购买人，违者须受刑事或行政制裁。

2. 努力通过教育手段，使公众心目中认识到，并进一步理解文化财产的价值和偷盗、秘密发掘与非法出口对文化财产造成的威胁。

第 十 一 条

一个国家直接或间接地由于被他国占领而被迫出口文化财产或转让其所有权应被视为非法。

第 十 二 条

本公约缔约国应尊重由其负责国际关系的领土内的文化财产,并应采取一切适当措施禁止并防止在这些领土内非法进出口文化财产和非法转让其所有权。

第 十 三 条

本公约缔约国还应在符合其本国法律的情况下承担:

1. 通过一切适当手段防止可能引起文化财产的非法进出口的这一类财产的所有权转让;

2. 保证本国的主管机关进行合作,使非法出口的文化财产尽早归还其合法所有者;

3. 受理合法所有者或其代表提出的关于找回失落的或失窃的文化财产的诉讼;

4. 承认本公约缔约国有不可取消的权利规定并宣布某些文化财产是不能让与的,因而据此也不能出口,若此类财产已经出口务须促使这类财产归还给有关国家。

第 十 四 条

为防止非法出口、履行本公约所规定的义务,本公约各缔约国应在可能范围内为其负责保护文化遗产的国家机关提供足够的预算并在必要时为此目的设立一项基金。

第 十 五 条

在本公约对有关国家生效前,本公约之任何规定不应妨碍缔约国之间自行缔结有关归还从其原主国领土上不论以何种理由搬走之文化财产的特别协定,或制止它们继续执行业已缔结的有关协定。

第 十 六 条

本公约缔约国应在向联合国教育、科学及文化组织大会提交的定期报告中,提供它们已经通过的立法和行政规定和它们为实施本公约所采取的其它行动以及在此领域内取得的详尽经验的资料,报告的日期及方式由大会决定。

第 十 七 条

1. 本公约缔约国可以向联合国教育、科学及文化组织请求给予技术援助,特别是有关:

(1) 情报和教育;

(2) 咨询和专家建议;

(3) 协调和斡旋。

2. 联合国教育、科学及文化组织可以主动进行有关非法转移文化财产问题的研究并出版研究报告。

3. 为此,联合国教育、科学及文化组织可以请求任何非政府的主管组织予以合作。

4. 联合国教育、科学及文化组织可以主动向本公约缔约国提出有关本公约的实施的建议。

5. 经对本公约的实施有争议的两个以上的本公约缔约国的请求,联合国教科文组织得进行斡旋,使它们之间的争端得到解决。

第十八条

本公约以英文、法文、俄文和西班牙文制定,四种文本具有同等效力。

第十九条

1. 本公约须经联合国教育、科学及文化组织会员国按各国宪法程序批准或接受。

2. 批准书或接受书,应交存联合国教育、科学及文化组织总干事。

第二十条

1. 本公约应开放给非联合国教育、科学及文化组织成员但经本组织执行局邀请加入本公约的所有国家加入。

2. 加入书交存联合国教育、科学及文化组织总干事后,加入即行生效。

第二十一条

本公约在收到第三份批准书、接受书或加入书后的三个月开始生效,但这只对那些在该日或该日之前业已交存其各自的批准书、接受书或加入书的国家生效。对于任何其他国家,本公约则在其批准书、接受书或加入书交存后三个月开始生效。

第二十二条

本公约缔约国承认,本公约不仅适用于其本国领土,而且也适用于在国际关系上由其负责的一切领土:如有必要,缔约国须在批准、接受或加入之时或以前与这些领土的政府或其他主管当局进行磋商,以便保证本公约在这些领土的适用,并将本公约适用的领土通知联合国教育、科学及文化组织总干事,该通知在收到之日起三个月生效。

第二十三条

1. 本公约之每一缔约国可以代表本国或代表由其负责国际关系的任何领土退出本公约。

2. 退约须以书面文件通知,该退约书交存联合国教育、科学及文化组织总干事处。

3. 退约在收到退约通知书后十二个月生效。

第二十四条

联合国教育、科学及文化组织总干事须将第十九条和二十条中规定的有关批准书、接受书和加入书的交存情况以及第二十二条和第二十三条分别规定的通知和退约告知本组织会员国、第二十条中所述的非本组织会员的国家以及联合国。

第二十五条

1. 本公约可经联合国教育、科学及文化组织大会予以修正。任何这样的修正只对修正公约的缔约国具有约束力。

2. 如大会通过一项全面或部分地修订本公约的新公约,则除非新公约另有规定,本公约在新的修订公约生效之日起停止一切批准、接受或加入。

第二十六条

经联合国教育、科学及文化组织总干事的要求,本公约应按照《联合国宪章》第一百零二条的规定在联合国秘书处登记。

1970年11月17日订于巴黎。两个正式文本均有大会第十六届会议主席和联合国教育、科学及文化组织总干事的签名,将交存于联合国教育、科学及文化组织的档案库中。验证无误之副本将分送第十九条到第二十条所述之所有国家和联合国。

以上乃1970年11月14日在巴黎召开的联合国教育、科学及文化组织大会第十六届会议正式通过之公约的作准文本。

我们于1970年11月17日签字,以昭信守。

大会主席　总干事

阿蒂利奥·德络罗·马伊尼　勒内·马厄

(原载中华人民共和国外交部条约法律司编:《中华人民共和国多边条约集·第六集》,法律出版社,1994年)

国际统一私法协会《关于被盗或者非法出口文物的公约》

（1995年6月24日在罗马通过）

本公约当事国

聚集在罗马，应意大利政府的邀请于1995年6月7日至24日参加有关通过"国际统一私法协会关于国际范围内归还被盗或者非法出口文物的公约草案"的外交会议，

确信保护文物遗产和文化交流对促进人民之间的理解的特殊重要性，以及传播文化对人类福祉和增进文明的特殊重要性，

深切关注在文物方面的非法交易以及由此引起的经常发生的无可挽回的损害，这些情况不仅对于这些物品本身及对于民族、部落、土著居民或者其他社团的文化遗产，并且对于全人类遗产造成了无可挽回的损害；更为关注由于对考古遗址的掠夺和由此而产生的无法弥补的考古学、历史学及科学资料的损失，

决定为了在有效地打击文物的非法交易方面做出贡献，应在缔约国之间采取重要措施，即在文物的返还和归还方面制定共同的、最低限度的法律规范，以期促进为所有各方的利益而保存和保护文物，

强调本公约旨在便利文物的返还和归还，并强调任何补救规定，如一些国家为进行有效的返还和归还所必需的补偿等规定，并不意味着应当适用于其他国家，

确认本公约未来各项规定的通过，决不是对发生在本公约生效前的任何种类的非法交易赋予合法性的认可，

意识到本公约不会通过自身对于因非法交易而产生的问题提供一项解决办法，而是由此启动一种促进国际文化合作、维护合法交易以及国家间的文化交流协议之适当作用的进程，

认识到实施本公约应当辅之以其他有效的保护文物措施，如逐步建立和使用注册登记制度、切实保护考古遗址和技术合作等，

承认各个机构为保护文化财产所做的工作，特别是1970年联合国教科文组织关于非法贩运的公约以及在私人部门所形成的行为守则。

兹达成如下协议：

第一章 适用范围和定义

第一条

本公约适用于如下国际性请求：

(a) 返还被盗文物；

(b) 归还因违反缔约国为保护其文化遗产之目的制定的文物出口法律而被移出该国领土的文物（以下简称"非法出口文物"）。

第二条

为本公约之目的，文物系指因宗教或者世俗的原因，具有考古、史前史、历史、文学、艺术或者科学方面重要性，并属于本公约附件所列分类之一的物品。

第二章 被盗文物的返还

第三条

1. 被盗文物的占有人应归还该被盗物。

2. 为本公约之目的，凡非法发掘或者合法发掘但非法持有的文物，应当视为被盗，只要符合发掘发生地国家的法律。

3. 任何关于返还被盗文物的请求，应自请求者知道该文物的所在地及该文物占有人的身份之时起，在三年期限内提出；并在任何情况下自被盗时起五十年以内提出。

4. 但是，关于返还某一特定纪念地或者考古遗址组成部分的文物，或者属于公共收藏的文物的请求，则除请求者应自知道该文物的所在地及该文物的占有人身份之时起三年以内提出请求外，不受其他时效限制。

5. 尽管有前款的规定，任何缔约国可以声明一项请求应受75年的时效限制，或者受到该国法律所规定的更长时效的限制。在另一缔约国境内对从做出上述声明的缔约国纪念地、考古遗址或者公共收藏品中移走的文物提出返还请求，也应受上述时效的限制。

6. 前款所述声明应在签署、批准、接受、核准或者加入时做出。

7. 为本公约之目的，"公共收藏品"是由经过登记注册或者其他方式证明的文物组成，并且其所有者是下列之一：

(a) 缔约国；

(b) 缔约国的一个区域或者地方当局；

(c) 缔约国的一个宗教机构；或

(d) 为文化、教育或者科学之基本目的而在缔约国内建立的旨在服务于公共利益的机构。

8. 此外，对一缔约国境内属于一部落或者土著人社区所有的或者使用的，作为该社区传统或者祭祀用品的一部分的宗教文物或对该社区具有重要意义的文物提出返还要求，则应受适用于公共收藏品的时效限制。

第四条

1. 被要求归还被盗文物的占有人只要不知道也理应不知道该物品是被盗的，并且能证明自己在获得该物品时是慎重的，则在返还该文物时有权得到公正合理的补偿。

2. 在不损害前款所述占有人的补偿权利的情况下，只要符合提起请求的所在国法律，应做出合理的努力，促使向占有人移交文物的人或者任何此前的移交人支付此种补偿。

3. 在要求补偿时，请求人向占有人支付补偿不应损害该请求人向任何其他人获得此种补偿的权利。

4. 在确定占有人是否慎重时，应注意到获得物品的情况，包括当事各方的性质、支付的价格、占有人是否向通常可以接触到的被盗文物的登记机关进行咨询，他通常可以获得的其他有关信息和文件、占有人是否向可以接触到的机关进行咨询，或者采取一个正常人在此情况下应当采取的其他措施。

5. 占有人若以继承或者其他无偿方式从某人处获得文物，则不应享有优于此人的地位。

第三章　非法出口文物的归还

第五条

1. 缔约国可以请求另一缔约国法院或者其他主管机关命令归还从请求国领土出口的文物。

2. 为展览、研究或者修复等目的，根据请求国为保护其文化遗产之目的制定的文物出口法律而颁布的许可证，从请求国暂时出口却没有依照许可证条件予以归还的文物，应认定为已经非法出口。

3. 如果请求国证实从其境内移出文物严重地损害了下列一项或者多项利益，或者证实该文物对于请求国具有特殊的文化方面的重要性，被请求国的法院或者其他主管机关应命令归还非法出口的这一物品。上述利益系指：

(a) 有关该物品或者其内容的实物保存；

(b) 有关组合物品的完整性；

(c) 有关诸如科学性或者历史性资料的保存；

(d) 有关一部落或者土著人社区对传统或者宗教物品的使用。

4. 根据本条第 1 款做出的请求，应包括或者附有关于事实或者法律一类的资料，以有助于被请求国法院或者其他主管机关确定该请求是否符合第 1 款至第 3 款的要求。

5. 归还请求应在请求国知道文物所在地和占有人身份时起的三年之内提出。任何情况下，应自出口之日或者自根据本条第 2 款所述许可证规定该物品应被归还之日起五十年以内提出。

第六条

1. 被盗文物非法出口后获得该物品的占有人，如果在获得该物品时不知道或者理应不知道这一物品是非法出口的，则有权在归还该物时得到请求国公正、合理的补偿。

2. 在确定占有人是否已知道或者通常理应知道其文物属非法出口时，应考虑到获得物品的情况，包括缺少请求国法律所要求的出口许可证的情况。

3. 被要求归还文物的占有人经与请求国协商一致，可决定以下列方式之一代替补偿：

(a) 保留对该物品的所有权；或

(b) 有偿或者无偿地将所有权转让给他所选择的居住在请求国境内并提供了必要担保的人。

4. 根据本条归还文物的费用应由请求国承担，但不妨碍该国向其他人获取此种费用的权利。

5. 占有人若以继承或者其他无偿方式从某人处获得文物，则不应享有优于此人的地位。

第七条

1. 本章的规定不适用于下列情况：

(a) 在要求归还文物时，该物品的出口已不再是非法的；或

(b) 物品是在其创作者生前出口的，或者是在该创作者死后五十年以内出口的；

2. 尽管有前款(b)项的规定，本章的规定仍应适用于由部落或者土著人社区的成员为该社区之用而制作的文物，这种物品将要归还该社区。

第四章 一般规定

第八条

1. 第二章规定的要求和第三章规定的请求可以向文物所在地的缔约国法院或者其他主管机关提出，也可向根据其现行法律拥有管辖权的缔约国法院或者其他主管机关提出。

2. 当事人可以同意将争议提交任何法院或者其他主管机关，或者提交仲裁。

3. 即使当返还的要求或者归还的请求是向另一个缔约国法院或者其他主管机关提出的,仍可实施物品所在地缔约国法律许可的,包括保护性措施在内的任何临时性措施。

第九条

1. 本公约不妨碍缔约国适用在被盗或者非法出口文物的返还或者归还方面比本公约更为有利的规定。

2. 本条不得解释为创设了承认或者执行另一缔约国法院或者其他主管机关做出的违反本公约规定的裁决的义务。

第十条

1. 第二章的规定应仅适用于本公约对提出索还请求所在国生效后被盗的文物,但有以下条件:

(a) 该物品是在本公约对一缔约国生效后从该国领土内被盗的;或者

(b) 该物品在本公约对该缔约国生效后位于该国。

2. 第三章的规定应仅适用于本公约对请求国生效后以及对提出索还请求所在国生效后非法出口的文物。

3. 本公约不以任何方式证明发生在本公约生效以前的,或者根据本条第 1 款、第 2 款而被排除在外的任何性质的非法交易是合法的,也不限制国家或者其他人根据本公约框架外可援用的补救措施,对于本公约生效前被盗或者非法出口的文物提出返还或者归还请求的权利。

第五章 最 后 条 款

第十一条

1. 本公约在国际统一私法协会通过关于国际范围内归还被盗或者非法出口文物公约的外交会议闭幕会议上开放签署,并且至 1996 年 6 月 30 日之前在罗马继续向所有国家开放签字。

2. 本公约须经签署国批准、接受或者核准。

3. 本公约对所有自该公约开放签署之日起未能签署的国家开放供加入。

4. 批准、接受、核准或者加入,须就此向保存国交存一份正式的文件。

第十二条

1. 本公约应自第五份批准、接受、核准或者加入的文件交存之日后第六个月的第一天起生效。

2. 在第五份批准、接受、核准或者加入的文件交存后,对于每一批准、接受、核准或者加入本公约的国家,本公约应自该国交存其批准、接受、核准或者加入的文件之日后第六个月的第一天起对其生效。

第十三条

1. 本公约不影响缔约国在法律上受其约束的,并且载有本公约所调整事项的规定的任何国际文书,但该国对这种国际文书做出相反声明的情况除外。

2. 任何缔约国可以与一个或者多个缔约国订立协定,以期在其相互关系中促进适用本公约。已经缔结这种协定的国家应向保存国送交一份协定文本。

3. 作为经济一体化组织或者区域性机构成员的缔约国,可以声明在其相互关系中将适用该组织或者机构的内部规定,因而在这些国家之间将不适用本公约中与前述规定的适用范围相同的规定。

第十四条

1. 如果缔约国拥有两个或者更多的领土单位,无论这些领土单位对本公约所处理的事项是否适用不同的法律体系,该国可以在签署或者交存其批准、接受、核准或加入的文件时,声明本公约扩展适用于其所有领土单位,或者仅适用于其中的一个或多个领土单位,并且可随时以另一声明取代此项声明。

2. 应向保存国通知这些声明,并且明确陈述本公约所适用的领土单位。

3. 如果本公约因根据本条所做的声明扩展适用于缔约国的一个或者多个领土单位,但不是其所有领土单位,则:

(a) 第一条中所提及的缔约国领土,应解释为系指该国的一个领土单位的区域;

(b) 缔约国或者接受请求国家的法院或者其他主管机关,应解释为系指该国的一个领土单位的法院或者其他主管机关;

(c) 第八条第1款中提及的文物所在地的缔约国,应解释为系指该国内物品所在地的领土单位;

(d) 第八条第3款中所提及的文物所在地的缔约国法律,应解释为系指该国的物品所在地的领土单位的法律;

(e) 第九条中所提及的缔约国,应解释为系指该国的一个领土单位。

4. 如果缔约国未根据本条第1款做出声明,则本公约适用于该国的全部领土单位。

第十五条

1. 在签署时根据本公约规定做出的声明,应在批准、接受或者核准时予以确认。

2. 声明和确认声明应以书面方式正式通知保存国。

3. 声明应在本公约对有关国家生效的同时产生效力。但是,保存国在公约对有关国家生效后收到正式声明的,则此项声明应向保存国交存之日后第六个月的第一天起生效。

4. 根据本公约规定做出声明的任何国家,可以在任何时候以书面方式向保存国正式通知撤销此项声明。此种撤销应在交存通知之日后第六个月的第一天起生效。

第十六条

1. 第一缔约国在签署、批准、接受、核准或者加入时,应声明一个国家根据第八条提出对文物返还或者归还的请求,可以按照下列一种或者数种程序向其提出:

（a）直接向做出声明国家的法院或者其他主管机关提出；

（b）通过该国指定的机关接受这种请求,并且将其转交该国的法院或者主管机关；

（c）通过外交或者领事途径。

2. 每一缔约国还可以指定根据第二章和第三章有权命令返还或者归还文物的法院或者其他机关。

3. 根据本条第1款、第2款做出的声明,可以在任何时候以一项新的声明予以修正。

4. 本条第1款至第3款的规定不影响缔约国之间可能存在的双边或者多边的有关民事和商事司法协助的规定。

第十七条

每一缔约国应在不迟于其交存批准、接受、核准或者加入文件之日后的六个月内,以本公约使用的一种正式语文向保存国提供该国有关文物出口的法律的书面资料,这种资料应在适当的时候经常予以更新。

第十八条

除本公约有明确授权之外,不允许做出保留。

第十九条

1. 本公约对当事国生效后,该国可以随时向保存国提交退出本公约的文件。

2. 退出应自向保存国交存退出文件之日后第六个月的第一天起发生效力。当退出文件中对退出的生效规定了更长的时间时,则应自向保存国交存后至这一更长时间结束时发生效力。

3. 即使已经退出本公约,本公约仍应适用于在退出发生效力之日前提出的将文物返还的请求或者是归还文物的请求。

第二十条

国际统一私法协会主席根据五个缔约国的请求,可以定期或者随时召开特别委员会,以便审查本公约的实际运作情况。

第二十一条

1. 本公约应交意大利共和国政府保存。

2. 意大利共和国政府应:

(a) 向所有签署或者加入本公约的国家和国际统一私法协会的主席通知下列事项：

(i) 每一项新的签署或者交存的批准、接受、核准或者加入的文件，并随附其日期；

(ii) 根据本公约做出的每一项声明；

(iii) 对声明的撤销；

(iv) 本公约生效的日期；

(v) 第十二条所述协定；

(vi) 交存退出本公约的文件以及此项交存的日期和退出发生效力的日期；

(b) 向所有签署、加入本公约的国家和国际统一私法协会的主席转交经审核无误的本公约文本；

(c) 履行通常由保存国承担的其他职能。

下列全权代表经正式授权签署本公约，以昭信守。

本公约于 1995 年 6 月 24 日订于罗马，共一份，用英文和法文写成；两种文本同等作准。

附 件

(a) 动物群落、植物群落、矿物和解剖以及具有古生物学意义的物品的稀有收集品和标本；

(b) 有关历史、包括科学、技术、军事及社会史、有关国家领袖、思想家、科学家、艺术家之生平以及有关国家重大事件的财产；

(c) 考古发掘（包括正常的和秘密的）或考古发现的成果；

(d) 业已肢解的艺术或历史古迹或考古遗址之构成部分；

(e) 一百年以上的古物，如铭文、钱币和印章；

(f) 具有人种学意义的文物；

(g) 有艺术价值的财产，如：

(i) 全部是手工完成的图画、绘画和绘图，不论其装帧框座如何，也不论所用的是何种材料（不包括工业设计图及手工装饰的工业产品）；

(ii) 用任何材料制成的雕塑艺术和雕刻的原作；

(iii) 版画、印片和平版画的原件；

(iv) 用任何材料组集或拼集的艺术品原件；

(h) 稀有手稿和有特殊意义的（历史、艺术、科学、文学等）古物、古书、文件和出版物，不论是单个的或整套的；

(i) 邮票、印花税票及类似的佐证，不论是单张的或整套的；

(j) 档案,包括有声、照相和电影档案;

(k) 一百年以上的家具物品和古乐器。

(原载中华人民共和国外交部条约法律司编:《中华人民共和国多边条约集·第七集》,法律出版社,2002年)

濒危野生动植物种国际贸易公约

(1973年3月3日订于华盛顿)

缔约各国：

认识到，许多美丽的、种类繁多的野生动物和植物是地球自然系统中无可代替的一部分，为了我们这一代和今后世世代代，必须加以保护；

意识到，从美学、科学、文化、娱乐和经济观点看，野生动植物的价值都在日益增长；

认识到，各国人民和国家是，而且应该是本国野生动植物的最好保护者；

并且认识到，为了保护某些野生动物和植物物种不致由于国际贸易而遭到过度开发利用，进行国际合作是必要的；

确信，为此目的迫切需要采取适当措施。

同意下列各条款：

第一条 定 义

除非内容另有所指，就本公约而言：

1. "物种"指任何的种、亚种，或其地理上隔离的种群；

2. "标本"指：

（1）任何活的或死的动物，或植物；

（2）如系动物，指附录一和附录二所列物种，或其任何可辨认的部分，或其衍生物和附录三所列物种及与附录三所指有关物种的任何可辨认的部分，或其衍生物。

（3）如系植物，指附录一所列物种，或其任何可辨认的部分，或其衍生物和附录二、附录三所列物种及与附录二、附录三所指有关物种的任何可辨认的部分，或其衍生物。

3. "贸易"指出口、再出口、进口和从海上引进；

4. "再出口"指原先进口的任何标本的出口；

5. "从海上引进"指从不属任何国家管辖的海域中取得的任何物种标本输入某个国家；

6. "科学机构"指依第九条所指定的全国性科学机构；

7. "管理机构"指依第九条所指定的全国性管理机构；

8. "成员国"指本公约对之生效的国家。

第二条 基本原则

（一）附录一应包括所有受到和可能受到贸易的影响而有灭绝危险的物种。这些物种的标本的贸易必须加以特别严格的管理，以防止进一步危害其生存，并且只有在特殊的情况下才能允许进行贸易。

（二）附录二应包括：

1. 所有那些目前虽未濒临灭绝，但如对其贸易不严加管理，以防止不利其生存的利用，就可能变成有灭绝危险的物种；

2. 为了使本款第1项中指明的某些物种标本的贸易能得到有效的控制，而必须加以管理的其它物种。

（三）附录三应包括任一成员国认为属其管辖范围内，应进行管理以防止或限制开发利用，而需要其他成员国合作控制贸易的物种。

（四）除遵守本公约各项规定外，各成员国均不应允许就附录一、附录二、附录三所列物种标本进行贸易。

第三条 附录一所列物种标本的贸易规定

（一）附录一所列物种标本的贸易，均应遵守本条各项规定。

（二）附录一所列物种的任何标本的出口，应事先获得并交验出口许可证。只有符合下列各项条件时，方可发给出口许可证：

1. 出口国的科学机构认为，此项出口不致危害该物种的生存；

2. 出口国的管理机构确认，该标本的获得并不违反本国有关保护野生动植物的法律；

3. 出口国的管理机构确认，任一出口的活标本会得到妥善装运，尽量减少伤亡、损害健康，或少遭虐待；

4. 出口国的管理机构确认，该标本的进口许可证已经发给。

（三）附录一所列物种的任何标本的进口，均应事先获得并交验进口许可证和出口许可证，或再出口证明书。只有符合下列各项条件时，方可发给进口许可证：

1. 进口国的科学机构认为，此项进口的意图不致危害有关物种的生存；

2. 进口国的科学机构确认，该活标本的接受者在笼舍安置和照管方面是得当的；

3. 进口国的管理机构确认，该标本的进口，不是以商业为根本目的。

（四）附录一所列物种的任何标本的再出口，均应事先获得并交验再出口证明书。只有符合下列各项条件时，方可发给再出口证明书：

1. 再出口国的管理机构确认，该标本系遵照本公约的规定进口到本国的；

2. 再出口国的管理机构确认，该项再出口的活标本会得到妥善装运，尽量减少伤亡、损害健康，或少遭虐待；

3. 再出口国的管理机构确认,任一活标本的进口许可证已经发给。

(五)从海上引进附录一所列物种的任何标本,应事先获得引进国管理机构发给的证明书。只有符合下列各项条件时,方可发给证明书:

1. 引进国的科学机构认为,此项引进不致危害有关物种的生存;

2. 引进国的管理机构确认,该活标本的接受者在笼舍安置和照管方面是得当的;

3. 引进国的管理机构确认,该标本的引进不是以商业为根本目的。

第四条 附录二所列物种标本的贸易规定

(一)附录二所列物种标本的贸易,均应遵守本条各项规定。

(二)附录二所列物种的任何标本的出口,应事先获得并交验出口许可证。只有符合下列各项条件时,方可发给出口许可证:

1. 出口国的科学机构认为,此项出口不致危害该物种的生存;

2. 出口国的管理机构确认,该标本的获得并不违反本国有关保护野生动植物的法律;

3. 出口国的管理机构确认,任一出口的活标本会得到妥善装运,尽量减少伤亡、损害健康,或少遭虐待。

(三)各成员国的科学机构应监督该国所发给的附录二所列物种标本的出口许可证及该物种标本出口的实际情况。当科学机构确定,此类物种标本的出口应受到限制,以便保持该物种在其分布区内的生态系中与它应有作用相一致的地位,或者大大超出该物种够格成为附录一所属范畴的标准时,该科学机构就应建议主管的管理机构采取适当措施,限制发给该物种标本出口许可证。

(四)附录二所列物种的任何标本的进口,应事先交验出口许可证或再出口证明书。

(五)附录二所列物种的任何标本的再出口,应事先获得并交验再出口证明书。只有符合下列各项条件时,方可发给再出口证明书:

1. 再出口国的管理机构确认,该标本的进口符合本公约各项规定;

2. 再出口国的管理机构确认,任一活标本会得到妥善装运,尽量减少伤亡、损害健康,或少遭虐待。

(六)从海上引进附录二所列物种的任何标本,应事先从引进国的管理机构获得发给的证明书。只有符合下列各项条件时,方可发给证明书:

1. 引进国的科学机构认为,此项引进不致危害有关物种的生存;

2. 引进国的管理机构确认,任一活标本会得到妥善处置,尽量减少伤亡、损害健康,或少遭虐待。

(七)本条第(六)款所提到的证明书,只有在科学机构与其他国家的科学机构或者必要时与国际科学机构进行磋商后,并在不超过一年的期限内将全部标本如期引进,才能签发。

第五条 附录三所列物种标本的贸易规定

(一) 附录三所列物种标本的贸易,均应遵守本条各项规定。

(二) 附录三所列物种的任何标本,从将该物种列入附录三的任何国家出口时,应事先获得并交验出口许可证。只有符合下列各项条件时,方可发给出口许可证:

1. 出口国的管理机构确认,该标本的获得并不违反该国保护野生动植物的法律;

2. 出口国的管理机构确认,任一活标本会得到妥善装运,尽量减少伤亡、损害健康,或少遭虐待。

(三) 除本条第(四)款涉及的情况外,附录三所列物种的任何标本的进口,应事先交验原产地证明书。如该出口国已将该物种列入附录三,则应交验该国所发给的出口许可证。

(四) 如系再出口,由再出口国的管理机构签发有关该标本曾在该国加工或正在进行再出口的证明书,以此向进口国证明有关该标本的再出口符合本公约的各项规定。

第六条 许可证和证明书

(一) 根据第三条、第四条和第五条的各项规定签发的许可证和证明书必须符合本条各项规定。

(二) 出口许可证应包括附录四规定的式样中所列的内容,出口许可证只用于出口,并自签发之日起半年内有效。

(三) 每个出口许可证或证明书应载有本公约的名称、签发出口许可证或证明书的管理机构的名称和任何一种证明印鉴,以及管理机构编制的控制号码。

(四) 管理机构发给的许可证或证明书的副本应清楚地注明其为副本。除经特许者外,该副本不得代替原本使用。

(五) 交付每批标本,均应备有单独的许可证或证明书。

(六) 任一标本的进口国管理机构,应注销并保存出口许可证或再出口证明书,以及有关该标本的进口许可证。

(七) 在可行的适当地方,管理机构可在标本上盖上标记,以助识别。此类"标记"系指任何难以除去的印记、铅封或识别该标本的其他合适的办法,尽量防止无权发证者进行伪造。

第七条 豁免及与贸易有关的其他专门规定

(一) 第三条、第四条和第五条的各项规定不适用于在成员国领土内受海关控制的标本的过境或转运。

(二) 出口国或再出口国的管理机构确认,某一标本是在本公约的规定对其生效前获得的,并具有该管理机构为此签发的证明书。则第三条、第四条和第五条的各项规定不适用于该标本。

（三）第三条、第四条和第五条的各项规定不适用于作为个人或家庭财产的标本,但这项豁免不得用于下列情况:

1. 附录一所列物种的标本,是物主在其常住国以外获得并正在向常住国进口;

2. 附录二所列物种的标本:

(1) 它们是物主在常住国以外的国家从野生状态中获得;

(2) 它们正在向物主常住国进口;

(3) 在野生状态中获得的这些标本出口前,该国应事先获得出口许可证。

但管理机构确认,这些物种标本是在本公约的规定对其生效前获得的,则不在此限。

（四）附录一所列的某一动物物种的标本,系为了商业目的而由人工饲养繁殖的,或附录一所列的某一植物物种的标本,系为了商业目的,而由人工培植的,均应视为附录二内所列的物种标本。

（五）当出口国管理机构确认,某一动物物种的任一标本是由人工饲养繁殖的,或某一植物物种的标本是由人工培植的,或确认它们是此类动物或植物的一部分,或是它们的衍生物,该管理机构出具的关于上述情况的证明书可以代替按第三条、第四条或第五条的各项规定所要求的许可证或证明书。

（六）第三条、第四条和第五条的各项规定不适用于在本国管理机构注册的科学家之间或科学机构之间进行非商业性的出借、馈赠或交换的植物标本或其他浸制的、干制的或埋置的博物馆标本,以及活的植物材料,但这些都必须附以管理机构出具的或批准的标签。

（七）任何国家的管理机构可不按照第三条、第四条和第五条的各项规定,允许用作巡回动物园、马戏团、动物展览、植物展览或其他巡回展览的标本,在没有许可证或证明书的情况下运送,但必须做到以下各点:

1. 出口者或进口者向管理机构登记有关该标本的全部详细情况;

2. 这些标本系属于本条第(二)款或第(五)款所规定的范围;

3. 管理机构已经确认,所有活的标本会得到妥善运输和照管,尽量减少伤亡、损害健康,或少遭虐待。

第八条 成员国应采取的措施

（一）成员国应采取相应措施执行本公约的规定,并禁止违反本公约规定的标本贸易,包括下列各项措施:

1. 处罚对此类标本的贸易,或者没收它们,或两种办法兼用;

2. 规定对此类标本进行没收或退还出口国。

（二）除本条第(一)款所规定的措施外,违反本公约规定措施的贸易标本,予以没收所用的费用,如成员国认为必要,可采取任何办法内部补偿。

（三）成员国应尽可能保证物种标本在贸易时尽快地通过一切必要手续。为便利通行，成员国可指定一些进出口岸，以供对物种标本进行检验放行。各成员国还须保证所有活标本，在过境、扣留或装运期间，得到妥善照管，尽量减少伤亡、损害健康，或少遭虐待。

（四）在某一活标本由于本条第（一）款规定而被没收时：

1. 该标本应委托给没收国的管理机构代管；

2. 该管理机构经与出口国协商后，应将标本退还该出口国，费用由该出口国负担，或将其送往管理机构认为合适并且符合本公约宗旨的拯救中心，或类似地方；

3. 管理机构可以征询科学机构的意见，或者，在其认为需要时，与秘书处磋商以加快实现根据本款第2项所规定的措施，包括选择拯救中心或其他地方。

（五）本条第（四）款所指的拯救中心，是指由管理机构指定的某一机构，负责照管活标本，特别是没收的标本。

（六）各成员国应保存附录一、附录二、附录三所列物种标本的贸易记录，内容包括：

1. 出口者与进口者的姓名、地址；

2. 所发许可证或证明书的号码、种类，进行这种贸易的国家，标本的数量、类别，根据附录一、附录二、附录三所列物种的名称，如有要求，在可行的情况下，还包括标本的大小和性别。

（七）各成员国应提出执行本公约情况的定期报告，递交秘书处；

1. 包括本条第（六）款第2项所要求的情况摘要的年度报告；

2. 为执行本公约各项规定而采取的立法、规章和行政措施的双年度报告。

（八）本条第（七）款提到的情况，只要不违反有关成员国的法律，应予公布。

第九条　管理机构和科学机构

（一）各成员国应为本公约指定：

1. 有资格代表该成员国发给许可证或证明书的一个或若干个管理机构；

2. 一个或若干个科学机构。

（二）一国在将其批准、接受、核准或加入的文书交付保存时，应同时将授权与其他成员国和秘书处联系的管理机构的名称、地址通知保存国政府。

（三）根据本条规定所指派的单位名称，或授予的权限，如有任何改动，应由该成员国通知秘书处，以便转告其他成员国。

（四）本条第（二）款提及的任何管理机构，在秘书处或其他成员国的管理机构请求时，应将其图章、印记及其他用以核实许可证或证明书的标志的底样寄给对方。

第十条　与非公约成员国贸易

向一个非公约成员国出口或再出口，或从该国进口时，该国的权力机构所签发的类似文件,在实质上符合本公约对许可证和证明书的要求,就可代替任一成员国出具的文件而予接受。

第十一条 成 员 国 大 会

(一) 在本公约生效两年后,秘书处应召集一次成员国大会。

(二) 此后,秘书处至少每隔两年召集一次例会,除非全会另有决定,如有三分之一以上的成员国提出书面请求时,秘书处得随时召开特别会议。

(三) 各成员国在例会或特别会议上,应检查本公约执行情况,并可:

1. 作出必要的规定,使秘书处能履行其职责;
2. 根据第十五条,考虑并通过附录一和附录二的修正案;
3. 检查附录一、附录二、附录三所列物种的恢复和保护情况的进展;
4. 接受并考虑秘书处,或任何成员国提出的任何报告;
5. 在适当的情况下,提出提高公约效力的建议。

(四) 在每次例会上,各成员国可根据本条第(二)款的规定,确定下次例会召开的时间和地点。

(五) 各成员国在任何一次会议上,均可确定和通过本次会议议事规则。

(六) 联合国及其专门机构和国际原子能总署以及非公约成员国,可以观察员的身份参加大会的会议,但无表决权。

(七) 凡属于如下各类在技术上有能力保护、保持或管理野生动植物的机构或组织,经通知秘书处愿以观察员身份参加大会者,应接受其参加会议,但有三分之一或以上成员国反对者例外:

1. 政府或非政府间的国际性机构或组织、国家政府机构和组织;
2. 为此目的所在国批准而设立的全国性非政府机构或组织。

观察员经过同意后,有权参加会议,但无表决权。

第十二条 秘 书 处

(一) 在本公约生效后,由联合国环境规划署执行主任筹组一秘书处。在他认为合适的方式和范围内,可取得在技术上有能力保护、保持和管理野生动植物方面的政府间的或非政府的,国际或国家的适当机构和组织的协助。

(二) 秘书处的职责为:

1. 为成员国的会议作出安排并提供服务;
2. 履行根据本公约第十五条和第十六条的规定委托给秘书处的职责;
3. 根据成员国大会批准的计划,进行科学和技术研究,从而为执行本公约作出贡献,包括对活标本的妥善处置和装运的标准以及识别有关标本的方法;

4. 研究成员国提出的报告,如认为必要,则要求他们提供进一步的情况,以保证本公约的执行;

5. 提请成员国注意与本公约宗旨有关的任何事项;

6. 定期出版并向成员国分发附录一、附录二、附录三的最新版本,以及有助于识别这些附录中所列物种标本的任何情报;

7. 向成员国会议提出有关工作报告和执行本公约情况的年度报告,以及会议上可能要求提供的其他报告;

8. 为执行本公约的宗旨和规定而提出建议,包括科学或技术性质情报的交流;

9. 执行成员国委托秘书处的其他职责。

第十三条 国际措施

(一)秘书处根据其所获得的情报,认为附录一、附录二所列任一物种,由于该物种标本的贸易而正受到不利的影响,或本公约的规定没有被有效地执行时,秘书处应将这种情况通知有关的成员国,或有关的成员国所授权的管理机构。

(二)成员国在接到本条第(一)款所指的通知后,应在其法律允许范围内,尽快将有关事实通知秘书处,并提出适当补救措施。成员国认为需要调查时,可特别授权一人或若干人进行调查。

(三)成员国提供的情况,或根据本条第(二)款规定进行调查所得到的情况,将由下届成员国大会进行审议,大会可提出它认为合适的任何建议。

第十四条 对国内立法及各种国际公约的效力

(一)本公约的规定将不影响成员国有权采取以下措施:

1. 附录一、附录二、附录三所列物种标本的贸易、取得、占有和转运,在国内采取更加严格的措施或完全予以禁止;

2. 对附录一、附录二、附录三未列入的物种标本的贸易、取得、占有和转运,在国内采取限制或禁止的措施。

(二)本公约的规定,将不影响成员国在国内采取任何措施的规定,也不影响成员国由于签署了已生效或即将生效的涉及贸易、取得、占有或转运各物种标本其他方面的条约、公约或国际协议而承担的义务,包括有关海关、公共卫生、兽医或动植物检疫等方面的任何措施。

(三)本公约的规定不影响各国间已缔结或可能缔结的建立同盟或区域贸易协议的条约、公约或国际协定中所作的规定或承担的义务,上述同盟或区域贸易协议是用来建立或维持该同盟各成员国之间的共同对外关税管制或免除关税管制。

(四)本公约的缔约国,如果也是本公约生效时其他有效的条约、公约或国际协定的成员国,而且根据这些条约、公约和协定的规定,对附录二所列举的各种海洋物种应予保护,则应免除该国根据本公约的规定,对附录二所列举的,由在该国注册的船只捕获的、并符合上述其他条约、公约或国际协定的规定而进行捕获的各种物种标本进行贸易所承担的义务。

(五)尽管有第三条、第四条和第五条的规定,凡出口依本条第(四)款捕获的标本,只需要引进国的管理机构出具证明书,说明该标本是依照其他条约、公约或国际协定规定取得的。

(六)本公约不应妨碍根据联合国大会2750C字(XXV)号决议而召开的联合国海洋法会议从事编纂和发展海洋法,也不应妨碍任何国家在目前或将来就海洋法以及就沿岸国和船旗国的管辖权的性质和范围提出的主张和法律观点。

第十五条 附录一和附录二的修改

(一)下列规定适用于在成员国大会的会议上对附录一和附录二修改事宜:

1. 任何成员国可就附录一或附录二的修改提出建议,供下次会议审议。所提修正案的文本至少应在会前一百五十天通知秘书处。秘书处应依据本条第(二)款第2项和第3项之规定,就修正案同其他成员国和有关机构进行磋商,并不迟于会前三十天向各成员国发出通知;

2. 修正案应经到会并参加投票的成员国三分之二多数通过。此处所谓"到会并参加投票的成员国"系指出席会议,并投了赞成票或反对票的成员国。弃权的成员国将不计入为通过修正案所需三分之二的总数内;

3. 在一次会议上通过的修正案,应在该次会议九十天后对所有成员国开始生效,但依据本条第(三)款提出保留的成员国除外。

(二)下列规定将适用于在成员国大会闭会期间,对附录一和附录二的修改事宜:

1. 任何成员国可在大会闭会期间按本款的规定,以邮政程序就附录一和附录二提出修改建议,要求审议;

2. 对各种海洋物种,秘书处在收到建议修正案文本后,应立即将修正案文本通知成员国。秘书处还应与业务上和该物种有关的政府间机构进行磋商,以便取得这些机构有可能提供的科学资料,并使与这些机构实施的保护措施协调一致。秘书处应尽快将此类机构所表示的观点和提供的资料,以及秘书处的调查结果和建议,通知成员国;

3. 对海洋物种以外的物种,秘书处应在收到建议的修正案文本后,立即将其通知成员国,并随后尽快将秘书处的建议通知成员国;

4. 任何成员国于秘书处根据本款第2或第3项的规定,将其建议通知成员国后的六十天内,应将其对所提的修正案的意见,连同有关的科学资料和情报送交秘书处;

5. 秘书处应将收到的答复连同它自己的建议,尽快通知成员国;

6. 秘书处依本款第5项规定将上述答复和建议通知成员国后三十天内,如未收到对建议的修正案提出异议,修正案即应在随后九十天起,对所有成员国开始生效,但依据本条第(三)款提出保留的成员国除外;

7. 如秘书处收到任何成员国提出的异议,修正案即按本款第8、第9和第10项的规定,以邮政通信方式交付表决;

8. 秘书处应将收到异议的通知事先告知成员国;

9. 秘书处按本款第8项的规定发出通知后六十天内,从各方收到赞成、反对或弃权票必须占成员国总数一半以上,否则,修正案将提交成员国大会的下一次会议上进行审议;

10. 如收到成员国投票数已占一半,则修正案应由投赞成或反对票的成员国的三分之二多数通过;

11. 秘书处将投票结果通知所有成员国;

12. 如修正案获得通过,则自秘书处发出修正案被接受的通知之日起后九十天,对各成员国开始生效。但按本条之第(三)款规定提出保留之成员国除外。

(三) 在本条第(一)款第3项,或第(二)款第12项规定的九十天期间,任何成员国均可向公约保存国政府以书面通知形式,对修正案通知提出保留。在此保留撤销以前,进行有关该物种的贸易时,即不作为本公约的成员国对待。

第十六条 附录三及其修改

(一) 按第二条第(三)款所述,任何成员国可随时向秘书处提出它认为属其管辖范围内,并由其管理的物种的名单。附录三应包括:提出将某些物种包括在内的成员国的名称、提出的物种的学名,以及按第一条第2项所述,与该物种相联系的有关动物或植物的任何部分或衍生物。

(二) 根据本条第(一)款规定提出的每一份名单,都应由秘书处在收到该名单后尽快通知成员国。该名单作为附录三的一部分,在发出此项通知之日起的九十天后生效。在该名单发出后,任何成员国均可随时书面通知公约保存国政府,对任何物种,或其任何部分,或其衍生物持保留意见。在撤销此保留以前,进行有关该物种,或其一部分,或其衍生物的贸易时,该国即不作为本公约的成员国对待。

(三) 提出应将某一物种列入附录三的成员国,可以随时通知秘书处撤销该物种,秘书处应将此事通知所有成员国,此项撤销应在秘书处发出通知之日起的三十天后生效。

(四) 根据本条第(一)款的规定提出一份名单的任何成员国,应向秘书处提交一份适用于此类物种保护的所有国内法律和规章的抄本,并同时提交成员国对该法律规章的适当解释,或秘书处要求提供的解释。该成员国在上述物种被列入在附录三的期间内,应提交对上述法律和规章的任何修改或任何新的解释。

第十七条 公约之修改

(一) 秘书处依至少三分之一成员国提出的书面要求,可召开成员国大会特别会议,审议和通过本公约的修正案。此项修正案应经到会并参加投票的成员国三分之二多数通过。

此处所谓"到会并参加投票的成员国"系指出席会议并投了赞成票,或反对票的成员国。弃权的成员国将不计入为通过修正案所需三分之二的总数内。

(二)秘书处至少应在会前九十天将建议的修正案的案文通知所有成员国。

(三)自三分之二的成员国向公约保存国政府递交接受该项修正案之日起的六十天后,该项修正案即对接受的成员国开始生效。此后,在任何其他成员国递交接受该项修正案之日起的六十天后,该项修正案对该成员国开始生效。

第十八条 争议之解决

(一)如两个或两个以上成员国之间就本公约各项规定的解释或适用发生争议,则涉及争议的成员国应进行磋商。

(二)如果争议不能依本条第(一)款获得解决,经成员国相互同意,可将争议提交仲裁,特别是提交设在海牙的常设仲裁法院进行仲裁,提出争议的成员国应受仲裁决定之约束。

第十九条 签　　署

本公约于1973年4月30日以前在华盛顿开放签署,在此以后,则于1974年12月31日以前在伯尔尼开放签署。

第二十条 批准、接受、核准

本公约需经批准、接受或核准,批准、接受或核准本公约的文书应交存公约保存国瑞士联邦政府。

第二十一条 加　　入

本公约将无限期地开放加入,加入书应交公约保存国保存。

第二十二条 生　　效

(一)本公约自第十份批准、接受、核准或加入本公约的文书交存公约保存国政府九十天后开始生效。

(二)在第十份批准、接受、核准或加入本公约的文书交存以后,批准、接受、核准或加入本公约的国家,自向公约保存国政府交存批准、接受、核准或加入的文书之日起九十天后对该国生效。

第二十三条 保　　留

(一)对本公约的各项规定不得提出一般保留。但根据本条或第十五条和第十六条的规定,可提出特殊保留。

(二)任何一国在将其批准、接受、核准或加入本公约的文书交托保存的同时,可就下述具体事项提出保留。

1. 附录一、附录二或附录三中所列举的任何物种;
2. 附录三中所指的各物种的任何部分或其衍生物。

（三）成员国在未撤销其根据本条规定提出的保留前，在对该保留物种，或其一部分，或其衍生物进行贸易时，该国即不作为本公约的成员国对待。

第二十四条 废 约

任何成员国均可随时以书面形式通知公约保存国政府废止本公约。废约自公约保存国政府收到书面通知之日起十二个月后生效。

第二十五条 保 存 国

（一）本公约正本以中、英、法、俄和西班牙文写成，各种文本都具有同等效力。正本应交存公约保存国政府，该政府应将核证无误的副本送致本公约的签字国，或加入本公约的国家。

（二）公约保存国政府应将批准、接受、核准或加入、本公约的生效和修改、表示保留和撤销保留以及废止的文书签署交存情况通知本公约所有签字国、加入国和秘书处。

（三）本公约生效后，公约保存国政府应立即将核证无误的文本根据联合国宪章第一百零二条，转送联合国秘书处登记和公布。

各全权代表受命在本公约上签字，以资证明。

1973 年 3 月 3 日　于华盛顿

附录：略*

（原载中华人民共和国外交部条约法律司编：《中华人民共和国多边条约集·第二集》，法律出版社，1987 年）

---

* 内容会有定期变动的附录一、附录二、附录三以及附录四，在本文件中均未予转载（1980 年 1 月）。

货物暂准进口公约(又称伊斯坦布尔公约)

(本公约于 1990 年 6 月 26 日签订,1993 年 11 月 27 日生效)

第一章 总 则

定 义

第 1 条

1. "暂准进口"一词指一种海关业务制度,按照该项制度,某些货物(包括运输工具)在运入关境时,可以有条件地免纳进口各税并免受经济性质的进口禁止和限制。此项货物(包括运输工具)必须为特定的目的进口并且必须在特定的期限内除因在使用中正常损耗外按原状复出口。

2. "进口各税"一词指货物(包括运输工具)进口时或因参与和进口有关的活动所应征的关税及其他各税、国内税和海关规费,但不包括其数额与所提供的劳务成本相当的费用。

3. "担保"一词指向海关保证履行某项义务并经海关接受的保证。为了履行由几项业务所产生的义务的担保称为"总担保"。

4. "暂准进口单证"一词指能够确认货物(包括运输工具)并可以被接受作为报关单证的国际性海关文件。该文件通常包括一个可以为进口各税担保的国际通用的保证书。

5. "关税同盟或经济同盟"一词指由本公约第 24 条第 1 款所述的成员建立及组成的,能够就本公约涉及的范围通过采用自行制定的法律对其成员进行约束并能够根据其内部程序决定签署、批准或加入本公约的联盟。

6. "人"一词,除上下文另有规定外,指自然人与法人。

7. "理事会"一词指根据 1950 年 12 月 15 日在布鲁塞尔签订的《设立海关合作理事会公约》所设立的机构。

8. "批准"一词指批准、接受或认可。

第二章 公约范围

第 2 条

1. 按本公约的规定,每一缔约方应允许本公约的附约规定的货物(包括运输工具)的暂准进口。

2. 在不违反附约 E 的规定的条件下,暂准进口应有条件的免除全部进口各税,且不受经济性质的进口禁止和限制。

附约结构

第 3 条

第 3 条本公约的每个附约主要包括:

1. 附约中所使用的主要海关术语的定义。

2. 适用于构成附约对象的货物(包括运输工具)的特别条款。

第三章 特别规定

单证与担保

第 4 条

1. 除非在某一附约中另有规定,每一缔约方应有权对暂准进口的货物(包括运输工具)要求提交海关文件和提供担保。

2. 要求(按上述第 1 款规定)提供担保时,暂准进口手续的经常申办人可以被准许提供总担保。

3. 除非在某一附约中另有规定,担保金额不应超过货物(包括运输工具)已被有条件地免除的进口各税的金额。

4. 各缔约方可以根据本国法律条文的规定对那些受该方法律禁止和限制的进口货物(包括交通工具)要求提供额外的担保。

暂准进口单证

第 5 条

在不违反附约 E 条款所规定的暂准进口程序的情况下,各缔约方应当接受在该方境内有效并按附约 A 规定的条件,亦为该缔约方接受的其他附约所规定的暂准进口货物(包括运输工具)核发和使用的暂准进口单证,以替代其本国海关单证,作为附约 A 第 8 条所指税款的合法担保。

鉴　　别

第 6 条

各缔约方有权要求货物(包括运输工具)在暂准进口终止时满足易于识别的条件。

复 出 口 期 限

第 7 条

1. 暂准进口货物(包括运输工具)应当在被认为足以完成暂准进口目的的期限内复出口。具体期限由每个附约分别规定。

2. 海关当局可以批准比每一附约规定的期限更长的期限②或者延长原定的期限。

3. 当暂准进口货物(包括运输工具)由于查扣而不能复出口时,除因私人诉讼被扣者外,在被扣期间复出口的规定应缓期实施。

暂准进口的转让

第 8 条

各缔约方可以应请求批准将暂准进口手续的便利转让给他人,只要被转让人:

(1) 满足本公约所规定的条件;

(2) 接受该暂准进口手续第一受益人所承担的义务。

第 9 条

暂准进口手续一般在暂准进口货物(包括运输工具)复出口的情况下即行终止。

第 10 条

暂准进口货物(包括运输工具)可以整批或分批复出口。

第 11 条

暂准进口货物(包括运输工具)可以通过原进口地海关以外的海关复出口。

其他可能的终止情况

第 12 条

经主管当局同意,将暂准进口货物(包括运输工具)存放于自由港或自由区,以及存放于海关保税区仓库或办理海关转运手续以便以后出口或作其他合法处理,暂准进口可以终止。

第 13 条

在情况合理而且国内立法准许的情况下,依法办理结关内销手续后,暂准进口可以终止。

第 14 条

1. 暂准进口货物(包括运输工具)因事故及不可抗力遭受严重损坏,可以按下列海关当局核准的方式终止暂准进口手续:

(1) 为终止暂准进口目的,按向海关交验时其受损状况缴纳应付的进口各税;或者

(2) 免费放弃给暂准进口国的主管当局,免纳进口各税;或者

(3) 由有关方面出资,在官方监督下销毁。任何部件或材料,如留作内销,应按其在遭受事故或不可抗力后向海关交验时的状况,交纳应付的进口各税。

2. 经当事人请求,由海关当局核准,暂准进口货物(包括运输工具)按上款第 2 项或第 3 项规定的方式之一处理,暂准进口也可以终止。

3. 经当事人请求并向海关证明暂准进口货物(包括运输工具)由于事故和不可抗力已遭受损坏或全部损失,暂准进口可以在该手续的受益人免纳进口各税的情况下终止。

第四章 杂 则

手 续 的 简 化

第 15 条

每一缔约方应当按本公约的规定,将有关的海关手续减至最低限度。相关的规章应尽早公布。

事 先 批 准

第 16 条

1. 在暂准进口需经事先批准时,主管海关应尽快予以答复。

2. 在特殊情况下,需事先报经海关以外的其他主管部门批准时,应尽快予以答复。

最 低 便 利

第 17 条

本公约各条款规定了应给予的最低限度便利。这些条款不妨碍缔约方按照单方规定或按双边及多边协定给予或将来可能给予的更大便利。

关税或经济同盟

第 18 条

1. 在本公约中,结成关税或经济同盟的缔约各方的关境可以认为是一个单独的关境。

2. 本公约不应妨碍结成关税或经济同盟的缔约各方在其关境内实施适用于暂准进口的特别规定,假如这些规定不减少本公约提供的便利。

禁止和限制

第 19 条

本公约的规定不应妨碍基于非经济考虑的国内法律和法规规定的禁止和限制的实施,例如公共道德或秩序、公共安全、公共卫生保健、动植物检疫、濒危野生动植物保护或者有关保护版权和工业产权方面的考虑。

违法行为

第 20 条

1. 对本公约各项规定的任何违反行为,违反者应由违法行为发生地缔约方按该方法律予以处罚。

2. 如违法行为的发生地点无法确定,则应认为该案发生在发现该案的缔约方境内。

情报交换

第 21 条

为执行本公约,缔约各方可要求在国内立法允许的范围内,相互交换必要的情报。

第五章 附 则

行政委员会

第 22 条

1. 设立行政委员会审议本公约的施行情况,审议任何提出的修正案和审议为保证本公约的解释和实施的统一性所采取的措施,该委员会还将就本公约增加新的附约问题做出决定。

2. 缔约各方应为行政委员会的成员。委员会可以决定虽非缔约方,但由本公约第 24 条规定的任何成员、国家或单独关境的主管行政部门或国际组织的代表对他们感兴趣的问题，以观察员的身份出席会议。

3. 理事会应向委员会提供秘书处的各项服务。

4. 每次会议期间，委员会应选举主席一人和副主席一人。

5. 缔约各方的主管行政部门应将对本公约所提的修正案和理由以及对委员会会议议程的要求一起递交给理事会。理事会应将其提请缔约各方和虽非缔约方但由本公约第 24 条规定的成员、国家或单独关境的主管行政部门予以关注。

6. 理事会应根据委员会确定的时间并在至少两个缔约方的主管行政部门提出要求时召集委员会会议。理事会在会议前至少 6 个星期，将议程分发给缔约各方和虽非缔约方但由本公约第 24 条规定的成员、国家或单独关境的主管行政部门。

7. 按本条第 2 款规定，由委员会作出决定，理事会应邀请虽非缔约方但由本公约第 24 条规定的成员、国家或单独关境的主管行政部门和有关的国际组织派观察员出席委员会会议。

8. 提案应付诸表决。出席会议的每一缔约方应有一票表决权。非对本公约进行修正的提案应经到会成员多数表决通过。对本公约的修正案应经到会成员 2/3 多数表决通过。

9. 实施本公约第 24 条第 7 款，涉及表决时，关税或经济同盟将仅拥有与作为本公约的缔结方的该同盟成员总票数相等的票数。

10. 会议结束前，委员会应通过工作报告。

11. 如果本条无相应的规定，除委员会另有决定外，理事会议事规则应适用。

争议的解决

第 23 条

1. 缔约双方或多方之间对本公约的解释和实施发生任何争议，应尽可能通过协商解决。

2. 通过协商无法解决的争议，应由有争议各方提交给行政委员会，由该委员会审议并提出解决争议的建议。

3. 争议各方可事先约定行政委员会的建议对该方具有约束力。

签约、批准和加入

第 24 条

1. 理事会的任何成员和联合国的任何成员或其专职机构可按下列方式成为本公约的缔约方：

（1）在无需保留待批准的情况下签署本公约；

(2) 交存签署后经批准的文书；

(3) 加入本公约。

2. 本公约签署应于 1991 年 6 月 30 日截止，在此期间本条第 1 款中提及的成员可以在本公约的理事会会议上，亦可在布鲁塞尔理事会总部签约。此后仍准加入。

3. 非本条第 1 款中提及的各组织成员的任何国家，或者在商业行为方面拥有自主权的任何单独关境的政府，经正式对其外交行为负责的本公约缔约方的提议，于收到保管人根据行政委员会请求发出的邀请书后，可在本公约生效后加入本公约。

4. 本条第 1 或第 3 款提及的成员、国家或关境，应在签署、批准或加入本公约时声明其所接受的附约，并且必须接受附约 A 和至少另一项附约，此后其仍可以通知理事会秘书长接受一项或更多项其他附约。

5. 按照本条第 4 款，缔约各方接受经执行委员会议定纳入本公约的任何新附约，应通知理事会秘书长。

6. 缔约方应通报实施的条件和本公约第 8 条、第 24 条第 7 款及附约 A 第 2 条第 2、3 款及附约 E 第 4 条要求提供的情报，还应就实施上述条款过程中的变化情况予以通报。

7. 按照本条第 1、2、4 款的规定，任何关税或经济同盟都可以成为本公约的缔约方，上述同盟应通报其在本公约所涉及事务中的职权范围。作为本公约缔约方的关税或经济同盟，在其职权范围内的事务中应以同盟的名义行使并履行本公约赋予的权力和义务。在这种情况下，上述同盟的各成员将不能单独行使权力，包括表决权。

保 管 人

第 25 条

1. 本公约的文本、保留或无保留待批准和签字文本和所有的批准和加入文件应交理事会秘书长保存。

2. 保管人应当：

(1) 收取和保管本公约正本；

(2) 制作本公约的核实无误的副本并分发给本公约第 24 条第 1 和第 7 款规定的成员和关税或经济同盟；

(3) 收取任何保留或无保留待批准的签字文本、批准或加入本公约的文书并保管与之有关的任何文件、通知和信函；

(4) 审核对本公约的签字文件或任何文件、通知或信函是否合法规范。如果需要，可以将有关问题提请有关缔约方注意；

(5) 将以下事项通知本公约的缔约各方、其他签约各方、非本公约缔约方的理事会成员和联合国秘书长：

————本公约第 24 条规定的各项签约、批准、加入及对附约的接受；

————由行政委员会决定纳入本公约的新附约；

————按照第 26 条规定本公约和每一附约的生效日期；

————按照第 24 条、29 条、30 条和 32 条规定收到的通知书；

————按照第 31 条规定的废约文书；

————按照第 32 条规定认为已被接受的任何修正案及其生效日期。

3. 如一缔约方与保管人之间就后者行使职能发生异议，保管人或该缔约方应将有关问题提请其他缔约方和其他签约方注意，如果必要可以提交理事会。

生　　效

第 26 条

1. 当第 24 条第 1、7 款中规定的成员或者关税或经济同盟中，有 5 个已无保留地批准签署本公约或在其已交付其批准或加入文书后 3 个月，本公约应即生效。

2. 在已有 5 个成员或者关税或经济同盟无保留地批准签署本公约，或已交付其批准或加入文书后，任何缔约方如果无保留待批准地签署、批准或加入本公约，本公约应于该方无保留待批准地签约或交付其批准加入文书之日起 3 个月后对该方生效。

3. 本公约的任何附约，应于已有 5 个成员或者关税或经济同盟接受该附约之日起的 3 个月后生效。

4. 对已有 5 个成员或者关税或经济同盟接受的附约，如果任何缔约方表示接受时，该附约应于该方通知接受该附约之日起的 3 个月后对该方生效。在本公约对一缔约方生效之前，本公约的任何附约将不在该方生效。

撤 销 条 款

第 27 条

有撤销条款的本公约附约一旦生效，在已接受该附约且为下述有关公约或成员的各缔约方之间，该附约应当终止并替代该撤销条款涉及的各项公约或公约中的某些条款。

主 约 与 附 约

第 28 条

1. 在本公约中，对缔约方有约束力的任何附约应被认为是本公约的组成部分。该缔约方提及本公约时，应认为包括上述附约。

2. 在行政委员会进行表决时,每一项附约应被认作是一个单独的公约。

保　　留

第 29 条

1. 接受一项附约的任何缔约方,应认为已接受其中所有条款,除非在接受附约时,或者在以后任何时候,该方在该附约规定的可能范围内,通知保管人对某些条款提出保留,并说明本国法律与有关条款之间存在的分歧。

2. 每一缔约方应至少每 5 年对其已提出保留的条款进行一次审核,将其与国内法律进行比较,并将检查结果通知保管人。

3. 提出保留的任何缔约方,可随时通知保管人部分或全部撤销保留,并注明上述撤销的生效日期。

关境的扩大

第 30 条

1. 任何缔约方,可于无保留批准签署本公约或交付批准或加入文书之时,或其后的任何时候,向保管人送交通知书,声明本公约的适用范围应扩大到该方负有国际关系责任的所有或某一关境。该通知书应于保管人收到之日起 3 个月后生效。但本公约在对有关缔结方生效前,不应使用通知书中所指的关境。

2. 任何缔约方按照本条第 1 款的规定发出的通知书,使本公约的适用范围扩大到该方负有国际关系责任的某一关境,可按本公约第 31 条的规定,通知保管人该关境将不再实施本公约。

退　　出

第 31 条

1. 本公约无限期有效,但任何缔约方,可在本公约第 26 条规定的生效之日起的任何时候,宣告退出本公约。

2. 本公约的退出,应以书面文件的形式通知,该文件应交保管人保存。

3. 退出应于保管人收到退出文件之日起 6 个月后生效。

4. 本条第 2、3 款的规定,应同样适用于本公约的附约。任何缔约方,应有权于本公约第 26 条规定的生效之日后的任何时候,撤销其接受的一项或若干项附约。撤销所有其接受的附约的缔约方应被认为已退出本公约。此外,撤销附约 A 的缔约方尽管其继续接受其他附约,应被认为已退出本公约。

修 改 程 序

第 32 条

1. 按照本公约第 22 条的规定,行政委员会可以建议修改本公约及附约。

2. 每一修正案文本应由保管人分发给本公约的所有缔约方、其他签约方以及未加入本公约的理事会成员国。

3. 根据前款规定提交的修正案,如果在自向所有缔约方分发之日起 12 个月的期限内,未出现异议,该案应于该期限期满后的 6 个月后对所有缔约方生效。

4. 在本条第 3 款规定的 12 个月期限期满前,如有任一缔约方向保管人提出异议,此项修正案应认为未被该方接受,亦不应对其生效。

5. 在对修正案提出异议方面,每个附约应被视作一项单独的公约。

修正案的接受

第 33 条

1. 批准或加入本公约的任何缔约方,应被认为在送交批准或加入文书之日已接受所有生效的修正案。

2. 接受一项附约的任何缔约方,如未按本公约第 29 条的规定提出保留意见,应被认为在通知保管人表示接受该附约之日已接受该附约的所有已生效的修正案。

公约正本和登记注册

第 34 条

按照联合国宪章第 102 条的规定,本公约应根据保管人的请求,向联合国秘书处登记注册。

本公约于 1990 年 6 月 26 日拟定于伊斯坦布尔。

本公约正本一份,英、法两种文本具有同等效力。公约保管人应准备好已经校准用于分发的阿拉伯语、汉语、俄语和西班牙语翻译文本。

关于货物暂准进口的 ATA 单证册海关公约(简称 ATA 公约)

(1961 年 12 月 6 日签于布鲁塞尔)

前　　言

本公约缔约各国政府,在海关合作理事会及关税和贸易总协定缔约各方主持下并经与联合国教科文组织协商召开会议。注意到国际经贸界及其他有关各界代表为了便利实施货物暂时免税进口制度所提建议,深信对暂时免税进口货物实行共同制度定会给国际贸易及文化活动带来极大好处,并会使缔约各方的海关制度得到高度的协调和一致。协议如下:

第一章　定义及认可

第 1 条

在本公约中下列词语:

1. "进口税"一词指与货物进口有关的关税和所有其他应征各税,包括所有对进口货物应征的国内税及消费税,但不包括数额与所提供劳务成本相当的劳务费,也不代表对国内产品的间接保护或为财政的目的所征收的进口税;

2. "暂准进口"一词指按本公约第 3 条所指各公约及进口国国内法规所订条款暂时免征进口税的进口;

3. "转运或过境"一词指货物按缔约一方国内法规所订条款从该方境内一个海关运至同一境内的另一海关;

4. "ATA 单证册"(ATA 系法文 Admission Temporaire 和英文 Temporary Admission 两词的第一字母组合)指按本公约附件中的格式复制的文件;

5. "出证协会"一词指经缔约一方海关当局核准得以在该方境内签发 ATA 单证册的协会;

6. "担保协会"一词指经缔约一方海关当局核准得以在该方境内为本公约第 6 条所指的

款项提供担保的协会；

7."理事会"一词指根据1950年12月15日在布鲁塞尔签订的《设立海关合作理事会公约》所设的机构；

8."人"一词,除上下文另有规定者外,指自然人及法人。

第2条

批准本公约第1条第5项所指的出证协会时,特别要遵守的条件是 ATA 单证册的定价与所提供劳务成本相当。

第二章 适用的范围

第3条

1. 每一缔约方应接受,在该方境内有效和按本公约规定条件签发和使用的暂准进口单证册,以代替其本国的海关文件,并作为按下列公约暂准进口货物应负的本公约第6条所指各项税款的担保,假如该缔约方亦为下列公约的缔约一方：

（1）1961年6月8日在布鲁塞尔签订的《专业设备暂时进口海关公约》；

（2）1961年6月8日在布鲁塞尔签订的《关于便利在展览会、交易会、会议或类似活动中展示或使用的货物暂时进口的海关公约》。

2. 每一缔约方也可按其他暂时进口国际公约,或按该缔约方国内法规制定的暂时进口规定接受按类似条件签发和使用的 ATA 单证册。

3. 每一缔约方对过境转运货物可接受按同样条件签发和使用的 ATA 单证册。

4. 用于加工或修配的货物不适用凭 ATA 单证册进口。

第三章 ATA 单证册的签发和使用

第4条

1. 出证协会不应签发从签发之日起有效期超过一年的 ATA 单证册。ATA 单证册封面上应标明在哪些国家有效,以及相应的担保协会名称。

2. ATA 单证册一旦签发后不应在其封面背面的货物总清单(General List)或在该货物总清单的续页中增添项目。

第5条

对于凭 ATA 单证册进口的货物,海关规定其复出口的期限绝不应超过该 ATA 单证册的有效期。

第四章 担 保

第 6 条

1. 相关出证协会签发的 ATA 单证册项下的货物,如有不遵守暂准进口或转运或过境的规定,其应纳的进口税及其他费用应由各担保协会向提出偿付要求的海关当局缴纳。担保协会与上述应缴纳款项的人共同或分别偿付。

2. 担保协会的偿付责任不应超过进口各税总额的 110%。

3. 当进口国海关当局已无条件注销关于某批货物的 ATA 单证册时,该当局不应再向担保协会要求补缴本条第 1 款中所指的该批货物的税款。如果事后发现 ATA 单证册的注销采用非法或欺诈手段取得,或有违反暂准进口或转运或过境规定的情况,则仍可向担保协会提出索赔。

4. 海关当局如在 ATA 单证册有效期满后一年内,未向担保协会提出索赔,则在任何情况下,都不应向担保协会追索本条第 1 款中所指的款项。

第五章 ATA 单证册的调整

第 7 条

1. 担保协会在海关当局对本公约第 6 条第 1 款中所指的款项提出索赔之日起的 6 个月期限内,有权按本公约规定的条件,提出货物已复出口或 ATA 单证册已合法注销的证据。

2. 如上述证据未能在规定限期内提出,担保协会应立即缴纳抵押款或暂付税款。此项抵押款或暂付税款应从交付之日起 3 个月后作为已付讫的税款。在此期间,担保协会仍可提供前款所指的证据以便收回其抵押款或暂付款。

3. 在法规中无暂付税款或抵押款规定的国家,按上款所附的款项应认为是已付讫,但如从付款之日起的 3 个月内,担保协会能提出本条第 1 款所指的证据,其所付款项应准退还。

第 8 条

1. ATA 单证册项下货物复出口的证据应当是货物暂准进口国海关签注完整的复出口证明。

2. 货物在复出口时,未按本条第 1 款规定签注,如能出示下列证明,则进口国海关当局即使在单证册有效期已过的情况下,仍可作为复出口证据接受:

(1) 另一缔约方海关当局在 ATA 单证册内进口或复进口存根上的签注,或者该海关当局根据其留存的 ATA 单证册的进口或复出口凭证出具的证明,但上述的进口或复进口签注必须发生在拟予证明的复出口以后。

(2) 其他任何表明货物已离开该国的正式文件。

3. 如缔约一方海关当局对凭 ATA 单证册进入境内的某些货物放弃复出口的要求,担保协会只有当海关当局在单证册上签注该货物性质已作调整后,方可解除其所负责任。

第 9 条

如果出现本公约第 8 条第 2 款所指的情况,海关当局有权收取调整费。

第六章 杂　　则

第 10 条

按本公约规定条件,在海关办事处及口岸正常办公时间内办理 ATA 单证册的海关签注,不应收取规费。

第 11 条

货物在缔约一方境内停留期间,其 ATA 单证册如发生被毁、遗失或失窃情况,该缔约方海关当局按有关规定,应出证协会的请求,可接受其补发的有效期终止日与原 ATA 单证册相同的单证册。

第 12 条

1. 如暂时进口货物因被查扣不能复出口时,除因被私人诉讼扣押的情况外,其复出口规定在被扣押期间应准许缓期执行。

2. 海关当局应尽可能将被其或其授权代表查扣的 ATA 单证册项下货物的扣押情况及处理意见通知担保协会。

第 13 条

拟在进口国签发以及由相应的外国协会、国际组织或由缔约一方的海关当局送交出证协会的 ATA 单证册所开列的全部或部分货物,应准免征进口税并免受任何禁止或限制进口。在出口时亦应给予相应的便利。

第 14 条

在本公约中,已结成关税同盟或经济同盟的缔约各方的关境可以认为是一个单独的关境。

第 15 条

如发生欺诈、违法或滥用单证册等情况,不论本公约有何规定,缔约各方应有权向使用该单证册的人犯提出诉讼,追缴进口税及其他应付的款项并给予该犯以应得的处罚。如遇此种情况,担保协会应向海关提供协助。

第 16 条

本公约的附件应认为系公约的组成部分。

第 17 条

本公约规定了应给予的最低限度的便利,这不妨碍有些缔约国实施其单方规定或按其所订双边或多边协定,给予或以后给予的更大便利。

第七章　附　　则

第 18 条

1. 缔约各方应在必要时开会审议本公约的实施情况,尤其要研究各项具体措施以确保本公约解释和实施的一致性。

2. 此项会议应在缔约各方提议下由理事会秘书长召开。除缔约各方另作决定外,会议应在理事会总部召开。

3. 缔约各方应制定会议的议事原则。缔约各方的决定应获得由到会和参加表决的缔约各方三分之二以上多数的表决通过。

4. 到会的缔约各方不足半数时,不应对任何事项作出决定。

第 19 条

1. 缔约方之间对本公约的解释或适用如有争议应尽可能通过协商自行解决。

2. 通过协商不能解决的争议应由争议各方提请缔约各方按本公约第 18 条规定召开会议,对争议进行审议并提出解决的建议。

3. 争议各方须事先声明缔约各方的建议对该方具有约束力。

第 20 条

1. 理事会的任何成员国、联合国的任何成员国或其所属专门机构,可按下款成为本公约的缔约一方:

(1) 通过无保留批准签约;

(2) 签约后尚待批准者,通过交付批准文书;

(3) 通过加入。

2. 在 1962 年 7 月 31 日以前,本公约应任由本条第 1 款所指各国到布鲁塞尔理事会总部签约,此后,本公约应任由上述各国加入。

3. 如有本条第 1 款乙项情况,本公约应由其签约国按照其宪法程序予以批准。

4. 非本条第 1 款所指各国际组织成员的任何国家,如由理事会秘书长按缔约各方的请求向该国发出邀请时,可以通过加入,并在加入生效后成为本公约的缔约一方。

5. 批准或加入文书应交由理事会秘书长保存。

第 21 条

1. 本公约应在第 20 条第 1 款所指各国中已有 5 国无保留批准签约或已交付其批准或加入文书的 3 个月后生效。

2. 在已有 5 国无保留批准签署本公约或已交付其批准或加入文书后，对任何无保留批准签约、批准或加入公约的国家，本公约应于该国无保留签约或交付其批准或加入文书的 3 个月后生效。

第 22 条

1. 本公约无限期有效。但任何缔约一方均可在本公约按第 21 条的规定生效之日起的任何时候宣布废约。

2. 宣布废约应用书面文书通知理事会秘书长，并交由秘书长保存。

3. 废约应从理事会秘书长收到废约文书的 6 个月后生效。

4. 如缔约一方按本条第 1 款规定声明废约，或按本公约第 23 条第 2 款乙项或第 25 条第 2 款的规定发出通知书，则在废约通知书生效前签发的任何 ATA 单证册应继续有效，担保协会的担保亦同样有效。

第 23 条

1. 在本公约的签约、批准或加入时或其后，决定按本公约第 3 条及第 2 第 3 款的规定接受 ATA 单证册的任何国家，应通知理事会秘书长规定该国保证接受 ATA 单证册的各种情况并说明此项接受的生效日期。

2. 该国可为下列事项向理事会秘书长发出类似的通知书。

（1）扩大以前发出任何通知书的适用范围；

（2）按照本公约第 22 条第 4 款的规定，限制以前所发任何通知书的范围或取消该通知书。

第 24 条

1. 缔约各方可在按本公约第 18 条规定召开的会议中对本公约提出修正案。

2. 修正案全文应由理事会秘书长发给所有缔约各方、所有其他签约国或加入国、联合国秘书长、关税和贸易总协定的缔约各方及联合国教科文组织。

3. 从转发修正案之日起的 6 个月期间内，任何缔约一方可将下列意见通知理事会秘书长：

（1）该方对修正案有异议；

（2）该方对修正案虽有接受的意愿，但国内尚缺乏接受修正案的必要条件。

4. 缔约一方如已按本条第 3 款第 2 项的规定向秘书长提出意见，则只要该国不再向秘书长发出接受修正案的通知书,该国仍可在本条第 3 款所订的 6 个月期满后的 9 个月限期内,对修正案提出异议。

5. 对修正案如已按本条第 3 至 4 款的规定提出异议,则该修正案应认为未被接受,不应生效。

6. 如缔约各方对修正案均未按第 3 至 4 款的规定提出异议,该修正案应从下列日期起认为已被接受:

(1) 如所有缔约各方均未按本条第 3 款第 2 项发出通知,则为第 3 款所订的 6 个月期满之日。

(2) 任何缔约一方如已按本条第 3 款第 2 项发出通知书,则为下列二日期中较早之日。

I. 发出通知书的所有缔约各方均已通知理事会秘书长表示接受修正案之日。如所有接受均在本条第 3 款所订 6 个月期满前发出,则该日应认为即上述 6 个月期满之日;

II. 本条第 4 款所指的 9 个月期满之日。

7. 认为已被接受的任何修正案应从认为被接受之日起的 6 个月后生效。

8. 理事会秘书长应尽快将按本条第 3 款第 1 项对修正案提出的异议,按第 3 款第 2 项受到的意见通知所有缔约各方。他以后还应将曾提出上述意见的缔约一方或各方对修正案是提出异议还是接受等情况通知缔约各方。

9. 批准或加入本公约任何缔约一方应认为已接受在该方交付批准或加入文书之日已生效的任何修正案。

第 25 条

1. 任何国家可在其无保留批准签署本公约或交付其批准或加入文书之日或其后的任何时候,向理事会秘书长发出通知书,声明本公约应扩大适用于该国负有外交责任的所有或任何关境。上述通知应从理事会秘书长收到之日起的 3 个月后生效,但在本公约对有关国家生效前,对通知书中所指的关境不应适用。

2. 在按本条第 1 款发出通知书中声明将本公约适用范围扩大到该国负有外交责任的关境的国家,可按本公约第 22 条的规定通知理事会秘书长有关的关境将不再实施本公约。

第 26 条

1. 任何国家可在签约、批准或加入本公约时声明或在其成为本公约缔约一方时通知理事会秘书长,该国对邮运货物决定不接受按本公约签发的 ATA 单证册。上述通知应从理事会秘书长收到之日起的第 90 天生效。

2. 已按本条第 1 款规定提出保留的任何缔约一方可在任何时候通知理事会秘书长撤销此项保留。

3. 对本公约不许作其他保留。

第 27 条

理事会秘书长应将下列情况通知所有缔约各方,其他签约国和加入国,联合国秘书长,关税、贸易总协定缔约各方及联合国教科文组织:

1. 按本公约第 20 条规定的签约、批准及加入;
2. 按第 21 条规定本公约的生效日期;
3. 按第 22 条规定宣告的废约;
4. 按第 23 条规定所发的通知书;
5. 按第 24 条规定认为已被接受的修正案及其生效日期;
6. 按第 25 条规定受到的通知书;
7. 按第 26 条规定所发的声明书和通知书以及所作提出或撤销保留的生效日期。

第 28 条

根据联合国宪章第 102 条,本公约应由理事会秘书长向联合国秘书处申请注册。

本公约于 1961 年 12 月 6 日签于布鲁塞尔。公约正本一份用英法两种文字写成,两种文本具有同等效力。该正本应交由理事会秘书长保存,其核实无讹的副本应由理事会秘书长印发给本公约第 20 条第 1 款所指的所有各国。

关于在展览会、交易会、会议等事项中便利展出和需用物品进口的海关公约

(1961年6月8日签于布鲁塞尔)

前　　言

本公约签约各国,在海关合作理事会的主持下并经与联合国欧洲经济委员会和联合国教科文组织协商后召开会议。注意到国际贸易及其他各界代表所提建议,切望对货品在商业、技术、宗教、教育、科学、文化及慈善性质的展览会、交易会、会议或类似的活动事项中的展出品给予便利。深信对上述货品的海关待遇采取统一规则,定将为国际贸易提供重大利益并促进国际间的思想和知识交流,协议如下:

第　一　章

定　　义

第一条

在本公约中:

甲、"活动事项"一词指:

(1) 为贸易、工业、农业或手工业举办的展览会、交易会或类似的陈列或展出;

(2) 主要为慈善目的举办的展览会或会议;

(3) 主要为促进任何一门学术、艺术、工艺、体育或科学、教育或文化活动,或为促进民间友谊或宗教教义或信仰而举办的展览会或会议;

(4) 由任何国际组织或国际团体组织所召开的代表大会;

(5) 官方的或纪念性的代表大会;

但不包括私人为推销外货在商店或营业场所组织的展销会。

乙、"进口各税"一词指货物在进口时或因与进口有关应征的关税及其他各税,并应包

括所有进口货应完的国内税和消费税,但不应包括数额与所供劳务成本相当,又不同于对国内产品的间接保护或对进口货的财政税收的规费及费用。

丙、"暂准进口"一词指免征进口税,不受禁止或限制进口但须复出口的暂时进口。

丁、"理事会"一词指根据一九五零年十二月十五日在布鲁塞尔签订的"设立海关合作理事会公约"所设的机构。

戊、"人"一词,除上下文另有规定者外,兼指自然人及法人。

第 二 章

暂 准 进 口

第二条

1. 下列货物或物品应给予暂准进口待遇:

甲、拟在活动事项中展出或表演的货物;

乙、拟在活动事项中为展出外国产品时所用的货物,包括:

(1) 在机器或器具作操作表演时需用的物品;

(2) 供外国展出者设置临时展览台用的建筑材料及装饰品,包括电气装置;

(3) 供外国展品作表演宣传用的广告品及演出物品,例如,录音带、影片及幻灯片及演出时需用的装置物品;

丙、拟供国际性会议、讨论会及大会用的收听翻译用具、录音机及具有教育、科学或文化性质的电影片等设备。

2. 本条第1款所指的便利应在下列情况下批给:

甲、物品在复出口时能加以辨认的;

乙、同样物品的数量合理符合进口目的的;

丙、经暂时进口国海关当局审定本公约所订应履行的条款。

第三条

除为暂时进口国法规所许可者外,暂准进口货物在其享受根据本公约给予的便利期间不应:

甲、出借或以任何方式出租取酬;

乙、搬出活动事项的场所。

第四条

1. 暂准进口货物应从其进口之日起的六个月内复运出口。但暂时进口国的海关当局可以斟酌情况,尤其可以按活动事项的持续时间或性质限令货物在较短期限内复出口,但至少应准延长到该事项闭幕后一个月。

2. 虽有本条第1款的规定,海关当局对以后将转移到另一活动事项中供展出或需用的上述货物应准其继续留在暂时进口国境内,但要遵守该国法规所定的条款,并保证货物在从进口之日起的一年内复出口。

3. 海关当局如认为有足够理由可在暂时进口国法规所定的时限内或者批准一段较本条第1及第2款规定的更长期限,或者延长其原有期限。

4. 当暂准进口货物因被查扣不能复出口时,除因私人诉讼被扣者外,本条所定的复出口规定在被扣期间应准缓期执行。

第五条

1. 本公约虽对复出口作了规定,但残损严重、价值微小和易腐坏的物品如能履行海关的下列规定可以免于复出口:

甲、照纳其应完的进口各税;

乙、无偿放弃给暂准进口国的国库;

丙、在官方监督下予以销毁,以免暂时进口国国库受到损失。

2. 暂准进口的货物除复出口外,可以另行处理,特别当移充国内需用时,可按暂时进口国对从国外直接进口此类货物的法规规定和手续同样办理。

第 三 章

进口税的减免

第六条

1. 除按本公约第二十三条的规定对某类货物发出保留通知者外,下列货物应免征进口税,免于禁止及限制其进口并在暂准进口后免于复出口:

甲、在一次活动事项中所展出的外国货物的少量代表性样品,包括原装进口的或在展出期间用进口的散装原料改装的食品或饮料,假如:

(1) 此项样品系国外免费提供并在展出期间专供免费分送给观众个人需用或消费的;

(2) 显系单价很小作广告样品用的;

(3) 不适于商业用途,且其每包容量显然较最小的零售包装为小的;

(4) 食品及饮料的样品虽未按上款(3)项规定的包装分发,但确系供活动事项中消费的;

(5) 货样的总值及总量,经进口国海关当局从活动事项的性质,参观人数和参加展出者的范围考虑,认为合理的。

乙、专为在一次活动事项中表演或者为表演机器或器具的操作情况而进口并在表演中消耗或损毁掉的物品,如果其总值或总量,经进口国海关当局从活动事项的性质,参观人数及展出者的规模考虑,认为合理的;

丙、供参加展出活动的外国展出者修建、装置或装修其展出台用的廉价物品,如油漆、涂料及糊墙纸;

丁、印刷品、商品目录、商业通告、价目单、广告招贴、有插图或无插图的日历,未装框的照片,确系该项活动中展出外货的形象宣传资料等;

(1) 该项资料系国外免费供给,专为在该项活动期间向观众免费分送用的;

(2) 上述货物的总值和总量经进口国海关当局按活动事项的性质,参观人数,参加展出者的规模审核认为合理的。

2. 本条第1款的规则不应适用于酒精饮料、烟叶制品及燃料。

第七条

为了供召开的国际会议,代表会议或洽商会议内外的需用而进口的活页夹、档卷和其他文件,应准免征进口税并免去其禁止和限制进口。

第 四 章

简 化 手 续

第八条

每一缔约方应按本公约的规定,将应办的海关手续减至最低限度。有关的规章应尽早公布。

第九条

1. 如缔约一方为了执行本公约所规定的关于批准给予便利的条款,要求缴付保证金时,其数额不应超过应征进口各税的十分之一。

2. 上述缔约各方应按情况尽可能地接受该项活动事项的主办者或经海关认可的其他人所提供的总担保以代替本条第1款中所订的单项担保。

第十条

1. 海关对任何活动事项中即将或已经展出或取用的货物其进口或复出口时的查验或结关应在可能和适当的情况下在该会会场办理。

2. 每一缔约方,在考虑到活动事项的重要性和规模大小应在可能和适当情况下为在该方领土内举办的活动事项,设立海关驻会场的临时办事处。

3. 暂准进口的货物可通过经办此项业务的任何海关办事处成批或分批复出口,此项复出口不应限定在原进口地海关办理,但进口商为了获得简化手续的好处,自愿承诺在原进口地海关,办理复出口手续者除外。

第 五 章

杂 则

第十一条

在展出期间,由展出的暂准进口的机器或装置进行表演时所附带生产的产品,应按本公约的规定办理。

第十二条

本公约规定了可给予的最低限度的便利。这不应妨碍某些缔约方为实施其单方面的规定或按双边及多边协议给予或以后可给予的更大便利。

第十三条

在本公约中,结成关税同盟或经济同盟的缔约各方的关境可认为是一个单独的关境。

第十四条

本公约的规定不应妨碍下列规定的实施:

甲、对组织各种活动事项实行非关税性质的国定或协议条款;

乙、为了维护公共道德、秩序、公共安全、公共卫生和保健,或为了动植物检疫、保护专利、商标及版权,实行国内法规所订的各种禁止或限制。

第十五条

对本公约各项规定的任何违反,任何偷换顶替,伪报或使人或货物从本公约提供的便利中获取非法利益的行为,均可使违者受作案地国家的法律处分并追缴其应纳的税款。

第 六 章

附 则

第十六条

1. 缔约各方应在必要时开会审议本公约的执行情况,尤其是审议使本公约的解释和实施取得一致的措施。

2. 上述会议应按任何缔约一方的请求由理事会秘书长召开。除缔约各方另有决定者外，会议应在理事会总部召开。

3. 缔约各方应为会议制定议事规则。缔约各方的决定应由到会并参加表决的缔约各方以三分之二以上的多数通过。

4. 到会的缔约各方不足半数时不应对任何事项作出决定。

第十七条

1. 缔约各方对本公约的解释和实施如有争议，应尽可能自行协商解决。

2. 经过协商不能解决的争议，应由有关各方按本公约第十六条提交缔约各方大会审议并提出解决的建议。

3. 争议各方可事先同意接受缔约各方的建议对该方具有约束力。

第十八条

1. 本理事会和联合国的任何成员国或其所属专门机构可按下款成为本公约的缔约一方：

甲、通过无保留批准签约；

乙、签约后仍待批准者，通过交付批准文书；

丙、通过加入。

2. 本公约应在一九六二年三月三十一日前任由本条第1款内所指各国到布鲁塞尔理事会总部签约。此后应准自由加入。

3. 如有本条第1款乙项情况，本公约应由签约国按其宪法程序予以批准。

4. 非本条第1款乙项所指各组织成员国的任何国家，如经缔约各方提请理事会秘书长发出邀请，可在其加入生效后成为本公约缔约一方。

5. 批准或加入文书应交理事会秘书长保管。

第十九条

1. 本公约应于第十八条第1款所指各国中已有五国无保留签约或交付其批准或加入文书的三个月后生效。

2. 如已有五国无保留签约或交付其批准或加入文书后，对任何批准或加入国，本公约应于该国交付批准或加入文书的三个月后生效。

第二十条

1. 本公约无限期有效。但任何缔约一方可从本公约按第十九条规定生效之日起的任何时候宣布废约。

2. 废约声明应用书面文书通知理事会秘书长并交他保管。

3. 废约应在理事会秘书长收到废约文书的六个月后生效。

第二十一条

1. 根据本公约第十六条召开的缔约各方会议可对本公约提出修正案。

2. 所提修正案全文应由理事会秘书长转发至缔约各方,其他签约国或加入国,联合国秘书长及联合国教科文组织。

3. 从修正案发出之日起的六个月内,任何缔约一方可通知理事会秘书长。

甲、对修正案提出异议;

乙、对修正案虽拟接受但该国尚未具备接受修正案的必要条件。

4. 如缔约一方按照本条第3款乙项的规定发出通知书后,只要不再向秘书长表示接受该修正案,仍可按本条第3款规定的六个月期满后的九个月期间内对修正案提出异议。

5. 如按本条第3及4款的规定对修正案提出异议,该修正案应认为未被接受亦未生效。

6. 对修正案如未按本条第3及4款提出异议,该案应认为从下列日期开始已被接受:

甲、如任何缔约一方均未按本条第3款乙项发出通知书,其接受日期为第3款中所指的六个月期满时;

乙、如任何缔约一方已按本条第3款乙项发出通知书,则为下列二日期中较早之日:

(1) 发出上述通知书的所有缔约各方均通知理事会秘书长接受修正案之日,如所有接受通知书均在本条第3款所指的六个月期满以前收到,则应以该日为上述六个月期满之日;

(2) 本条第4款所指的九个月期满之日。

7. 认为已被接受的修正案应从认为已被接受之日起的六个月后生效。

8. 理事会秘书长应尽快将按本条第3款甲项对修正案提出的异议,及按本条第3款乙项收到的通知书转发给所有缔约各方。此后,他应通知所有缔约各方,发出上述通知书的缔约一方或各方对修正案是提出异议或已表接受。

9. 本公约的批准或加入国应认为已接受在交付其批准或加入文书之日已生效的本公约任何修正案。

第二十二条

1. 任何国家可在无保留签署本公约或交付其批准或加入文书之日,或其后任何时候发出通知书,向理事会秘书长声明本公约应扩大到该国担负其外交责任的所有或某一关境,以及本公约应从理事会秘书长收到通知书之日起的三个月后,但不早于本公约对有关国家生效以前扩大到通知书中所指的各关境。

2. 按照本条第1款声明使本公约扩大到该国担负其外交责任的关境的任何国家,可按本公约第二十条的规定通知理事会秘书长,上述关境将不再实施本公约。

第二十三条

1. 任何国家可在签约,批准或加入本公约时声明或在成为本公约缔约一方后通知理事会秘书长该国将不受本公约第六条第1款甲项的约束。此项声明或通知书应指明提出保留的特定货物。发给秘书长的通知书应自秘书长收到该文书的九十天后生效。

2. 如缔约一方按本条第1款的规定提出保留，其他缔约各方在与该缔约一方的关系中对该国提出保留的特定货物也应不受本公约第六条第1款甲项的约束。

3. 已按本条第1款提出保留的任何缔约一方可随时通知理事会秘书长撤销上述保留。

4. 本公约不许作其他保留。

第二十四条

理事会秘书长应将下列情况通知所有缔约各方，其他签约国或加盟国、联合国秘书长及联合国教科文组织：

甲、按本约第十八条规定的签约，批准及加入；

乙、按第十八条规定的本公约生效日期；

丙、按第二十条规定的废约及声明书；

丁、按第二十一条规定认为已被接受的修正案及其生效日期；

戊、按第二十二条规定收到的声明书及通知书；

己、按第二十三条第1款及第8款发出的声明书和通知书以及提出或撤销保留的生效日期。

第二十五条

根据联合国宪章第一〇二条，本公约应由理事会秘书长向联合国秘书处申请登记。

下列全权签约人已在本公约上签名作证。

本公约于一九六一年六月八日签于布鲁塞尔。公约正本一份系用英法两种文字写成，两种文本具有同等效力。该正本应交理事会秘书长保存，并应将核实无讹的副本发给本公约第十八条第1款中所指的所有各国。

联合国第五十六届会议第九十七号决议

——文化财产送回或归还原主国

大会，

重申《联合国宪章》的有关条款，

回顾其1972年12月18日第3026A（XXVII）号、1973年12月14日第3148（XX-VIII）、1973年12月18日第3187（XXVIII）号、1975年11月19日第3391（XXX）号、1976年11月30日；第31/40号、1977年11月11日第32/18号、1978年12月14日第33/50号、1979年11月29日第34/64号、1980年12月11日第35/127号及第35/128号、1981年11月27日第36/64号、1983年11月25日第38/34号、1985年11月21日第40/19号、1987年10月22日第42/7号、1989年11月6日；第44/18号、1991年10月22日第46/10号、1993年11月2日第48/15号、1995年12月11日第50/56号、1997年11月25日第52/24号决议和1999年12月17日第54/190号决议，

铭记其2001年11月21日第56/8号决议宣布2002年为联合国文化遗产年，

回顾1954年5月14日在海牙通过的《关于发生武装冲突时保护文化财产的公约》，又回顾联合国教育、科学及文化组织大会1970年11月14日通过的《关于禁止和防止非法进出口文化财产和非法转移其所有权的方法的公约》，

还回顾联合国教育、科学及文化组织大会1972年11月16日通过的《关于保护世界文化和自然遗产的公约》，

回顾国际统一私法协会1995年6月24日在罗马通过的《关于被盗或非法出口文物的公约》，

又回顾1997年9月4日和5日在哥伦比亚麦德林举行的不结盟国家运动第一次文化部长会议通过的《关于文化多元性和文化容忍的麦德林宣言》及《文化合作行动计划》，

注意到联合国教育、科学及文化组织大会2001年11月2日通过《世界文化多元性宣言》以及执行该宣言的《行动计划》，

欢迎秘书长同联合国教育、科学及文化组织总干事合作提出的报告，

意识到一些文化财产原主国认为必须交还那些对它们来说具有极其重要的精神与文化

价值的文化财产,使这些财产成为能代表它们文化遗产的珍藏。

关切文化财产的非法贩运及其对国家文化遗产的损害,

又关切武装冲突地区和被占领土的文化财产被丢失、毁坏、搬走、盗窃、掠夺、非法移动、挪用或任何故意破坏或损害,无论这些冲突是国际的还是国内的,

1. 赞扬联合国教育、科学及文化组织和促使文化财产送回原主国或归还非法占有财产政府间委员会所做的工作,特别是通过推动双边谈判,送回或归还文化财产、编制文化动产清单和采用相关的实物鉴别标准,以及减少非法贩运文化财产、向公众传播信息资料;

2. 重申《关于发生武装冲突时保护文化财产的公约》各项条款的重要性,并邀请尚未成为公约缔约国的会员国加入公约,便利其实施;

3. 欢迎《关于发生武装冲突时保护文化财产的公约第二议定书》于 1999 年 3 月 26 日在海牙通过,并邀请公约所有缔约国考虑加入公约第二议定书;

4. 邀请会员国考虑通过和执行《关于禁止和防止非法进出口文化财产和非法转移其所有权的方法的公约》;

5. 重申《关于被盗窃或非法输出的文化物品公约》的各项条款十分重要,并邀请尚未加入公约的会员国考虑成为公约的缔约国;

6. 促请会员国采取有效的国家和国际措施,防止和打击非法贩运文化财产活动;

7. 吁请联合国系统所有有关机关、机构、基金和方案以及其他有关政府间组织在其职责范围内,与联合国教育、科学及文化组织协调并同各会员国合作,继续解决将文化财产送回或归还原主国的问题,并相应提供适当的支持;

8. 邀请会员国继续同联合国教育、科学及文化组织合作,拟订文化财产的系统清单;

9. 再次肯定联合国教育、科学及文化组织努力促进各种鉴别系统的使用,特别是应用实物鉴别标准,鼓励将各种鉴别系统同现有各种数据库、包括同国际刑事警察组织所开发的数据库连接起来,使资料能以电子方式传送,以减少文化财产的非法贩卖,并鼓励联合国教育、科学及文化组织适当时与会员国合作,在这方面作出进一步努力;

10. 欢迎联合国教育、科学及文化组织大会于 1999 年 11 月 16 日通过《文化财产商职业道德国际准则》,注意到该组织大会同届会议设立了但使文化财产送回原主国和归还非法占有文化财产国际基金,该基金于 2000 年 11 月《关于禁止和防止非法进出口文化财产和非法转移其所有权的方法的公约》三十周年之际启动;

11. 鼓励联合国教育、科学及文化组织总干事制定并执行一项战略,为前述国际基金进行有效宣传,并邀请会员国、政府间组织、私营部门和国际社会其他关心的捐助者向基金自愿捐款;

12. 请秘书长与联合国教育、科学及文化组织合作,努力探讨各种可能性,包括进一步提

出倡议,以实现本决议的各项目标;

13. 又请秘书长同联合国教育、科学及文化组织总干事合作,向大会第五十八届会议提出关于本决议执行情况的报告;

14. 决定将题为"将文化财产送回或归还原主国"的项目列入大会第五十八届会议临时议程。

2001 年 12 月 14 日
第 86 次全体会议

(原载国家文物局编:《文物进出境审核工作手册》,文物出版社,2009 年)

联合国第五十八届会议第十七号决议

——文化财产送回或归还原主国

大会,

重申《联合国宪章》的有关条款,

回顾其 1972 年 12 月 18 日第 3026A（XXVII）号、1973 年 12 月 14 日第 3148（XXVIII）号、1973 年 12 月 18 日第 3187（XXVIII）号、1975 年 11 月 19 日第 3391（XXX）号、1976 年 11 月 30 日第 31/40 号、1977 年 11 月 11 日第 32/18 号、1978 年 12 月 14 日第 33/50 号、1979 年 11 月 29 日第 34/64 号、1980 年 12 月 11 日第 35/127 号及第 35/128 号、1981 年 11 月 27 日第 36/64 号、1983 年 11 月 25 日第 38/34 号、1985 年 11 月 21 日第 40/19 号、1987 年 10 月 22 日第 42/7 号、1989 年 11 月 6 日第 44/18 号、1991 年 10 月 22 日第 46/10 号、1993 年 11 月 2 日第 48/15 号、1995 年 12 月 11 日第 50/56 号、1997 年 11 月 25 日第 52/24 号、1999 年 12 月 17 日第 54/190 号和 2001 年 12 月 14 日第 56/97 号决议,

又回顾其 2001 年 11 月 21 日第 56/8 号决议,其中宣布 2002 年为联合国文化遗产年,

还回顾 1954 年 5 月 14 日在海牙通过的《关于发生武装冲突时保护文化财产的公约》及其 1954 年和 1999 年两项议定书,

回顾联合国教育、科学及文化组织大会 1970 年 11 月 14 日通过的《关于禁止和防止非法进出口文化财产和非法转移其所有权的方法的公约》,

又回顾联合国教育、科学及文化组织大会 1972 年 11 月 16 日通过的《关于保护世界文化和自然遗产的公约》,

还回顾国际统一私法协会 1995 年 6 月 24 日在罗马通过的《关于被盗或非法出口文物的公约》,

注意到联合国教育、科学及文化组织大会于 2001 年 11 月 2 日通过了《保护水下文化遗产公约》,

回顾 1997 年 9 月 4 日和 5 日在哥伦比亚麦德林举行的不结盟国家运动第一次文化部长会议通过的《关于文化多元性和文化容忍的麦德林宣言》及《文化合作行动计划》,

注意到联合国教育、科学及文化组织大会于 2001 年 11 月 2 日通过了《世界文化多元性

宣言》及执行该宣言的《行动计划》，

欢迎秘书长同联合国教育、科学及文化组织总干事合作提出的报告，

意识到一些原主国十分重视要交还那些对它们具有根本性精神与文化价值的文化财产，使这些财产成为代表它们文化遗产的珍藏，

表示关切文化财产的非法贩运及其对各国文化遗产的损害，

又表示关切文化财产被丢失、毁坏、搬走、盗窃、掠夺、非法移动或挪用，以及受到任何故意破坏或损害，特别是在武装冲突地区，包括被占领土，无论这些冲突是国际的还是国内的，

回顾安全理事会 2003 年 5 月 22 日通过的第 1483（2003）号决议，特别是有关归还伊拉克文化财产的第 7 段，

1. 赞扬联合国教育、科学及文化组织和促使文化财产送回原主国或归还非法占有财产政府间委员会所做的工作，特别是通过推动双边谈判、送回或归还文化财产、编制文化动产清单和采用相关的实物鉴别标准，以及减少非法贩运文化财产和向公众传播信息资料；

2. 吁请联合国系统所有有关机关、机构、基金和方案以及其他有关政府间组织在其职责范围内，与联合国教育、科学及文化组织协调并同各会员国合作，继续解决将文化财产送回或归还原主国的问题，并为此提供适当的支持；

3. 欢迎联合国教育、科学及文化组织大会于 2003 年 10 月 17 日通过了《关于蓄意毁坏文化遗产的公约》；

4. 重申《关于发生武装冲突时保护文化财产的公约》各项原则和条款的重要性，并邀请尚未成为该公约缔约国的会员国加入公约，并推动其实施；

5. 又重申 1999 年 3 月 26 日在海牙通过的该公约第二项议定书的重要性，并邀请该公约所有缔约国考虑加入第二项议定书；

6. 欢迎联合国教育、科学及文化组织最近为保护冲突中国家的文化遗产而作的努力，包括将被非法拿走的文化财产和其他具有考古、历史、文化、珍稀科学和宗教重要性的物品安全送回原主国，并吁请国际社会协助此一努力；

7. 邀请会员国考虑通过和执行《关于禁止和防止非法进出口文化财产和非法转移其所有权的方法的公约》；

8. 敦促会员国采取有效的国家和国际措施，防止和打击文化财产的非法贩运，包括为警察和海关及边界部门提供特别培训；

9. 重申国际统一私法协会《关于被盗或非法出口文物的公约》的各项条款十分重要，并邀请尚未成为该公约缔约国的会员国考虑加入公约；

10. 邀请会员国继续向联合国教育、科学及文化组织合作，编制其文化财产的系统清单，并致力于创设一个会员国的文化法律数据库，特别是电子形式的数据库；

11. 再次肯定联合国教育、科学及文化组织作出了努力,促进各种鉴别系统的使用,特别是应用实物鉴别标准,和鼓励将各种鉴别系统同现有各种数据库、包括同国际刑事警察组织(刑警组织)所开发的数据库连接起来,使信息能以电子方式传送,以减少文化财产的非法贩运,并鼓励联合国教育、科学及文化组织在这方面作出进一步努力,在适当情况下同会员国合作进行;

12. 确认在 2002 年联合国文化遗产年期间,公众对文化遗产价值的认识有所提高,又更多地为此进行动员和采取行动,并吁请国际社会和联合国在这些工作的基础上,继续同联合国教育、科学及文化组织合作;

13. 欢迎联合国教育、科学及文化组织大会于 1999 年 11 月 16 日通过了《文化财产商职业道德国际准则》,并邀请从事文化财产交易的人及其协会(如果有协会的话)鼓励执行此一准则;

14. 确认联合国教育、科学及文化组织大会设立并于 2000 年 11 月启动促使文化财产送回原主国和归还非法占有文化财产国际基金的重要性,并鼓励联合国教育、科学及文化组织宣传该基金,让其开始运作;

15. 请秘书长同联合国教育、科学及文化组织合作,努力促成本决议的各项目标的实现;

16. 又请秘书长同联合国教育、科学及文化组织总干事合作,向大会第六十届会议提出关于本决议执行情况的报告;

17. 决定将题为"将文化财产送回或归还原主国"的项目列入大会第六十届会议临时议程。

2003 年 12 月 3 日
第 68 次全体会议

(原载国家文物局编:《文物进出境审核工作手册》,文物出版社,2009 年)

联合国第六十一届会议第五十二号决议

——文化财产返还或归还原主国

大会,

重申《联合国宪章》的相关规定,

回顾其1972年12月18日第3026A(XXVII)号、1973年12月14日第3148(XXVIII)号、1973年12月18日第3187(XXVIII)号、1975年11月19日第3391(XXX)号、1976年11月30日第31/40号、1977年11月11日第32/18号、1978年12月14日第33/50号、1979年11月29日第34/64号、1980年12月11日第35/127号及第35/128号、1981年11月27日第36/64号、1983年11月25日第38/34号、1985年11月21日第40/19号、1987年10月22日第42/7号、1989年11月6日第44/18号、1991年10月22日第46/10号、1993年11月2日第48/15号、1995年12月11日第50/56号、1997年11月25日第52/24号、1999年12月17日第54/190号、2001年12月14日第56/97号和2003年12月3日第58/17号决议,

又回顾其2001年11月21日第56/8号决议,其中宣布2002年为联合国文化遗产年,

还回顾1954年5月14日在海牙通过的《关于发生武装冲突时保护文化财产的公约》及在1954年和1999年通过的两项《公约议定书》,

回顾联合国教育、科学及文化组织大会1970年11月14日通过的《关于禁止和防止非法进出口文化财产和非法转移其所有权的方法的公约》,

又回顾联合国教育、科学及文化组织大会1972年11月16日通过的《关于保护世界文化和自然遗产的公约》,

还回顾国际统一私法协会1995年6月24日在罗马通过的《关于被盗或非法出口文物的公约》,

注意到联合国教育、科学及文化组织大会于2001年11月2日通过《保护水下文化遗产公约》,

注意到联合国教育、科学及文化组织大会于2003年10月17日通过《保护非物质文化遗产公约》和于2005年10月20日通过《保护和促进文化表现形式多样性公约》,

又注意到2004年12月2日通过《联合国国家及其财产管辖豁免公约》,该《公约》可能

适用于文化财产,

回顾 1997 年 9 月 4 日和 5 日在哥伦比亚麦德林举行的不结盟国家运动第一次文化部长会议通过的《关于文化多元性和文化容忍的麦德林宣言》及《文化合作行动计划》,

注意到联合国教育、科学及文化组织大会于 2001 年 11 月 2 日通过《世界文化多元性宣言》及执行该《宣言》的《行动计划》,

欢迎秘书长与联合国教育、科学及文化组织总干事合作提交的报告,

意识到一些原主国十分重视对本国具有根本性精神与文化价值的文化财产的返还,使这些财产得以成为代表本国文化遗产的珍藏,

表示关切文化财产的非法贩运及其对各国文化遗产的损害,

又表示关切文化财产被丢失、毁坏、搬走、盗窃、掠夺、非法移动或挪用,以及受到任何故意破坏或损害,特别是在武装冲突地区,包括被占领土,无论这些冲突是国际的还是国内的,

回顾安全理事会 2003 年 5 月 22 日通过的第 1483(2003)号决议,特别是有关归还伊拉克文化财产的第 7 段,

1. 赞扬联合国教育、科学及文化组纲和促使文化财产返还原主国或归还非法占有财产政府间委员会的工作成果,特别是通过推动双边谈判,返还或归还文化财产,编制文化动产清单和采用相关的实物识别标准,减少非法贩运文化财产和向公众传播信息资料;

2. 吁请联合国系统所有相关机关、机构、基金和方案以及其他相关政府间组织在其职责范围内,与联合国教育、科学及文化组织协调并同各会员国合作,继续解决将文化财产返还或归还原主国的问题,并为此提供适当的支持;

3. 欢迎联合国教育、科学及文化组织大会于 2003 年 10 月 17 日通过《关于蓄意毁坏文化遗产的宣言》;

4. 重申《关于禁止和防止非法进出口文化财产和非法转让其所有权的方法的公约》和国际统一私法协会《关于被盗或非法出口文物的公约》及其实施的重要性,并请尚未成为公约缔约国的会员国考虑参加这两项《公约》;

5. 确认《保护水下文化遗产公约》和《保护和促进文化表现形式多样性公约》的重要性,注意到这两项《公约》仍未生效,并邀请尚未成为公约缔约国的会员国考虑参加这两项《公约》;

6. 又确认《联合国国家及其财产管辖豁免公约》的重要性,注意到这项《公约》仍未生效,并邀请尚未成为公约缔约国的会员国参加这项《公约》;

7. 重申《关于发生武装冲突时保护文化财产的公约》的原则和规定及其实施的重要性,并邀请尚未成公约缔约国的会员国参加这项《公约》;

8. 又重申 1999 年 3 月 26 日在海牙通过的《公约第二议定书》及其实施的重要性,并邀

请尚未成为议定书缔约国的所有公约缔约国考虑参加这项《议定书》；

9. 欢迎联合国教育、科学及文化组织最近为保护冲突中国家的文化遗产而作出的努力，包括将被非法移走的文化财产和其他具有考古、历史、文化、珍稀科学和宗教重要性的物品安全返还原主国，并呼请国际社会协助这些努力；

10. 敦促会员国采取有效的国家和国际措施，防止和打击文化财产的非法贩运，包括为警察和海关及边防部门提供特别培训；

11. 邀请会员国继续同联合国教育、科学及文化组织合作，编制本国文化财产的系统清单，并致力于创建一个本国文化立法数据库，特别是电子格式的数据库；

12. 欢迎联合国教育、科学及文化组织文化遗产法规数据库在 2005 年启动，邀请会员国以电子格式提供其立法资料以便存入数据库，定期更新数据库的资料和给予宣传；

13. 再次肯定联合国教育、科学及文化组织作出努力，促进各种识别系统的使用，特别是实物识别标准的适用，鼓励将各种识别系统同现有各种数据库，包括同国际刑警组织所开发的数据库连接起来，使信息能以电子方式传送，以减少文化财产的非法贩运，并鼓励联合国教育、科学及文化组织在这方面作出进一步努力，在适当情况下同会员国合作进行；

14. 确认对《促使文化财产返还原主国或归还非法占有文化财产政府间委员会章程》的修订，将调停和调解程序列入其中，并邀请会员国酌情考虑使用这些程序；

15. 欢迎联合国教育、科学及文化组织和世界海关组织制订文物出口示范证书，以此作为打击非法贩运文化财产的工具，并邀请会员国考虑根据国内法和国内程序采用出口示范证书作为本国出口证书；

16. 注意到联合国教育、科学及文化组织大会第三十三届会议于 2005 年 10 月 20 日通过第 45 号决议作出决定，表示应就涉及第二次世界大战的流失文物拟订一份无约束力的确定标准的文书；

17. 确认在 2002 年联合国文化遗产年期间，公众对文化遗产价值的认识有所提高，又更多地为此进行动员和采取行动，并呼请国际社会和联合国在这些工作的基础上，继续同联合国教育、科学及文化组织合作；

18. 欢迎联合国教育、科学及文化组织大会于 1999 年 11 月 16 日认可促使文化财产返还原主国或归还非法占有文化财产政府间委员会于 1999 年 1 月通过的《文化财产买卖职业道德国际准则》，并邀请从事文化财产交易的人及其任何协会鼓励执行该《准则》；

19. 确认联合国教育、科学及文化组织大会设立并于 2000 年 11 月启动促使文化财产返还原主国和归还非法占有文化财产国际基金的重要性，并鼓励联合国教育、科学及文化组织继续宣传和开始运作该基金；

20. 请秘书长同联合国教育、科学及文化组织合作，努力促成本决议的各项目标的实现；

21. 又请秘书长同联合国教育、科学及文化组织总干事合作,向大会第六十四届会议提交关于本决议执行情况的报告;

22. 决定将题为"文化财产返还或归还原主国"的项目列入大会第六十四届会议临时议程。

2006 年 12 月 4 日

第 65 次全体会议

(原载国家文物局编:《文物进出境审核工作手册》,文物出版社,2009 年)

后　　记

随着《上海市文物保护条例》《上海市民间收藏文物鉴定咨询推荐单位工作规程》和《上海市民间收藏文物经营管理办法》的公布，上海市社会文物管理在原有基础上更加法制化、规范化。

为配合相关规定的贯彻落实，适应日新月异的社会文物工作需要，上海市文物保护研究中心对现行的社会文物相关法律文件进行了全面梳理，以实际工作内容为框架，编纂了这部《上海社会文物法律法规汇编》（以下简称《汇编》）。

《汇编》的编纂，得到了国家文物局、上海市文化和旅游局（上海市文物局）的领导及相关处室的大力支持和悉心指导，并听取了各省文物进出境管理处的宝贵意见。

由于内容繁杂，疏漏在所难免，我们希冀读者批评指正！

《上海社会文物法律法规汇编》编委会

2021 年 11 月